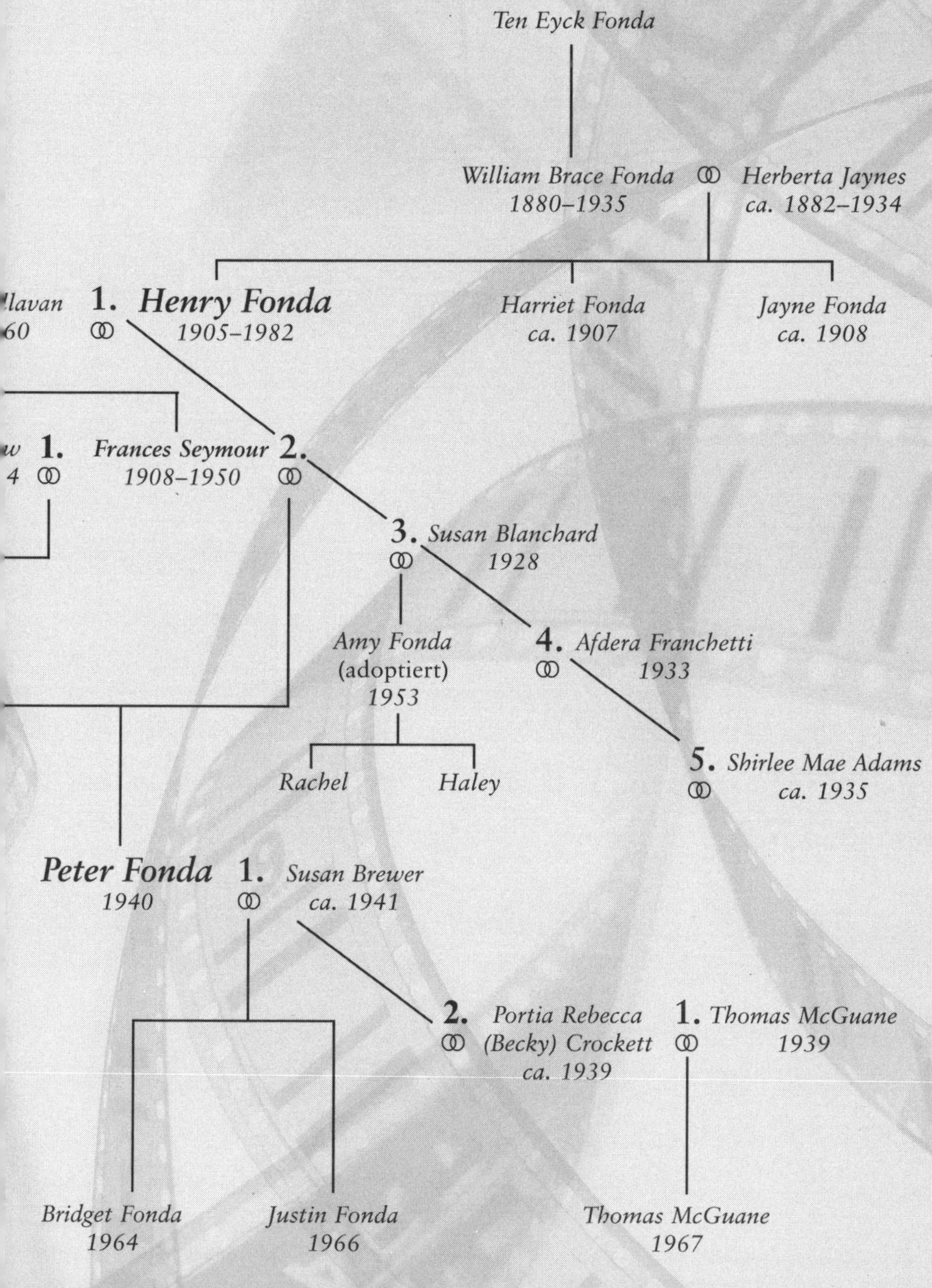

Ten Eyck Fonda
William Brace Fonda
1880–1935
Herberta Jaynes
ca. 1882–1934
…llavan
…60
1. Henry Fonda
1905–1982
Harriet Fonda
ca. 1907
Jayne Fonda
ca. 1908
…w
…4
1. Frances Seymour
1908–1950
2.
3. Susan Blanchard
1928
Amy Fonda
(adoptiert)
1953
4. Afdera Franchetti
1933
Rachel
Haley
5. Shirlee Mae Adams
ca. 1935
Peter Fonda
1940
1. Susan Brewer
ca. 1941
2. Portia Rebecca
(Becky) Crockett
ca. 1939
1. Thomas McGuane
1939
Bridget Fonda
1964
Justin Fonda
1966
Thomas McGuane
1967

Die Fondas

Familienbande

Herausgegeben von Claudio Gallio

Andreas Kern

Die Fondas

Ein Jahrhundert Hollywood

Campus Verlag
Frankfurt/New York

Die Deutsche Bibliothek – CIP-Einheitsaufnahme

Ein Titeldatensatz für diese Publikation ist bei
Der Deutschen Bibliothek erhältlich
ISBN 3-593-36531-6

Umschlaggestaltung: Daniela Hensel und Ingrid Olson, Berlin
Umschlagmotiv: © Martin Bennet, London und Berlin
Satz: Letter und Grafik, Hausen/Wied
Druck und Bindung: Druckhaus Beltz, Hemsbach
Gedruckt auf säurefreiem und chlorfrei gebleichtem Papier.
Printed in Germany

Inhalt

Aufblende: Don't Tell Dad

»Ich wünschte, mein Dad könnte heute Abend dabei sein«, sagte Peter Fonda von der Bühne des Beverly-Hilton-Hotels in Los Angeles aus, als er im Januar 1998 den Golden Globe verliehen bekam. Wenige Wochen später erschien seine Autobiografie, die er *Don't Tell Dad* (Sag Dad nichts) nannte – ein ebenso ungewöhnlicher wie genialer Buchtitel. Peter Fonda spricht darin das übermächtige väterliche Vorbild Henry Fonda an – eine Ikone der klassischen Studioepoche Hollywoods und eine der größten Bühnenlegenden der Broadway-Geschichte. Henrys Statur musste seine Kinder Jane und Peter zwar in allen Belangen einschüchtern, aber auch ihren Ehrgeiz anstacheln, sobald sie sich auf das waghalsige Unternehmen einließen, in die großen Fußstapfen des Vaters zu treten. Denn gerade weil sie seinen Namen trugen, machten sie sich darauf gefasst, ein Leben lang an seiner überlebensgroßen Leistung gemessen zu werden.

Natürlich ist es dann auch so gekommen: Im Laufe ihrer Karrieren haben sich Jane und Peter bemüht, der Größe ihres Namens gerecht zu werden, und zwar viele Jahre lang, indem sie sich möglichst deutlich von ihrem Vater distanzierten. Die Schattenseiten der Familienbande, das wenig beneidenswerte Schicksal von Prominentenkindern, spricht Peter an, wenn er in seinem Buchtitel gesteht, dass es in Janes und Peters Leben eine Menge Dinge gegeben haben muss, von denen Vater Henry besser nichts erfuhr.

So weit Henry sich überhaupt für seine Kinder interessierte, war ihr berufliches Schicksal wohl noch am ehesten dazu geeignet, Reaktionen in ihm hervorzurufen, denn die professionelle Ebene war praktisch die einzige, auf der man mit ihm diskutieren konnte. Er missbilligte die Lehrer und Mentoren, mit denen sie sich umgaben, aber er erkannte ihr Schauspieltalent, wenn er es auch kaum förderte. Entscheidender ist jedoch das persönliche Verhältnis der Fondas zueinander – gekennzeichnet von Spannungen und Zerwürfnissen, die ganz im Sinne einer Hollywood-Starbiografie schlagzeilenträchtige Höhe- und Tiefpunkte hervorbrachten. Nur waren diese ausnahmsweise nicht in den PR-Schmieden der Marketingstrategen erdacht worden. Wie Jane und Peter gegen ihren Vater rebellierten, ging weit über den normalen und wünschenswerten Abnabelungsprozess pubertierender Jugendlicher hinaus. In den heißen Phasen des Familienkrieges, in den 60er- und frühen 70er-Jahren, als nicht nur die Fondas ihren Generationenkonflikt auszutragen hatten, gipfelte die Kommunikation der Familie im öffentlichen Bekunden gegenseitiger Missachtung – per Gazetten- und Fernsehinterviews. Wie war es dazu gekommen?

Die Beschäftigung mit der Familiengeschichte der Fondas – so viel kann vorweg genommen werden – führt über kurz oder lang zu einer entscheidenden Bruchstelle: 1950 nahm sich Henrys zweite Frau Frances das Leben. Jane war damals zwölf, Peter zehn Jahre alt. Als Frances Henry Fonda kennen lernte, war sie eine vermögende Witwe – mit ihrem ersten Mann George Brokaw hatte sie bereits eine Tochter. Brokaw hatte Frances geprügelt, bis er sich zu Tode soff. Der blendend aussehende Jungstar Henry Fonda schien also genau das zu sein, was Frances zu ihrem Glück fehlte. Doch zwischen dem, was Henry auf der Leinwand verkörperte, und dem Privatmann Henry Fonda klaffte ein kaum überbrückbarer Abgrund. Davon wird in diesem Buch noch die Rede sein.

Zweifellos hat der Ehrgeiz der Kinder, ihr Drang zur Profilierung, die Anstrengung, die eigenen Persönlichkeit gegen das gigantische Image des Vaters durchzusetzen, dazu beigetragen, dass sich Jane und Peter im Filmbusiness etablieren und einen Status erkämpfen konnten, der zwar den ewigen Vergleich mit Henry nicht verhindern, aber heutzutage deutlich standhalten kann. Inzwischen sind auch Henrys Enkel – vor allem Peters Tochter Bridget und Janes Sohn Troy – im selben Metier tätig.

Die Fondas personifizieren also in gewisser Weise Meilensteine der gesamten Filmgeschichte – und das seit ihren Pioniertagen: Henry wurde 1905 geboren, da war das Kino selbst erst zehn Jahre alt. In der klassischen Studiozeit, den 30er-Jahren, stieg Henry Fonda in den Olymp des Filmmekka auf, er kam zu Ruhm und Ansehen, kollidierte aber auch bald mit der Filmindustrie, die das Herstellen von Unterhaltungsware fabrikmäßig betrieb – die Ambitionen eines sozial wachen, politisch engagierten und schauspielerisch anspruchsvollen Vollblutmimen mussten in diesem System verkümmern. Die zweite Fonda-Generation kollidierte ebenfalls mit Hollywood: Jane machte als Starlet Karriere mit einer Reihe von traditionellen Komödien, in denen die in den 60er-Jahren einsetzende Libertinage noch sehr halbherzig mit dem vorherrschenden Spießertum kombiniert wurde. Einen ersten Hauch von Freiheit spürte Jane erst in der Boheme europäischer Filmemacherkreise. Dort lernte sie ihre Lektion in Imagebildung und Selbstvermarktung, allerdings noch als Marionette ihres ersten Mannes, des Regisseurs Roger Vadim. Jane Fonda steht demnach auch für das Crossover in der amerikanischen Filmindustrie, die sich damals angesichts schwindender Zuschauerzahlen verzweifelt an den Erfolg europäischer Autorenregisseure (vor allem der französischen *Nouvelle Vague*) anhängte: Jane drehte Filme in Frankreich und Rom, die mit amerikanischem Geld finanziert wurden.

Ebenso wie Jane als Barbarella eine nachhaltige Popikone der 60er-Jahre schuf, stieg Peter als langhaariger Motorradfahrer auf der Leinwand zum Prototypen der Hippieära auf. Der von ihm geschriebene und extrem preiswert produzierte Kultfilm *Easy Rider* (1969) lehrte Hollywood das Fürchten: Plötzlich galten die traditionellen Anstandsregeln nicht mehr. Junge Zuschauer bestimmten von nun an den Filmgeschmack – Drogen, Sex, Gewalt und ziviler Ungehorsam wurden offen thematisiert, das politischste Jahrzehnt der Filmgeschichte war eingeläutet. Auch Jane trug kräftig dazu bei, denn sie war in Europa zur vehementen Streiterin gegen soziale Ungerechtigkeit geworden und provozierte die Altvorderen vor allem mit ihrem kämpferischen Engagement gegen den Vietnamkrieg. Doch obwohl sie in ihrer Heimat politisch verfemt war, ehrte Hollywood sie 1971 mit einem Oscar, ein zweiter folgte, als sie ihre soziale Energie auch beruflich nutzte und selbst Filme zu produzieren begann: Ihr Vietnam-Heimkehrer-Drama *Coming Home* brachte ihr einen weiteren Darsteller-Oscar ein.

Meilensteine der Filmgeschichte gemeinsam am Filmset: 1963 dreht Jane Fonda den Film Sonntag in New York, *Vater Henry und Bruder Peter besuchen sie während der Dreharbeiten, doch hinter den Fassaden hat der Kampf der Kinder um Profilierung und Anerkennung längst begonnen.*

Vater Henry Fonda arbeitete derweil all die Jahrzehnte wie besessen weiter – und im Rentenalter drehte er auf diese Weise unbestritten auch viele unbedeutende Filme, weil er von einer tief sitzenden Angst vor Untätigkeit und Arbeitslosigkeit getrieben wurde, die er nicht einmal in seinen Jahren als populärster Filmstar Hollywoods ablegen konnte – ein Kind der Depressionszeit. Diesen Ansatz hat Peter zweifellos geerbt. Er konnte nie an den epochalen Erfolg von *Easy Rider* anknüpfen und schuf als Produzent und Regisseur nur Achtungserfolge ohne großes Zuschauerecho, drehte aber emsig weiter, indem er wahllos Angebote für Billigfilme akzeptierte. Oscars ließen sich damit nicht gewinnen. Doch selbst Vater Henry hat trotz seiner legendären Rollen erst mit seinem letzten Film *Am goldenen See* den Darsteller-Oscar erhalten, sicher weniger aufgrund seiner Leistung als aus nostalgischen Anwandlungen der Academy of Motion Picture Arts and Sciences. Wie willkürlich die Vergabe des wichtigsten Filmpreises häufig geschieht, wird durch Henry Fondas späte Auszeichnung ebenso belegt wie durch den Film *Ulee's Gold*, mit dem Peter wiederum als fast 60-Jähriger endlich einmal auch als Darsteller nominiert wurde: Peter gewann jedoch nicht, sondern musste den Oscar jenem Jack Nicholson überlassen, dem er einst mit *Easy Rider* zu Starruhm verholfen und der bereits zwei Oscars auf dem Kaminsims stehen hatte. Dennoch stellt Peters Nominierung (und die Auszeichnung mit dem Golden Globe für dieselbe Rolle) zweifellos eine späte und angemessene Würdigung seines schauspielerischen Talents dar, das immer hinter jenem seines Vaters und seiner Schwester gestanden hat. In seiner sehr offenherzigen Biografie *Don't Tell Dad* zieht er jedenfalls eine durchaus positive Bilanz seines Lebens, auch und gerade weil er keinen der Abgründe in der Familiengeschichte verschweigt.

Gegen Henrys Widerstand und bewusster als Jane bemühte sich Peter während der letzten Lebensjahre des Vaters, die Spannungen, das aggressive Schweigen zwischen den dreien abzubauen, versöhnliche Gesten zu verstärken und nach Jahrzehnten wieder etwas zu schaffen, das den Namen Familie verdiente. Er hatte damit Erfolg. Henry verabschiedete sich im Frieden von seinen Kindern, sie haben kurz vor seinem Tod sogar zusammen vor der Kamera gestanden.

Erstaunlicherweise hat auch Henry Fonda vor seinem Tod eine Autobiografie veröffentlicht – er hatte dafür lange Gespräche mit dem bekannten Biografen Howard Teichmann geführt, der diese dann aufzeichnete und herausgab. Henry Fonda nannte *sein* Buch: *My Story*. Deutlicher kann man es nicht sagen, und obwohl der alte Mann seine Lebensgeschichte den Kindern und seiner letzten Frau widmete und er auch versuchte, darin kritisch Bilanz zu ziehen, blieb das Wesentliche offensichtlich: Fonda senior selbst resümierte, dass er immer ein Einzelgänger war und bleiben würde. Peter hat wie seine Schwester Jane und wie Henrys Ehefrauen sein Leben lang unter dieser extremen Introvertiertheit gelitten. Was sein eigenes Familienleben angeht, versuchte er bewusst eine andere Richtung einzuschlagen, auch wenn er darin nicht immer erfolgreich war. Aber der Zusammenhalt der Familie, Peters Beziehung zu seinen Kindern, standen immer an erster Stelle – vor allem, als seine erste Ehe zerbrach und er merkte, dass er Henrys Fehler zu wiederholen drohte. Auch diese Bemühungen finden im Titel *Don't Tell Dad* Ausdruck: Indem er an den Vater erinnert, spricht er das Dilemma aller Kinder berühmter Eltern an, das natürlich auch Peters Leben bis heute bestimmt. Der Leser des Vorworts erfährt, dass der Buchtitel ein Zitat von Jane sei – sie habe ihren Bruder viele Male gebeten, bestimmte gemeinsame Erlebnisse vor Henry geheim zu halten, um Kontroversen zu vermeiden. Und so sind in dieser kurzen Aufforderung die entscheidenden Parameter eines der berühmtesten Clans des Showbusiness abgesteckt: Henry, Jane, Peter, Bridget und Troy und ihr Versuch, über den Namen Fonda hinaus Gemeinsamkeiten aufzubauen. Peter fällt das am leichtesten. Im Januar 2000 gewann er einen weiteren Golden Globe, und trotz seiner Überraschung über den Preis (»Ich habe keine Rede vorbereitet – es war doch nur eine so kleine Nebenrolle!«) vergaß er auch diesmal seine Familie nicht: »Meine Schwester hat mal gesagt: ›Es gibt keine kleinen Rollen, es gibt nur kleine Schauspieler.‹« Nun, Jane Fonda wird mit ihren 1,71 m von ihrer Generation als groß angesehen. Henry war 1,85 m, Peter ist 1,89 m, Janes Sohn Troy noch größer. Was Ruhm und Größe angeht, brauchen sich die Fondas wahrlich keine Sorgen zu machen – kleine Schauspieler gibt es in dieser Familie nicht.

1. Der Mann aus Nebraska: Eine Legende entsteht

»Bewahre deine Würde und versuche
Peinlichkeiten zu vermeiden.«

*James Garner auf die Frage, was er
von Henry Fonda gelernt habe*

Spotlight: *Früchte des Zorns*

Tom Joad ist wegen Totschlags verurteilt und auf Bewährung freigelassen worden. Mit seiner Familie kommt er aus Oklahoma nach Kalifornien; wie Tausende andere Farmer ist er während der Dürre der 30er-Jahre von seinem Land vertrieben worden – entwurzelt, arbeitslos, hungrig. Der Staat der Obstplantagen erweist sich jedoch nicht als das Gelobte Land: Armut und Hunger auch hier. Tom schlägt einen Sheriff nieder, muss fliehen und seine Familie zurücklassen. Am Ende des Films verabschiedet er sich von seiner Mutter:

Ma: Lässt du mal von dir hören, Tommy? Wenn sie dich nun töten – werde ich es je erfahren?

Tom: Weißt du, vielleicht ist es so, wie Casey gesagt hat: Der Mensch hat keine eigene Seele, nur so was wie 'n kleines Stück von der All-Seele. Es gibt nur die eine Seele, an der jeder teilhat. Und darum macht mir das alles nichts aus. Im Verborgenen werde ich da sein. Ich werde überall sein, wohin du auch blickst. Wo immer hungernde Menschen um ihr täglich Brot kämpfen – ich werde da sein. Wo immer ein Polizist einen Mann schlägt – ich werde da sein. Wo immer einer aufschreit in seinem Zorn – ich werde da sein. Und ich werde in der Freude der Kinder sein, die Hunger haben und satt werden. Ich werde da sein. Wenn die Menschen ernten, was sie gesät haben, wenn sie in den Häusern leben, die sie gebaut haben – ich werde da sein.

Diese Szene aus *Früchte des Zorns* gehört zu den meist zitierten in der amerikanischen Filmliteratur, und dank Henry Fonda als Tom Joad wirkt der soziale Pathos nicht sentimental. Die harsche Kapitalismuskritik in John Steinbecks Romanvorlage hat es fast ungefiltert auf die Leinwand geschafft – aufgrund einer Vertragsklausel, mit der Steinbeck den Produzenten Darryl Zanuck zwang, sich eng an den Geist des Buches zu halten.

Henry Fonda wurde mit dem amerikanischen Filmklassiker selbst zur Legende. »Niemand sonst hätte Tom Joad spielen können«, schrieb der *Time*-Kritiker Richard Schickel. »Niemand hätte die Gefühlsduselei, das Romanhafte mit seiner langsamen Direktheit aus dieser Rede treiben und dabei die Essenz des amerikanischen Charakters treffen können.« Tatsächlich verleiht Henry Fonda der Depressionssaga eine Zeitlosigkeit, wie sie nur wenigen Filmen vergönnt ist. John Steinbeck wurde sein persönlicher Freund. 1968, wenige Wochen vor seinem Tod, schrieb Steinbeck: »Vor kurzem hat mir ein Freund eine 16mm-Kopie von *Früchte des Zorns* geliehen. Der Film entstand vor mehr als 20 Jahren; ich war gar nicht begeistert, ihn anzusehen. Die Zeit vergeht; wir verändern uns; die Dringlichkeit nutzt sich ab, man nennt das dann ›angestaubt‹. Aber ich habe das Ding in den Projektor gefädelt und lehnte mich zurück, um es auszusitzen. Da erschien ein schlankes, sehniges, dunkelgesichtiges Stück Elektrizität auf der Leinwand und packte mich sofort. Ich glaubte wieder an meine eigene Geschichte – frisch, aktuell und gültig. Hank [wie Henry Fonda gerufen wurde, Anm. d. Verf.] schafft das. Er trägt jene Begeisterung in sich, die man nicht lernen kann – viele Schauspieler haben das leidvoll erfahren müssen –, aber er ergänzt diese Begabung mit intensiver, bewusster Anstrengung und der Agonie des Selbstzweifels.«

Fest steht: Mit einer Hand voll Rollen wuchs Henry Fonda in die Statur des prototypischen Amerikaners: der junge Abraham Lincoln gehört dazu – und nach Tom Joad auch Wyatt Earp, Mister Roberts und der Geschworene Nr. 8 in *Die zwölf Geschworenen.* Aufrecht, unbestechlich, schweigsam, sympathisch – sein Image prägte sich ein, nach wie vor residiert er unter den Olympiern der Filmgeschichte. Als zur Jahrtausendwende die »Stars des Jahrhunderts« gekürt wurden, landete Henry Fonda auf Platz 6 – vor Clark Gable, Gary Cooper, John Wayne oder James Dean. Er gehört zu den Größten, aber er unterscheidet sich dennoch deutlich von seinen Kollegen an der Spitze.

Das amerikanischste aller Kinogenres, der Western, hat die Mythenbildung um Henry Fonda entscheidend mitgeprägt. Dabei befand er sich in illustrer Gesellschaft: Biograf Howard Teichmann weist darauf hin, dass Henry, dessen langjähriger Freund James Stewart und Gary Cooper glaubwürdiger und suggestiver Cowboys spielen konnten als sonst irgendjemand. Die drei ähneln sich: Sie wirken schlaksig, lassen sich anscheinend kaum aus der Ruhe bringen, auch wenn sie ihr Schießeisen schneller ziehen als alle anderen. Aber während Stewart im Krieg tatsächlich ein gefürchteter Bomberpilot gewesen war und Cooper auch privat gern Pferde zuritt, entsprach Henry in Wahrheit seinem Leinwandimage überhaupt nicht. Er lehnte Schusswaffen ab und hasste Pferde. Er war eher ein Intellektueller, verbarg das aber hinter einer abweisenden Fassade, seiner Menschenscheu. Malen machte ihm Spaß, er betrieb leidenschaftlich gern Landwirtschaft, er interessierte sich für Politik, Frauen, vor allem aber für seine Arbeit.

Im Privatleben hatte er sicher kein einnehmendes Wesen, dafür umso mehr auf der Bühne und auf der Leinwand. Western-Rollen wie der Frank James in *Jesse James* wurden dem Heldenpotenzial gerecht, das er schon äußerlich mitbrachte: Seine getragene Aussprache, zugleich zögernd und doch bestimmt, sein leicht gebeugter Gang, sein intensiver Blick (er blinzelte nie), sein offenes Gesicht drückten solide Kraft, wenn auch nicht übertriebenes Draufgängertum aus. Vor allem machten sie ihn glaubwürdig. Als Schauspieler war er unprätentiös und zurückhaltend, er wirkte beinahe indifferent, obwohl er sich mit größter Intensität auf seine Rollen vorbereitete. »Ich versuche verzweifelt, meine Arbeitstechnik zu verbergen«, sagte er. »Die Zuschauer dürfen nicht merken, dass ich spiele. Wenn sie mich in meiner Rolle vollständig akzeptieren, vergessen sie, dass sie ein Bühnenstück erleben. Nur darum geht es mir im Grunde.« So erreichte er wohl seine Meisterschaft: Es schien, als ob er gar nicht spielte, sondern vor der Kamera lebte. Wenn seine äußerlichen Merkmale auf die richtige Rolle trafen, verzauberte er das Publikum. Orson Welles sagte: »Ich sehe Henry Fonda an, und ich sehe das Gesicht Amerikas.«

Erfolg, der auch seinen eigenen hohen Ansprüchen standhalten konnte, war Henry Fonda wichtig. Er machte es sich nie leicht. Er engagierte sich derart für seine Projekte, dass er irritiert war, wenn jemand anderes im Team nicht automatisch auch Perfektion anstrebte *und* erreichte. Aber er benutzte seinen Beruf vor allem als Selbsttherapie. »Schauspielen heißt eine Maske tragen«, sagte er. Und: »Die schlimmste Folter für mich ist, wenn ich mich nicht hinter der Maske verstecken kann.« Gegen welche Kräfte er in sich selbst ankämpfen musste, wird deutlich, wenn er sagt: »Von allen meinen Filmen habe

Depressionssaga und Durchbruch für das neue Gesicht Amerikas: In der Verfilmung von John Steinbecks Roman Früchte des Zorns *spielt Henry Fonda 1940 Tom Joad (hier mit Dorris Bowdon und Jane Darwell) – und sich selbst in die erste Liga des noch jungen Hollywood.*

ich nur *Der Kandidat* ganz gesehen. Ach, natürlich habe ich mir *Früchte des Zorns* zweimal angesehen, *Die zwölf Geschworenen*, *Faustrecht der Prärie* und *Ritt zum Ox-Bow* jeweils einmal. Aber ich kann es nicht ertragen, mich selbst auf der Leinwand zu erleben. Deswegen schätze ich das Theater so sehr – dort kann ich mich nicht selbst sehen.«

Auf der Bühne konnte er seinen persönlichen Problemen entfliehen, seine Scheu überwinden, fühlte sich wohl. Unter der Maske genoss er sein idealisiertes Leben. Er war auf der Flucht vor sich selbst, ein unermüdlicher Arbeiter, der auch zu Zeiten seines größten Ruhms Angst vor Untätigkeit und Arbeitslosigkeit hatte. Er gab zu: »Um persönliche Probleme habe ich mich nie gekümmert. Wenn man sie aussitzt, verschwinden sie irgendwann.«

»Ich glaube, ein Mensch lernt einen anderen nie wirklich kennen«, sagte John Steinbeck. Aber offensichtlich hat er Henry Fonda sehr gut gekannt: »Auf mich wirkt Hank wie ein Mann, der uns erreicht, aber selbst unerreichbar bleibt. Er ist sanft, kann aber plötzlich in wilde, gefährliche Gewalttätigkeit ausbrechen. Er kritisiert andere scharf, übt aber in gleichem Maße Selbstkritik. Er steckt in einem Käfig und wirft sich gegen die Gitterstäbe, fürchtet aber gleichzeitig das Licht. Wie ein Berserker wehrt er sich gegen Einschränkungen durch andere, gleichzeitig legt er sich selbst eiserne Ketten an. Auf seinem Gesicht liegen die Gegensätze miteinander im Wettstreit.« Henry Fonda selbst war sich seiner zerrissenen Persönlichkeit durchaus bewusst. Er erkannte, was er geleistet hatte, und er spürte, dass sein Image mit dem realen Henry Fonda nur wenig zu tun hatte: »Verstehen Sie, ich bin als Mensch nicht sonderlich interessant. Ich habe nie etwas anderes getan, als in andere Persönlichkeiten zu schlüpfen. Eigentlich bin ich gar nicht Henry Fonda! Keiner schafft das. Niemand könnte eine derartige Integrität aufbringen.«

* * *

Der Name Fonda lässt sich in Norditalien bis ins frühe 13. Jahrhundert zurück verfolgen. Dort lebten Henry Fondas adlige Vorfahren, bis sie sich im 16. Jahrhundert auf die Seite der Reformation schlugen, die allerdings in Italien nicht Fuß fassen konnte und der römischen Kirche in kriegerischen Auseinandersetzungen unterlag. Die Fondas flohen daraufhin ins Exil nach Arnheim, wo sie holländische Bürgertöchter heirateten und holländische Vornamen bekamen. Aber der Nachname Fonda blieb.

Über 100 Jahre später, im Jahre 1651, reiste der erste Fonda von Amsterdam in die Neue Welt, nach Nieuw-Amsterdam, dem späteren New York. Sein Urenkel Douw Fonda paddelte später den Hudson River in den nördlichen Teil des heutigen Staates New York hinauf und ließ sich am Mohawk River in dem Indianerdorf Caughawaga nieder. Das Dorf wurde nach Douw Fonda benannt, und der Ort trägt heute noch diesen Namen. Während der Revolution der amerikanischen Kolonien gegen das britische Empire wurde Fonda/New York von Indianern erobert, die aufseiten der Briten kämpften. Douw Fonda fiel im Kampf und verlor seinen Skalp. Seine Witwe Peggy war fortan auf sich selbst gestellt und bewirtschaftete die Kornmühle des Ortes allein weiter – 200 Jahre danach sollte sie ihrer feministischen Nachfahrin Jane Fonda als Vorbild dienen.

Knapp ein Jahrhundert später, im Jahre 1863, profilierte sich der 17-jährige Ten Eyck Fonda im amerikanischen Bürgerkrieg: Er kämpfte in der Schlacht von Gettysburg und wurde anschließend von Ulysses S. Grant zum Leutnant befördert. Ten Eyck Fonda war Henrys Großvater. Seine Eltern, William Brace und Herberta Fonda, wohnten in Grand Island/Nebraska, als Henry Jaynes Fonda 1905 geboren wurde. Sechs Monate nach der Geburt zogen die Fondas in die größte Stadt des Staates, Omaha. Dort verdiente William mit einer kleinen Druckerei sein Geld. Henry hatte zwei jüngere Schwestern, Harriet und Jayne, mit denen er sich sein Leben lang gut verstand.

Eines Nachts weckte Mutter Herberta den fünfjährigen Henry und zeigte ihm einen hell leuchtenden Streifen am Nachthimmel: »Vergiss das nie ... Das ist der Halleysche Komet. Er erscheint nur alle 76 Jahre – das ist eine sehr lange Zeit. So was sieht man nur einmal im Leben, und ich wollte auf keinen Fall, dass du das versäumst. Erinnere dich immer daran.« Henry hat sich tatsächlich immer daran erinnert, und er wünschte sich, Halleys Wiederkehr im Jahr 1986 noch mitzuerleben. Aber Herberta sollte Recht behalten: Es war Henry nicht vergönnt, den Kometen ein zweites Mal zu sehen.

Henry war zehn Jahre alt, als er den Shortstory-Wettbewerb eines Lokalblatts gewann. »Ich nahm mir damals vor, am College Journalismus zu studieren«, sagte Henry. »Und ich wollte auch die College-Zeitung herausgeben. Aber es kam anders.« Dass es anders kommen sollte, ließ sein Filmdebüt, das wenig später im Pfadfinderlager folgen sollte, allerdings noch nicht ahnen: Jedes Jahr errichteten die Scouts einen neuen Totempfahl, und ein Kameramann der örtlichen Wochenschau arrangierte in diesem Jahr eine Szene, in der die kleinen Jungen in Indianerkostümen an den Pfählen vorbei zum Missouri River hinunter gingen. »Wir trugen Lendenschurze, die allerdings nur vorn das Nötigste verdeckten«, erinnerte sich Henry. »So marschierten wir an der Kamera vorbei und von ihr weg, ich als der Kleinste ging am Schluss. Als ich mich dann am Samstagnachmittag auf der Leinwand des Strand Theatre sah, erschien ich mit blankem Hintern und stapfte den Pfad hinunter: Mein erster Filmauftritt war nicht jugendfrei! Ich schämte mich derart über meinen nackten Popo, dass ich vom Sitz rutschte und mein Gesicht im Dunkel des Kinos verbarg. Sobald die Wochenschau vorbei war, flitzte ich raus. Mit dem Kino wollte ich nichts mehr zu tun haben!« Ein geborener Schauspieler war er also nicht. Eines seiner Talente machte sich jedoch schon damals deutlich bemerkbar: das Zeichnen und Malen. Dieses Hobby diente ihm ein Leben lang als Ausgleich zum Beruf.

Er war etwa 13 oder 14 Jahre alt, als ein anderes Ereignis Henry nachhaltig prägte. Nach dem Abendessen hatte ihn Vater William bei der Hand genommen, und die beiden waren zur Druckerei gefahren, die sich gegenüber dem Gerichtsgebäude und dem Kreishaus befand. Schon den ganzen Tag über hatte William auf der Straße die wütende Menschenmenge beobachtet, die lautstark vor dem Untersuchungsgefängnis demonstrierte: Ein junger Schwarzer war dort morgens festgenommen worden – es hieß, er habe eine Frau vergewaltigt.

Henry und sein Vater traten an das Fenster im zweiten Stock der Druckerei. Das Geheul der Menge wurde immer lauter. Der Sheriff und seine Männer versuchten zu Pferde, die Meute zu beruhigen – der Inhaftierte war noch nicht einmal angeklagt worden. Doch dann holten ein paar schwer bewaffnete Männer den Gefangenen aus der Zelle, hängten ihn an einem Laternenpfahl auf und durchsiebten ihn mit Kugeln. Darauf schnitten sie das Seil ab, banden die Leiche an ein Auto und schleiften sie durch die Straßen von Omaha. »So etwas Grausiges hatte ich noch nie gesehen«, berichtete Henry später. »Aber hinzu kam das Verhalten meines Vaters. Er sagte kein Wort. Er hat mir keine Predigt gehalten, er hat nur dafür gesorgt, dass ich das mitbekam! Auf dem Heimweg hatte ich Tränen in den Augen. Ich konnte den Anblick des jungen Schwarzen nicht vergessen, wie er am Laternenmast baumelte, die Schüsse, meinen Ekel. Nächtelang konnte ich nicht schlafen.«

Damit wurde vermutlich der Anstoß für Henry Fondas liberale Gesinnung gegeben, die ihn sein Leben lang progressive Politiker und

Meinungen unterstützen ließ. Als bereits etablierter Filmstar spielte er in den 40er-Jahren in *Ritt zum Ox-Bow* einen Cowboy, der den Lynchmord an drei Unschuldigen nicht verhindern kann. Der Film, einer der größten Western der Filmgeschichte, hatte im Kino bezeichnenderweise wenig Erfolg, gehörte aber zu Henrys persönlichen Lieblingsfilmen.

Die Fondas waren zwar nicht arm, sie besaßen ein Haus im Stadtviertel Dundee, doch das Geld reichte nicht, um Henrys Collegestudium zu finanzieren – er musste Arbeit finden. Weil er bereits bei der Northwestern Bell Telephone Company gejobbt hatte, entschied er sich gegen die Universität im eigenen Staat und schrieb sich stattdessen an der University of Minnesota ein, da sich in Minneapolis der Hauptsitz der Telefongesellschaft befand. Dort hoffte er einen lukrativen Nebenjob zu finden. Leider ging dieser Plan nicht auf, und schließlich trainierte Henry die Kinder eines Wohnblocks in allen möglichen Sportarten, da sie auf diese Weise von der Straße fern gehalten werden sollten. Die Arbeit nahm viel Zeit in Anspruch, vor allem weil er zum Sportplatz mit der Straßenbahn quer durch ganz Minneapolis fahren musste. Sein Studium litt darunter, und nach vier Semestern schaffte er die Zwischenprüfung nicht – er zeichnete Bildchen auf die Prüfungsbögen, weil er die Fragen nicht beantworten konnte.

Während der zwei Jahre in Minneapolis hatte er eine feste Freundin. »Aber ich habe sie nicht mal geküsst. Pfadfinder-Ehrenwort!«, sagte Henry. Im Sommer 1925, nach seiner Rückkehr aus Minneapolis, feierte er mit Schulfreunden in Omaha. Sie tranken selbst gebrauten Schnaps – es herrschte Prohibition – und landeten schließlich in einem billigen Bordell, wo Henry seine Unschuld verlor. »Ekelhaft«, lautete sein späterer Kommentar. Das Erlebnis sollte ihn für lange Zeit von erotischen Abenteuern fern halten.

Bevor Henry Ende des Sommers 1925 ernsthaft über seine Zukunft nachdenken musste, kam ihm eine gute Fee zu Hilfe: Dorothy Brando war eine Freundin von Henrys Mutter Herberta und selbst Mutter eines einjährigen Knaben namens Marlon. Mrs. Brando hatte die Theatergruppe Omaha Community Playhouse mitbegründet und suchte für die nächste Saison einen jungen Darsteller. Ein besonderes Talent konnte sie bei Henry zwar kaum bemerkt haben, denn der hatte zu diesem

Zeitpunkt nicht den blassesten Schimmer vom Theater, doch Mutter Herberta überredete ihn schließlich, zum Vorsprechtermin zu gehen. Henry bekam das Rollenbuch in die Hand gedrückt und sollte den Ricky in dem Stück *You and I* von Philip Harris lesen. Der Regisseur Gregory Foley musste ihn darauf hinweisen, dass er beim Vorsprechen nicht auch das Wort »Ricky« am Anfang der Zeile und die Bühnenanweisungen mitlesen sollte, sondern nur den Dialog.

So spielte Henry seine erste Rolle, ohne viel Selbstsicherheit zu entwickeln, aber es machte ihm genug Spaß, um auch nach der Absetzung des Stücks bei dem Amateur-Ensemble zu bleiben und hinter der Bühne mitzuhelfen. Er fand außerdem einen Brotjob bei einer Agentur, die die Kreditwürdigkeit von Kunden prüfte. Statt der erwarteten Detektivarbeit beschränkte sich Henrys Aufgabe allerdings vorwiegend auf das Sortieren von Karteikarten. Aber die 30 Dollar pro Woche, die damit zu verdienen waren, stellten damals viel Geld dar.

Als Foley ihm dann die Hauptrolle in dem Stück *Merton of the Movies* anbot, war Henry begeistert. Vater William war es nicht. Im Gegensatz zu seinem Sohn vertrat er die Überzeugung, dass eine volle Arbeitsstelle und die intensive Probenarbeit für eine Hauptrolle unvereinbar seien. Beim Aufeinanderprallen der beiden Dickköpfe schien kein Konsens möglich. Henry wies darauf hin, dass er volljährig sei, und nur die Mutter konnte verhindern, dass er im Zorn auszog. Sechs Wochen lang sprachen Vater und Sohn kein Wort miteinander.

Merton of the Movies handelt von einem Gemüseverkäufer aus dem Mittelwesten, der von Hollywood träumt, schließlich dort ankommt und letztlich tatsächlich entdeckt wird. Folglich musste Henry die Schlüsselszene des Stücks gar nicht spielen, er empfand genau wie Merton, als er an seiner Pritsche im Gemüseladen niederkniete und betete: »Oh Gott, mach einen guten Filmschauspieler aus mir! Mach mich zu einem der besten! Um Christi willen, Amen.«

Natürlich saß die Familie bei der Premiere im Publikum. Anschließend diskutierten die drei Frauen im Hause Fonda begeistert über Henrys Leistung. Als der Familienstar später vom Theater zurückkehrte, überschütteten sie ihn mit Lob. Vater William sagte nichts und verkroch sich hinter der Zeitung. Seit Beginn der Proben hatte er nicht mit Henry gesprochen. Erst als Schwester Harriet dazu ansetzte, den Hauch einer kritischen Bemerkung zu machen, legte William die Zeitung beiseite und befahl: »Sei still! Er war perfekt!« »Das war die beste Kritik, die ich je bekommen habe«, meinte Henry Fonda dazu.

Im Frühjahr 1927 erhielt Henry ein Angebot, das er nicht ablehnen konnte. Daraufhin überraschte er seinen Boss in der Agentur mit der Kündigung. Der war mit Henrys Arbeit sehr zufrieden und stellte ihm jede Menge Aufstiegschancen in Aussicht, doch erfolglos – Henry hatte sich bereits entschieden. Das Angebot kam von Mrs. Hunter Scott, der begüterten Mäzenin des Community Playhouse. Ihr Sohn Hunter Junior hatte sein Studium in Princeton/New Jersey satt und plante auf dem Rückweg von dort eine ausgedehnte Reise per Auto mit Umweg über New Orleans. Mrs. Scott bat Henry, ihren Sohn als zweiter Fahrer zu begleiten. Dafür zahlte sie ihm die Bahnfahrt nach New York und eine Woche Aufenthalt in der Metropole – sämtliche Theatertickets inklusive.

In dieser Woche sah sich Henry ganze neun Broadway-Shows an. Besonders beeindruckte ihn das Stück *Gods of the Lightning* über das Schicksal der italienischen Anarchisten Sacco und Vanzetti, die 1920 in den USA einem tendenziösen Prozess und Justizmord zum Opfer gefallen waren. Henry kam aus dem Theater und starrte sogleich den ersten Polizisten wütend an, der im auf der Straße begegnete. Dabei wurde ihm klar, wie sehr ihn das Stück gefangen genommen hatte – und er spürte den Unterschied zwischen dem gewöhnlichem Schauspieler, den das Publikum auf der Bühne als solchen erkennt, und jenem, der die Zuschauer vergessen macht, dass sie ein Theaterstück sehen.

Am Ende der Woche holte Hunter Henry wie verabredet vor einem der Broadway-Theater ab und fuhr mit ihm zunächst nach Princeton. In seinem Auto saßen bereits drei Damen, eine Mrs. Davis und ihre beiden Töchter. Hunter verlobte sich gern und oft – und zu diesem Zeitpunkt war er mit der Davis-Tochter Bobbi verlobt. Sie wollten sich gemeinsam die Uni in Princeton ansehen und dort im Hotel übernachten.

Henry hatte von Mrs. Scott Instruktionen erhalten, Hunters Weisungen immer zu folgen, und so ließ er sich auch auf seinen Vorschlag ein, auf ihrer langen Reise mit hoffentlich vielen interessanten Begegnungen eine Punkteliste zu führen: Wer es schaffte, ein Mädchen zu küssen, bekam für jeden Kuss einen Punkt. Nachdem Mrs. Davis am folgenden Abend die Collegebesichtigung beendet hatte, erlaubte sie den jungen Leuten, sich das Stadion bei Mondlicht anzusehen. Hunter und Bobbi verdrückten sich alsbald in eine abgelegenere Ecke, Henry blieb mit dem anderen Mädchen im Wagen zurück. Er fühlte sich durch die Abmachung enorm unter Erfolgsdruck gesetzt und brachte nur so den Mut auf, der 17-Jährigen einen hastigen Kuss auf die Lippen zu drücken. Ein Punkt!

Die Damen kehrten am nächsten Morgen mit dem Zug nach Boston zurück. Noch bevor Hunter und Henry zu ihrer Reise aufgebrochen waren, erreichte sie ein Brief, den das junge Mädchen im Zug geschrieben und in New York eingeworfen hatte: »Ich habe Mutter von unserem wunderbaren Erlebnis im Mondlicht erzählt. Sie wird unsere Verlobung bekannt geben, sobald wir zu Hause sind.« Unterschrift: »Bette Davis«. Henry war naiv genug, um eine Zeit lang an das Nachspiel zu glauben, das nie stattfand: »Ja, das war tatsächlich *die* Bette Davis. Schon damals hatte sie Haare auf den Zähnen. Jahrelang habe ich einen großen Bogen um sie gemacht, wenn wir uns begegneten.«

Ende April kehrten Henry und Hunter nach Omaha zurück. Im Herbst bekam Henry von Greg Foley das Angebot, in der nächsten Spielzeit als sein Assistent zu arbeiten. Dafür erhielt er 500 Dollar – eine Summe, die selbst seinen Vater beeindruckte. Aber eine Karriere konnte man das noch nicht nennen. Da bot sich die Chance auf eine erste Profi-Rolle. Ein Reporter in Omaha empfahl ihm, sich bei George Billings zu melden, der mit einem Film über Abraham Lincoln bekannt geworden war und jetzt durch die Provinz tingelte, indem er Lincolns berühmteste Reden rezitierte. Um die Sache eingängiger und professioneller aufzuziehen, plante er, seinen Auftritt als Dialog auszubauen – ein Zwiegespräch zwischen dem Präsidenten und seinem Sekretär John Hay. Henry selbst stellte den Text aus Billings' Unterlagen zusammen und ging mit ihm auf Tournee durch Nebraska, Iowa und Kansas. Dafür erhielt er unerhörte 100 Dollar pro Woche. »So viel habe ich in den nächsten zehn Jahren nicht verdient«, stellte Henry dazu später fest. Billings selbst verdiente sogar an die 1000 Dollar pro Woche mit seiner sentimentalen, aber effektiven Vorstellung, die das Publikum regelmäßig zu Tränen rührte. Unglücklicherweise war er jedoch Alkoholiker und wurde zunehmend unzuverlässiger, stiefelte schwankend und viel zu spät direkt durch den Zuschauerrraum auf die Bühne. Häufig konnte er gar nicht auftreten – und Henry musste nicht selten die Briefe an Lincoln allein vorlesen. Dazu bekam er auch noch die Vorwürfe der Veranstalter zu hören, die erwarteten, dass er Billings besser kontrollierte. Eines Tages hielt es Henry nicht länger aus, und er fuhr einfach nach Hause.

Immerhin wusste er jetzt ganz sicher, was er mit seinem Leben anfangen wollte: teilhaben an der Welt, die er am Broadway erlebt hatte. Und er wusste auch, dass es an der Ostküste Theater gab, die den ganzen Sommer über spielten. Dort wollte er sich um Rollen bemühen. Die Gelegenheit für die Reise ergab sich, als eine Bekannte seines Vaters einen Fahrer suchte, der sie in ihrem Wagen nach Cape Cod in Massachusetts chauffieren sollte.

Was der naive Henry nicht wusste: Die Stücke in Provincetown, Dennis und Falmouth auf Cape Cod waren bei Sommeranfang natürlich längst besetzt. Deswegen akzeptierte er am Theater in Dennis die unbezahlte Arbeit als Assistent des Inspizienten, und als einer der Schauspieler ausfiel, übernahm er eine Rolle in *The Barker*, mit der er seine Profi-Kollegen beeindruckte. Vor allem die Kolleginnen zeigten sich angetan – erstmals erfuhr Henry Fonda unmissverständlich, dass er eine unwiderstehliche Anziehungskraft auf das andere Geschlecht ausübte. Und er lernte schnell, seine alte Scheu gegen Intimitäten zu überwinden.

Sein Freund Bernie Hanighen aus Omaha, der an der Harvard-Universität in Boston studierte, kannte in Falmouth eine Gruppe von Studenten, die als University Players in einem ehemaligen Kino auftraten. Zu ihnen gehörte der Darsteller und Regisseur Joshua Logan: »Henry war schmal und schlaksig, mit nach innen gewölbter Brust und nach vorn ragenden Hüften. Seine Unterschenkel schienen nach hinten gebogen, und die Knien standen vor. Er trug einen schwarzen Pulli, viel zu kurze weiße Hosen und wirkte sehr mager. Schwarze Strümpfe, schwarze Schuhe. Wir hatten noch niemanden erlebt, der sich so anzog. Wir konnten ihn nicht einordnen. Entweder war er sehr chic, oder er hatte null Ahnung.« Henry äußerte sich begeistert über Logans komischen Auftritt und ließ noch einmal sein merkwürdiges Lachen hören, das Logan schon während der Vorstellung aufgefallen war. Ihre Begegnung markierte den Beginn einer lebenslangen Freundschaft. Henry war mutig genug, Logan einen pantomimischen Sketch vorzuspielen, den er selbst entwickelt hatte: Elmer, ein trotteliger Zehnjähriger, imitiert einen Fisch.

Henry wurde ins Ensemble aufgenommen – für fünf Dollar in der Woche plus Kost und Logis. Sein erster Auftritt – ironischerweise als italienischer Adliger, was bestens zu seiner Abstammung passte – erwies sich als satter Misserfolg. Darauf half Henry eifrig hinter der Bühne mit und erwies sich als so anstellig, dass ihn Regisseur Bretaigne Windust zum Bühnenbildner ernannte. Als das Stück *Is Zat So?* auf den Spielplan gesetzt wurde, beschaffte sich Henry das Textbuch, trainierte eine Woche lang am Sandsack für die Rolle des einfältigen Boxers, bekam sie und feierte bei Kritik und Publikum einen großen Erfolg. Von jetzt an spielte er die Hauptrollen, die er verdiente.

Die mageren Jahre hatten jedoch erst begonnen. Zum Herbstanfang kehrten seine Kollegen an die Universität zurück, Henry fand sich in New York und arbeitslos wieder. Das Klinkenputzen bei den Theateragenturen wurde seine Hauptbeschäftigung. Auch wenn die Gagen lächerlich waren, griff er nach jedem Strohhalm: Am National Junior Theater in Washington, D.C. trat er in *Was ihr wollt* auf. »Ich wusste noch nicht einmal, wie man den Namen Shakespeare buchstabiert«, erinnerte sich Henry später. Aber darauf schien niemand großen Wert zu legen, und Henry stand das Engagement durch. Im April 1929 erreichte ihn ein Hilferuf seines Freundes Bernie Hanighen aus Boston. Bernie wollte an der Universität eine selbst geschriebene Show namens *Close Up* inszenieren, aber ihm fehlte ein Darsteller. Natürlich sagte Henry zu. Eine Szene sah vor, offensiv die Bekanntschaft einer jungen Kollegin zu suchen und als Quittung für die Impertinenz eine schallende Ohrfeige zu bekommen. »Wir probten die Szene etwa eine Woche lang«, erzählte Henry später. »Und jedes Mal wenn sie zulangte, schlug sie mich fast zu Boden. Bei jeder Ohrfeige sah ich Sterne. Das sollte wohl ausdrücken: ›Nimm mich gefälligst zur Kenntnis.‹ Das habe ich dann auch getan. Und mich in sie verliebt.«

Die knapp 18-jährige Schauspielerin mit der blendenden Figur und dem gutturalen Timbre hieß Margaret Brooke, nannte sich aber Margaret Sullavan. Sie reichte ihm kaum bis zur Schulter und hatte wie Henry am 16. Mai Geburtstag, war allerdings sechs Jahre jünger als er. Sie stammte aus einer wohlhabenden Familie aus Virginia und hatte ihr Bühnendebüt ein Jahr zuvor mit den University Players gegeben, obwohl sie gar nicht studierte. Die beiden verstanden sich sofort, weil sie eigentlich nicht in den erlauchten Kreis der Upper-Class-Unis passten. In ihrer extrovertierten Art stand Peggy, wie sie genannt wurde, ständig unter Storm, sie spielte ununterbrochen – auf der Bühne und im Privatleben, quirlig und so intensiv, dass sie ihre Umwelt bezauberte, vor allem Henry, der in seiner zurückhaltenden Art das genaue Gegenteil war.

Close Up wurde von der Truppe im Sommertheater von Falmouth aufgeführt. Nebenbei profilierte sich Henry als dummer August in Sketchen, die er und Joshua Logan nach den abendlichen Vorführungen im angrenzenden Nightclub aufführten, der damals, zur Prohibitionszeit, »Teestube« genannt wurde. Das ging so jede Nacht bis zwei Uhr morgens. Dennoch fanden Henry und Peggy Zeit zum Turteln: Eines Abends kreiste unter den Musikern der Band ein Joint, der damals noch Reefer genannt wurde. Henry hatte keine Ahnung, was Marihuana war, aber nach ein paar Zügen schwebte er auf Wolken und fühlte sich besser als jemals zuvor. Und er fand den Mut, Peggy zum Schwimmen im Mondlicht einzuladen.

Peggy kümmerte sich nicht um die Proteste ihrer Familie – am Ende des Sommers folgte sie Henry nach New York. Die beiden waren selbstbewusst genug, um bei dem bekannten Presseagenten Leland Hayward vorzusprechen. Doch der zeigte kein Interesse an den unbekannten Eleven. Peggy kehrte nach Virginia zurück. Über Charlie Leatherbee, ein Regisseur der University Players, landete Henry seine erste Broadway-Rolle als Edelkomparse in *The Game of Life and Death* mit dem großen Claude Rains. Das Stück wurde jedoch nach nur sechs Wochen wieder abgesetzt.

Obwohl der so genannte Schwarze Freitag an der Wall Street die wirtschaftliche Depression bereits eingeleitet hatte, spürte man am Junior Theater in Washington davon offenbar noch nichts. Dort war Henry willkommen, er inszenierte *The Wizard of Oz*, entwarf das Bühnenbild und die Kostüme, und er spielte den ängstlichen Löwen. Doch sowohl Peggy Sullavan als auch der Broadway schienen in unerreichbare Ferne gerückt. Gern akzeptierte er eine vom Community Playhouse bezahlte Heimreise nach Omaha, wo man ihm die Wahl seiner Rolle überließ.

Das Stück hieß *A Kiss for Cinderella*, und Henry wurde als eine Art Gaststar gefeiert. Die Besetzung der weiblichen Hauptrolle erwies sich allerdings als Problem, bis Henry ein im Zuschauerraum wartendes 13-jähriges Mädchen entdeckte, das aufgrund ihrer Jugend nicht als brauchbare Kandidatin angesehen worden war: Dorothy McGuire hatte auf dieser Bühne schon Schneewittchen gespielt, und sie konnte die neue Rolle bereits auswendig. Henry hielt sie schon ihrem Aussehen nach für durchaus geeignet, und ihr Vorsprechen gab dann den Ausschlag. Dank Henrys Entdeckung begann somit ihre Karriere, die sie ebenfalls nach Hollywood führen sollte.

Im Sommer 1930 kehrt er wieder ans Cape Cod zurück. Charlie Leatherbees reicher Vater finanzierte die University Players auch in diesen schweren Zeiten. Henry hatte *A Kiss for Cinderella* bereits in Washington und Omaha gespielt, und auch jetzt übernahm er die Hauptrolle, inszenierte und verantwortete das Bühnenbild. Vor allem besetzte er die schon vergebene Cinderella-Rolle neu – er übertrug sie Peggy Sullavan. Die Liebesgeschichte entwickelte sich also auf der Bühne weiter, und etwas davon übertrug sich auf das Publikum – begeistert applaudierte es den fabelhaften Darstellern.

Erfolg im Sommertheater, wo junge Enthusiasten praktisch umsonst Theater machten, hatte in der harschen Realität des Broadways keinerlei Bedeutung. Im Herbst war Henry wieder arbeitslos. Manchmal wohnte er wochenlang in dem großen Apartment von Charlie Leatherbee, um die Miete zu sparen. Leatherbee und Joshua Logan reisten nach Moskau, um bei dem berühmten Schauspiellehrer Stanislavsky zu studieren. Um Logis musste sich Henry also keine Sorgen machen, aber er hungerte, denn 1931 blieben nur die erfolgreichsten Theater geöffnet, mehr als die Hälfte schlossen – entsprechend gering war das Rollenangebot. Er hatte kein Geld für Salz, Zucker oder Milch. Aber Reis war billig, quoll in kochendem Wasser zu einer passablen Mahlzeit auf und füllte den knurrenden Magen.

Irgendwann wurde es wieder Sommer, die University Players trafen sich ein weiteres Mal, allerdings hatten die meisten Mitglieder ihre Collegeausbildung mittlerweile abgeschlossen und mussten sich nun ernsthaft um einen Broterwerb bemühen. Als sich dem Ensemble die Möglichkeit bot, ein Theater in Baltimore zu übernehmen, sagten Windust, Logan und Leatherbee sofort zu. Henry litt in diesem Sommer sehr, denn Peggy Sullavan hatte ein Engagement erhalten und war auf Tournee gegangen – wenn auch nur als zweite Besetzung: Sie reiste für den Fall mit, dass die Hauptdarstellerin plötzlich ausfallen sollte. Peggy hatte Glück: Sie trat in Philadelphia auf, wo der berühmte Theatermacher Lee Shubert sie entdeckte und für eine Broadway-Komödie unter Vertrag nahm. Sie bekam glänzende Kritiken, auch wenn das Stück nicht lange gespielt wurde. Henry war überglücklich, als Peggy in Baltimore schließlich auftauchte, um bei den University Players mitzumachen.

Ihre Beziehung verlief von Anfang an sehr stürmisch. Mehrfach bestellten sie das Aufgebot, um die Papiere alsbald wieder zu zerreißen. Auf die Hochzeit angesprochen, rief Margaret: »Gütiger Himmel, niemals! Wer will schon Henry Fonda heiraten!« So begeistert sie sich während der Liebesszenen auf der Bühne gaben, so intensiv zankten sie sich dahinter. Einmal warf Peggy Henry in Rage einen Pudding ins Gesicht, marschierte dann theatralisch über den Strand und stürzte sich in voller Kleidung ins Wasser. Henry »rettete« sie – mit dem Pudding im Gesicht.

Eine Heiratslizenz zerrissen die beiden schließlich doch nicht: Am Weihnachtstag 1931 wurden sie im Kernan Hotel in Baltimore getraut. Die Hochzeitstorte musste dann schon hinter der Bühne angeschnitten werden, denn am gleichen Nachmittag hatte Henry Vorstellung. Die Hochzeit war kein Geheimnis geblieben, und als Henry – auch auf der Bühne der Bräutigam – ein Taschentuch aus der Hose zog und dabei Reis verstreute, applaudierte das eingeweihte Publikum. Henry hatte jedenfalls 75 Dollar zusammen gekratzt, um ein gebrauchtes Auto zu kaufen. Peggys und Henrys Hochzeitsreise war allerdings nach zwei Straßenblocks schon wieder zu Ende – da hauchte das altersschwache Vehikel sein Leben aus. Bis zum März spielten die beiden weiter in Baltimore, dann zogen sie nach New York.

Die Ehe bändigte die hitzige Peggy keineswegs – im Gegenteil. Ihr Temperament ging ständig mit ihr durch. Henry entdeckte an sich neue Seiten: Angestachelt durch seine Gattin, die aus jedem noch so nichtigen Anlass in bester Diva-Manier eine Szene machte, entwickelte der ansonsten lakonische und zurückhaltende Ehemann selbst eine handfeste Streitkultur, die er sich niemals zugetraut hatte. Nicht einmal vier Monate nach der Hochzeit zog er aus und kam in einem schäbigen Hotel in der 42. Straße unter.

Bald darauf hörte er, dass Peggy eine Affäre mit dem Broadway-Produzenten Jed Harris hatte. Er beobachtete ihre Wohnung in Greenwich Village, nächtelang. Und er sah seinen Verdacht bestätigt. Später erinnerte er sich: »Ich fuhr dann zurück zu meinem verwanzten Hotelzimmer und saß dort im Dunkeln. Es wollte nicht in meinen Kopf, dass meine Frau und dieses Arschloch das Bett teilten. Aber ich wusste es besser, ich musste es glauben. Das hat mich völlig fertig gemacht. Niemals in meinem Leben habe ich mich so verraten, so verlassen gefühlt.«

Die Zusage für eine Broadway-Rolle, die Henry in einem Brief an seine Mutter euphorisch als seine »Entdeckung« gefeiert hatte, ging in Schall und Rauch auf: Der Autor des Stücks hatte einen anderen Darsteller bevorzugt. Bereits zuvor hatte sich Henry entschieden, auf keinen Fall mehr mit den University Players aufzutreten, weil diese brotlosen Engagements ihn beruflich nicht weiterbrachten. Joshua Logan benötigte also dringend Ersatz und engagierte einen ähnlich mageren und schlaksigen Nachfolger aus Pennsylvania. Er hieß James Stewart.

Henry Fonda war am Boden zerstört, und obwohl der Sommer kam, konnte er nicht einmal diese Zeit wie in den vergangenen vier Jahren mit Engagements überbrücken. Er schilderte der Agentin Sara Enright seine Situation, und sie vermittelte ihm einen Job: nicht als Schauspie-

Kurze, aber dafür sehr hitzige Ehe: 1931 heiratet Henry Fonda die Schauspielerkollegin Margaret Sullavan. Wenig später trennen sich die beiden wieder, spielen allerdings 1936 gemeinsam in einem Film – Titel: Flucht in die Liebe.

ler allerdings, sondern als Fahrer und Faktotum an einem Theater hoch im Norden, in Surrey/Maine. Bitter stellte Henry fest, dass er ganz zurück auf »Start« geschickt wurde: Mit einem ähnlichen Job hatte er vor sieben Jahren in Omaha begonnen. Aber er beklagte sich nicht. Als der Bühnenbildner des Theaters in einem Wutanfall seine Arbeit hinschmiss, sprang Henry ein – während des restlichen Sommers musste er nicht mehr den Kombi fahren oder Kisten schleppen.

* * *

Herbst 1932: Henry kehrt nach New York zurück. Dort findet er drei Freunde, die bereit sind, zusammenzuziehen und die Miete zu teilen: Joshua Logan, Myron McCormick (Staraspirant wie Henry – die beiden sollten später gemeinsam vor der Kamera stehen) und James Stewart. Stewart will eigentlich überhaupt nicht Schauspieler werden. Er hat sein Architekturstudium abgeschlossen, und Logan konnte ihn lediglich überreden, während des Studiums bei einigen Aufführungen mitzumachen, weil er ein paar Akkorde auf der Ziehharmonika greifen konnte. Ihm machte dieses Kleeblatt Spaß, und er erhielt auch einige kleine Rollen, hatte aber immer noch vor, mit seinem bürgerlichen Beruf Ernst zu machen. Die vier nennen ihr Apartment an der 64. Straße »Casa Wundbrand«. Der berüchtigte Gangster Legs Diamond hat sein Hauptquartier in einem Hotel zwei Häuser weiter aufgeschlagen, und einmal wird im Flur vor Casa Wundbrand einer der schweren Jungs erschossen.

Henry spielt Theater, allerdings nicht am Broadway, sondern auf der anderen Seite des Hudson River, in East Orange/New Jersey. Als Hauptdarsteller bekommt er zehn Prozent der Einnahmen – aber in einer guten Woche ergibt das nicht mehr als acht Dollar. Der Theaterproduzent hat Mitleid mit Henry und drückt ihm manchmal zusätzlich eine Flasche Cidre in die Hand. Damit kann Henry bei seinen WG-Genossen Eindruck schinden. Einmal schafft er es in dieser Zeit auch an den Broadway – als Komparse neben Humphrey Bogart in *I Loved You on Wednesday*. Ostern 1933 ist Henry allerdings so pleite, dass er seinen einzigen Job außerhalb des Theatermetiers annimmt: Er schleppt schwere Blumenkübel aus dem Keller einer Blumenhandlung zum Verkaufstresen, bis seine Beine nicht mehr mitmachen. Nach den Feiertagen wird er nicht mehr gebraucht. Aber er kann zumindest seinen Viertelanteil zu den Wohnungskosten beisteuern.

Ein neues Sommertheater, das Westchester Playhouse, hatte in der Provinz, in Mt. Kisco/New York seine Tore geöffnet, und Henry bekam von dort das Angebot, als Bühnenbildner zu arbeiten. Es gab keine Alternativen, und er nahm an. Aus dem Gesellschaftsleben hielt er sich allerdings bewusst heraus, denn der Star des Theaters hieß Margaret Sullavan. Sie hatte inzwischen einen Hollywood-Vertrag in der Tasche, nutzte aber den Sommer, um an die Bühne zurückzukehren. Ende 1932 waren die beiden geschieden worden. Sie hielten Distanz, bis Peggy dem Produzenten Day Tuttle gegenüber beiläufig erwähnte, dass Henry Fonda ein durchaus fähiger Schauspieler sei. Um seine Hauptdarstellerin bei Laune zu halten, gab Tuttle Henry eine kleine Nebenrolle. Das machte allerdings die riesige Kluft zwischen ihm und seiner Exfrau – privat und beruflich – nicht gerade kleiner.

Im Herbst bezog Henry mit James Stewart zwei Zimmer im Madison Square Hotel in Manhattan. Sie hatten Glück: Beide ergatterten eine Rolle in dem Stück *All Good Americans*, das von Anfang Dezember sogar bis über Neujahr hinaus lief. Nach der letzten Vorstellung gab es eine Abschiedsparty im Theater, und gegen drei Uhr morgens gingen Henry und Jimmy nach Hause. Mitten auf dem Times Square forderte Henry Stewart auf, seine Ziehharmonika zu zücken und auszuprobieren, ob um diese Zeit die Passanten zuhören würden. In wenigen Minuten hatte sich eine Gruppe von Leuten um die beiden geschart, die sogar Musikwünsche äußerten. Henry ging mit seinem Hut herum und sammelte Kleingeld ein. »Bis dahin sind wir uns in der Erinnerung einig«, erzählte Stewart später. »Aber ich behaupte, dass wir 36 Cents eingenommen haben. Er meint, es seien nur zwölf oder 15 Cents gewesen.« Stewart legte Wert auf die Feststellung, dass Henry die Idee zu diesem Ständchen hatte. Denn plötzlich rammte ein Polizist seinen Schlagstock in Stewarts Rücken und unterbrach die Vorstellung – wegen »Lärmbelästigung«.

Auf einer anderen Party im Februar zählten die Freunde den Bierkonsum nicht nach Gläsern, sondern nach Krügen. Auf der Heimfahrt in der U-Bahn stieg der Druck auf ihre Blasen derart, dass sie aussteigen mussten. Auf der Straße beschlossen sie, ihre Namen in die Schneewehen zu pinkeln. »Jimmy hat sich später beklagt, dass sein Name länger ist als meiner«, berichtete Henry. »Aber ich habe die Regeln sowieso gebrochen, denn ich buchstabierte nur meine Initialen. Er schrieb seinen ganzen Namen in den Schnee. Wenn ich so darüber nachdenke, muss Stewart an dem Abend reichlich mehr gesoffen haben als ich!«

Über einen anderen Freund lernte Henry den Broadway-Revueproduzenten Leonard Sillman kennen. Doch der konnte zunächst nichts mit ihm anfangen, denn auf die Frage »Können Sie singen und tanzen?« musste Henry verneinen. »Was können Sie denn?«, fragte Sillman entnervt. »Ich kann Babys imitieren!« Sillman ließ Henry gewähren und bog sich eine Minute später vor Lachen: Henry improvisierte eine Szene, in der ein Vater am Steuer seines fahrenden Wagens versucht, einem Säugling die Windeln zu wechseln. Henry war engagiert. Die erstklassige Revue (beteiligt waren der spätere MGM-Musical-Regisseur Charles Walters und Broadway-Star in spe Imogene Coca) sollte *Low and Behold* heißen; Sillman hat jedoch nicht genug Geld, um die Produktion auf die Beine zu stellen. Denn er konnte nicht mit großen Stars aufwarten, die potenzielle Geldgeber überzeugt hätten. Also probten die Hauptdarsteller in einem ungeheizten Theater mit Hut und Wintermantel. Nur um warm zu bleiben, improvisierten sie in den Pausen kleine Tanzeinlagen, die Sillman derart begeisterten, dass er sie in die Show integrierte: als Intermezzi während des Bühnenumbaus. Henry tanzte eifrig mit und wurde von seinen Profi-Kollegen schnell akzeptiert – *learning by doing*. Als Sillman endlich die entscheidende Idee hatte, die Show in *New Faces* umbenannte und sie den Finanziers als Präsentation von Nachwuchstalenten verkaufte, war das Eis buchstäblich gebrochen. Er brachte die nötigen 15 000 Dollar zusammen.

Die Show hatte den Erfolg, den sie verdiente. Die Kritiker priesen vor allem Henry und Imogene Coca. Endlich – nach sechs mageren Jahren in New York – sah er seinen Namen in den Zeitungen gedruckt. Stolz schickte er die Kritiken nach Hause. Wen störte noch, dass er nicht als dramatischer Mime reüssierte, sondern in der sehr leichten Muse? Und die leidenschaftliche Affäre mit der bezaubernden Hauptdarstellerin machte ihn wahrlich nicht unglücklicher.

Henry ließ es sich nicht nehmen, im Sommer 1934 nach Mt. Kisco zurückzukehren, vor allem als er erfuhr, dass auch Peggy Sullavan wieder dort erwartet wurde. Diesmal spielte er neben ihr die Hauptrolle in *Coquette*. Ihre private Beziehung blieb platonisch, war aber nicht weniger stürmisch als bisher. Als Henry am 4. Juli im Ensemble Geld sammelte, um zur Feier des Unabhängigkeitstages Feuerwerkskörper zu besorgen, weigerte sich Peggy als Einzige zu zahlen. Henry beschwerte sich lautstark, denn immerhin gehörte sie in der Gruppe zu den Großverdienern. Peggy schüttete ihm ein Glas Wasser ins Gesicht. Die beiden redeten kein Wort mehr miteinander. Außer auf der Bühne – das Publikum war von ihren Liebesszenen hingerissen.

Als Henry gerade eine Woche lang bühnenfrei hatte, erreichte ihn der Hilferuf von Produzent Sillman: Der bat ihn, in New York für einen kranken Kollegen einzuspringen, der auf der Bühne einen längeren Monolog zu sprechen hatte. Henrys Antwort: »Schick mir den Text, ich lerne ihn auf der Fahrt in die Stadt.« Damals war Henry Fonda noch nicht für seine phänomenalen Gedächtnisleistungen berühmt. Falls Sillman Zweifel hatte, dass Henry den langen Text so kurzfristig memorieren konnte, so wurden sie während der Vorstellung zerschlagen: »Henry sprach den Monolog zwanzigmal besser als der Mann, der ihn geschrieben und bisher vorgetragen hatte.« Wichtiger als Sillmans Lob war die Tatsache, dass der ehemalige Presseagent und mittlerweile landesweit renommierte Künstleragent Leland Hayward an diesem Abend im Publikum saß. Sofort nach der Vorstellung bot er Henry seine Dienste an: »Vergiss alle anderen Angebote, lass mich nur machen.« Hayward schickte Henry zurück nach Mt. Kisco. Eine Woche später kam ein Telegramm aus Kalifornien: Auf drei Seiten erklärte Hayward, dass Henry sofort nach Hollywood kommen sollte, um seine Filmkarriere zu starten. Henrys Antwort bestand nur aus einem Wort: »No.«

* * *

Hollywood erlebte in den 30er-Jahren seine goldene Ära. Das lässt sich an dem Nachruhm der Protagonisten dieser Zeit ablesen: Von den 50 Filmstars, die zur Jahrtausendwende zu den Unsterblichen des 20. Jahrhunderts gekürt wurden, erlebten 32 bereits in den 30ern ihre wichtigsten Karrierejahre. Die Traumfabrik war damals kaum mehr als 20 Jahre alt. Um 1915, mit dem Erfolg des episch langen Streifens *Die Geburt einer Nation* von David W. Griffith, hatte sich das neue Medium vom Image des billigen Jahrmarktvergnügens emanzipiert. Die Kinos in umgebauten Scheunen wichen monumentalen Filmpalästen, Publikumslieblinge kreierten den Starkult, der einen langen und lukrativen Rattenschwanz unterschiedlicher Public-Relations-Aktivitäten hinter sich herzog.

Die wesentlichen Studios in Hollywood waren von jüdischen Immigranten aus Europa gegründet worden, die ursprünglich als Pelz-

oder Lumpenhändler angefangen hatten: die Warner Brothers aus Polen, Carl Laemmle (Universal) aus Schwaben, Louis B. Mayer (MGM) aus Russland, Adolph Zukor (Paramount) aus Ungarn. In der Filmbranche verwirklichten sie ihren persönlichen amerikanischen Traum, der fortan auch die Inhalte ihrer Filme bestimmte und somit der Filmmetropole den Beinamen Traumfabrik eintrug: Hollywood-Filme versuchten gar nicht erst, die Realität abzubilden, sondern schufen eine eigene Welt, die nach den Wünschen ihrer Macher gestaltet war – die Vision eines besseren Amerika.

Nicht nur die New Yorker Steuergesetze hatten die ersten Filmproduzenten nach 1910 in den Westen getrieben, sondern auch das verlässliche Wetter. Es regnete kaum in Kalifornien, die Luft war klar, und Smog gab es in den 30er-Jahren, als Henry Fonda nach Los Angeles kam, noch nicht. Der Sunset Boulevard war eine ungepflasterte Landstraße, die höchsten Gebäude Ölbohrtürme. Private Swimmingpools waren ebenso unüblich wie Klimaanlagen. Vom Flugfeld in Burbank aus fuhr man durch Orangen- und Zitronenplantagen nach Los Angeles.

Henry stieg im neuen Beverly Wilshire Hotel ab. Natürlich hatte Hayward seine Ablehnung nicht akzeptiert. »Er wusste, dass ich von der Filmerei in diesem Moment nicht begeistert war«, sagte Henry. »Ich war so froh, mir am Broadway endlich einen Namen gemacht zu haben. Jetzt bekam ich die Rollen, von denen ich immer geträumt hatte. Aber er erklärte mir, dass ich Theater spielen und gleichzeitig Filme drehen konnte. Er wollte mir keine Steine in den Weg legen.«

An Leland Hayward kam damals kaum ein Produzent vorbei. Wie der drei Jahre jüngere Henry stammte er aus Nebraska. Er vertrat die Darsteller, die sich in diesen Jahren zu den Spitzenstars der Branche mauserten: James Stewart, Fred Astaire, Greta Garbo, Margaret Sullavan, Judy Garland, Katharine Hepburn, Humphrey Bogart, Gary Cooper und später auch Lauren Bacall. Hinzu kamen Autoren wie Hemingway, Dashiell Hammett, Lillian Hellman und viele andere, die Haywards Adressbuch zum wertvollsten in Hollywood und am Broadway machten. Als er seine Firma Ende der 40er-Jahre an Lew Wasserman und Jules Stein verkaufte, entstand MCA, die wichtigste und größte Agentur des Showbusiness. Hayward beschränkte sich jedoch nicht auf die Betreuung und Vertretung seiner Klienten, mit denen er enge Freundschaften pflegte, er produzierte selbst auch einige Spielfilme (*Der alte Mann und das Meer*), vor allem aber Broadway-Shows (*South Pacific*) mit riesigem Erfolg. Und er besaß eine Fluggesellschaft.

Hayward überzeugte den einflussreichen Hollywood-Produzenten Walter Wanger, Henry sofort unter Vertrag zu nehmen, bevor jemand anderes schneller sein konnte. Henry traute seinen Ohren nicht, als Wanger ihm per Handschlag den Vertrag über 1000 Dollar pro Woche zusicherte. Die Laufzeit war zunächst auf ein Jahr befristet und beinhaltete zwei Filme. Doch vorläufig kehrte Henry nach Mt. Kisco zurück, wo er in *Der Schwan* auftrat. Sein Bühnenpartner Geoffrey Kerr war mit der Schauspielerin June Walker verheiratet. Sie zeigte sich begeistert von Henrys Talent und vermittelte ihm ein Treffen mit dem gefeierten Theaterautor Marc Connelly, der *Merton of the Movies* geschrieben hatte. Er bereitete gerade sein neues Stück *The Farmer Takes a Wife* mit June Walker vor und suchte einen männlichen Hauptdarsteller. Auch bei Connelly machte Henry großen Eindruck: Henry unterschrieb erstmals einen Broadway-Stückvertrag – für 225 Dollar pro Woche. »Er hatte die Eigenarten, die auch Gary Cooper und ein paar andere auszeichneten«, stellte Connelly fest. »Die großen verwunderten Augen, der schlurfende Gang. Dabei wirkte er sehr sympathisch, sehr amerikanisch und sehr überzeugend.«

Über einhundert Mal spielte Henry den Farmer, dann wurde das Stück abgesetzt, und Hollywood rief. Henry fuhr ungern ab, denn in der Wohngemeinschaft hatten Henry und James Stewart ein neues Hobby entwickelt: Sie bauten gemeinsam ein Modellflugzeug, einen Martin Bomber des Air Corps der US-Army. Die Teile mussten sie selbst aus Balsaholz zurechtschneiden. »Wir haben den Putzfrauen den Zutritt zu unseren Hotelzimmer verboten«, erinnerte sich Henry. »Denn wir hatten Angst, dass sie unser Modell beim Beseitigen der knöcheltief liegenden Balsaspäne kaputtmachen würden.«

Sohn Peter Fonda konnte später Henry und James Stewart oft beobachten, wie sie mit unendlicher Mühe und Geduld an ihren Modellen bastelten: Sie klebten und malten stundenlang und sprachen dabei kaum mehr als drei Worte miteinander. Stewart war sehr engagiert dabei, aber Henry investierte noch dreimal mehr Zeit in dieses Hobby. Einmal half Peter mit, als Henry einen minutiös getesteten und austarierten Modellsegler mit einer ausgeklügelten Vorrichtung an einer Drachenschnur in die Höhe gleiten ließ. Als der Segler den Drachen hoch in den Lüften erreicht hatte, klinkte Henry ihn aus, und das Flugzeug legte sich in den Wind. Henry und Peter sprangen ins Auto, und Henry raste dem Flieger mit Höchstgeschwindigkeit hinterher – von Hügelkuppe zu Hügelkuppe, bis sie an der Küste beobachteten, wie ihr Segler auf den Pazifik hinaus flog. Henry störte das nicht, im Gegenteil. »Hast du das gesehen, Sohn, hast du das gesehen?«, fragte er immer wieder und grinste. »Er war großartig, wenn er glücklich war«, erinnert sich Peter.

Damals wie heute ist es in Hollywood üblich, Theaterhits aufzukaufen, zu verfilmen und dabei die Bühnenstars zu übersehen, die die Stücke zum Erfolg gemacht hatten. Denn ein Broadway-Hit macht einen Schauspieler nicht automatisch zu einem internationalen Kinostar. In der Filmindustrie geht es im Regelfall darum, das Publikum mit kassenträchtigen Namen für den neuen Stoff zu interessieren. 20th Century Fox hatte *The Farmer Takes a Wife* gekauft und mit der bereits bewährten Janet Gaynor in der Hauptrolle besetzt. Den Farmer sollte Gary Cooper oder Joel McCrea spielen, doch beide waren anderweitig verpflichtet, und so wurde Henry Fonda eher zufällig engagiert, um seine Broadway-Rolle auch in seinem Filmdebüt zu verkörpern. Zu diesem Zweck musste die Fox ihn »ausleihen«, denn Henry stand bei Walter Wanger unter Vertrag. Wanger kassierte während der Dreharbeiten 5000 Dollar pro Woche und hätte Henry nur seine vertraglich zugesicherten 1000 Dollar zahlen müssen. Doch großzügig teilte Wanger die Leihsumme mit Henry, sodass dieser bei seinem ersten Film 3000 Dollar pro Woche verdiente. Der Mann, der sich drei Jahre zuvor von nichts als gekochtem Reis ernährt hatte, verstand die Welt nicht mehr. Mitte der 30er-Jahre kostete eine Kinokarte 25 Cents, ein normales Gericht in einem edlen Restaurant 3,50 Dollar, und für den nagelneuen Ford Roadster, den Henry sich nun leisten konnte, bezahlte er nicht mehr als 900 Dollar.

Für ihre opulenten Häuser und das tägliche Leben benötigten die Superstars nur einen kleinen Teil ihrer Gagen. Wofür sie ihr Geld ausgaben, davon bekam Henry erstmals eine Ahnung, als er seine erste Hollywood-Party besuchte: Die berühmte Carole Lombard, die bald darauf Clark Gable heiratete, hatte einen kompletten Vergnügungspark gemietet, der sich auf einer stählernen Seebrücke befand, die vom Strand in den Pazifik ragte. Die Spielbuden, Karussells und Geisterbahnen standen den Gästen kostenlos zur Verfügung, und die Erfrischungsstände hatte man in Bars umfunktioniert. Überall, ob an der Popcornmaschine oder im Spiegelkabinett, begegnete man der Crème de la crème des Filmmekka.

Wieder begannen Lehrjahre für Henry Fonda. Er lernte ein Drehbuch zu lesen. Mit Recht konnte er behaupten, dass er ein Experte in Sachen *The Farmer Takes a Wife* war. »Doch plötzlich erschien da eine neue Figur«, erinnerte sich Henry. »Die Hauptpersonen kannte ich: Dan und Molly. Aber was sollte dieser Satz bedeuten: ›Dan und Molly gehen ins Hotel. Mit Dolly.‹ Da sieht man, dass ich keine Ahnung hatte. Dolly war ständig anwesend, aber sie sagte nie einen Ton!« Henry erfuhr dann sehr bald, dass Dolly der Fachausdruck für einen fahrbaren Kamerakran ist.

Eine weitere – und weitaus wichtigere – Lektion folgte am ersten Drehtag. Regie führte Victor Fleming, der wenige Jahre später *Vom Winde verweht* inszenieren sollte. Als Henry die erste Szene gespielt hatte, nahm Fleming ihn beiseite: »Henry, du chargierst zu sehr.« Henry war tief getroffen – kein Schauspieler lässt sich gern sagen, dass er übertreibt, dass er sich unprofessionell verhält. Fleming fuhr fort: »Das ist nicht deine Schuld. Du spielst Dan noch genauso, als ob du auf der Theaterbühne stehen würdest: Dort musst du übertreiben, damit du auch die Leute im zweiten Rang noch beeindruckst. Doch Bühnentechnik ist vor der Kamera fehl am Platz.«

Henry hatte verstanden. Hier waren die Kamera und das Mikrofon dafür zuständig, dass man ihn auch in der letzten Reihe hören konnte. Je normaler er sprach und agierte, desto vorteilhafter war der Effekt. Henry entwickelte aus dieser Erfahrung sein Markenzeichen: Manche behaupteten, dass er überhaupt nicht spielte. Ob er wütend war oder verzweifelt, in komischen oder dramatischen Situationen, er zeigte so wenig Mienenspiel wie möglich. Sein Understatement wirkt wie eine Tür, die sich öffnet, um uns am Innenleben seiner Figur teilhaben zu lassen.

Schon im ersten Jahr drehte Henry drei Filme, die Kritiker wurden auf ihn aufmerksam, seine Reputation als jugendlicher Held stieg. An einen Umstand mochte Henry sich allerdings nur schwer gewöhnen: Man verlangte nicht mehr von ihm, als dass er drei Drehbuchseiten pro Drehtag auswendig lernte – drei Minuten des fertigen Films. Mehr schaffte das Filmteam nicht. Wenn Henry nicht stolperte und seine Text fehlerfrei aufsagte, war der Regisseur meist zufrieden. Damit war seine Arbeit getan, den Rest besorgten der Cutter und der Komponist. Henry zog die Theaterarbeit vor, denn dort arbeitete er hart auf die Premiere hin, und er wusste, dass er durch die Übung mit jeder Vorstellung eine bessere Leistung ablieferte. Filmschauspielern blieben Proben bis auf ein paar Wiederholungen versagt.

Nach seiner Ankunft an der Westküste war Henry bei seinen Freunden Aleta Freel und Ross Alexander untergekommen, beide Kollegen aus den Zeiten der University Players, und Henry war bei ihrer Hochzeit Trauzeuge gewesen. Als Ross einen Hollywood-Vertrag bekam, verzichtete Aleta auf ihre Karriere, um mit ihm nach Los Angeles zu gehen. Dieses Arrangement wirkte sich bald nachteilig auf das Familienleben aus – Henry spürte, dass Aleta mit ihrem Hausfrauendasein nicht zurechtkam – die Stimmung im Hause Alexander war gereizt.

Aleta half Henry, ein Apartment zu finden. Er fand zudem eine neue Herzensdame, die Sängerin Shirley Ross, mit der ihn aber keine intensive Beziehung verbinden sollte. Bald meldete sich James Stewart aus New York und kündigte seine Ankunft an, denn MGM hatte ihn zu Testaufnahmen eingeladen. Henry holte ihn am Bahnhof ab und stellte nur eine Frage: »Wo ist unser Flugzeugmodell?« Stewart hatte es natürlich dabei. Er trug es in einer selbst gebauten Kiste, die verdächtig einem Maschinenpistolenkoffer ähnelte. Stewart hatte das Zugpersonal mehr als einmal diesbezüglich beruhigen müssen. Jetzt galt es, das Flugzeug fertig zu bauen. Überhaupt hatten sich die beiden im Madison Square Hotel in New York so gut verstanden, dass sie nun gemeinsam ein mexikanisch angehauchtes Haus in Brentwood mieteten. Nebenan wohnte Greta Garbo. Im Garten stand ein Gewächshaus, das eine verwilderte Katze mit ihrem Wurf Jungen okkupierte. Henry und James machten den Fehler, die Katzen zu füttern, obwohl sie alles andere als Hauskatzen waren. Nach kurzer Zeit bevölkerten an die 35 Katzen das Grundstück. Die Garbo war über die streunenden Nachbarn derart genervt, dass sie einen Zaun ziehen ließ. Die Katzen beherbergten Legionen von Flöhen, die es sich bald in den Teppichen und Möbeln des Hauses gemütlich machten. Die Garbo gab entnervt auf und zog weg. Weil die Freunde sich nicht über die Methode einigen konnten, wie sie der Plage Herr werden wollten, warfen auch sie das Handtuch und mieteten ein neues Haus.

Aleta Freel muss irgendwann herausgefunden haben, dass ihr Mann Ross seine »Überstunden« bei Warner Brothers mit anderen Frauen verbrachte. Im Dezember 1935 erschießt sie sich, ohne einen Abschiedsbrief zu hinterlassen. »Irgendwie haben mich Selbstmorde mein ganzes Leben lang verfolgt«, sagte Henry später. Ross Alexander plagten offensichtlich Schuldgefühle, er ließ von den Frauen ab und ertränkte seinen Kummer in Alkohol. Ein Jahr später erschoss er sich mit demselben Gewehr.

Die Dreharbeiten zu *Flucht in die Liebe* im Frühjahr 1936 blieben Henry vor allem deswegen im Gedächtnis, weil seine Partnerin Margaret Sullavan hieß. Die beiden hatten sich seit dem eisigen Waffenstillstand in Mt. Kisco nicht mehr gesehen. Peggy hatte als Filmstar mittlerweile großen Erfolg, sie hatte den Regisseur William Wyler (*Ben Hur*) geheiratet, aber auch diese Ehe zerbrach nach kurzer Zeit. Sie zeigte jetzt ein deutliches Interesse, die Freundschaft mit Henry aufzufrischen.

Die Dreharbeiten in den schneebedeckten Bergen um Lake Tahoe schweißten die beiden zusammen. Henry ließ sich von Peggys knisternder Ausstrahlung, von ihrem sprühenden Temperament sofort und gern wieder gefangen nehmen. Als die Dreharbeiten beendet waren, machten sie sich gemeinsam auf Haussuche. Henry dachte laut über eine zweite Ehe nach, Peggy hatte keine Einwände. Aber die zarten neuen Bande zerrissen ebenso schnell, wie sie geknüpft wurden.

Auf einer Party bekam Peggy einen Wutanfall, weil Henry mit einer anderen Frau getanzt hatte. Als sie sich Tage später beruhigt hatte, war sie es, die der gemeinsamen Beziehung keine Chance einräumte – eine zweifellos vernünftige Einschätzung. Henrys Kommentar: »Die zweite Trennung war keine Tragödie wie beim ersten Mal.«

Bald darauf ging Henry an Bord der *Ile de France*, um zu Dreharbeiten nach England zu reisen. Kollege Charles Boyer war mit an Bord und stellte Henry einer Bekannten vor. Sie war Französin und sprach kein Wort Englisch – Henry konnte wiederum kein Wort Französisch, dennoch pflegten die beiden bald eine so intensive Reisebekanntschaft, dass sie die sprachliche Verständigung nicht vermissten.

Der geplante Film hieß *Zigeunerprinzessin*, sollte als erster Farbfilm in England und Irland gedreht werden und das amerikanische Publikum mit dem französischen Star Annabella bekannt machen. Henry sollte dieses Risiko reduzieren, da er in den USA bereits einen etablierten Namen hatte. Während der Dreharbeiten bemerkte auch Annabella Henrys einnehmendes Wesen und machte eindeutige Anstalten, die Love Story des Drehbuchs nach Feierabend fortzusetzen. Henry wusste jedoch, dass sie verheiratet war – er bemühte sich, jeden privaten Kontakt zu vermeiden, auch wenn er sie durchaus attraktiv fand. Diese Kavaliershaltung sollte sich als goldrichtig erweisen, denn eines Tages tauchte Annabellas Gatte Jean Murat aus Paris auf und nahm Henry in seinem gebrochenen Englisch ins Gebet: »Ich muss Sie ersuchen, die Affäre mit meiner Frau zu beenden!«

Henry fühlte sich völlig unschuldig, erfuhr aber sofort, dass Annabella ihm in ihrer verletzten Eitelkeit eine Falle gestellt und Murat mitgeteilt hatte, ihr Verhältnis zum Kollegen Fonda sei nicht nur platonisch gewesen. Es gelang Henry, Murat zu beschwichtigen, indem er ihm von den ähnlich schmerzlichen Erfahrungen während seiner eigenen Ehe berichtete. Henry überzeugte den eifersüchtigen Ehemann von seiner Unschuld und sorgte für eine Versöhnung des Paares – zumindest vorläufig: Wenige Jahre später ließen sich die beiden doch scheiden, 1939 heiratete Annabella Henrys Freund Tyrone Power.

Henry war froh, dass seine Filmpartnerin jetzt nicht länger seine Freizeit beanspruchte, denn inzwischen hatte er eine Gruppe amerikanischer Touristen kennen gelernt, die während ihrer Europareise die Dreharbeiten zu *Zigeunerprinzessin* besucht hatten. Unter den Besuchern in den Denham Studios begrüßte Henry auch Frances Seymour Brokaw. Sie wurde seine zweite Frau.

* * *

Als Henry Fonda und Frances Seymour Brokaw sich kennen lernten, erwähnte sie nicht ohne Stolz, dass ihre Vorfahren die Stadt Seymour in Connecticut gegründet hatten. Henry ließ sich nicht einschüchtern und hielt dagegen, dass die Stadt Fonda am Mohawk River nach seinen Altvorderen benannt war. Frances fuhr fort, dass die Seymours von königlichem Blut waren, sie stammten ab von Edward Seymour, Duke of Somerset, dem Höfling Heinrichs VIII ab. Henry versicherte ihr, dass das Blut der italienischen Fonda-Granden nicht weniger blau war.

Edward war der Bruder jener Lady Jane Seymour, die die dritte Ehefrau Heinrichs VIII. wurde. 1537 gebar sie den lang ersehnten männlichen Thronfolger, den späteren König Edward VI., bei dessen Geburt sie starb. Da Henrys mittlerer Name Jaynes lautete (der Mädchenname seiner Mutter), bemerkte er ganz ernsthaft: »Wenn wir mal eine Tochter bekommen, müssen wir sie wohl Jane nennen!« – »Eine Tochter!«, rief Frances. »Wie kommen Sie darauf, dass wir jemals eine Tochter haben werden?« Henrys Antwort: »Weil wir eines Tages heiraten werden!« Frances war beeindruckt. Sie äußerte ebenso unverblümt, dass sie Henry näher kennen lernen wollte.

Edward Seymours Nachfahre Richard kam 1639 nach Connecticut – er erreichte die amerikanischen Gestade also schon zwölf Jahre vor den Fondas. Sowohl in britischen Adelskreisen als auch in den amerikanischen Annalen gehörten die Seymours zu den angesehensten Familien. Im 18. Jahrhundert stellten sie mehrere Gouverneure der Kolonie New York. Frances' Vorfahr Horatio Seymour unterlag im Wahlkampf um die Präsidentschaft dem Bürgerkriegsgeneral Ulysses S. Grant. Ihr Onkel Henry Rogers baute mit John D. Rockefeller den Öl-Trust Standard Oil auf.

Frances erzählte Henry allerdings nicht, dass sie selbst aus einem verarmten Zweig der Familie Seymour stammte. Sie wurde 1908 in der kanadischen Provinz Ontario geboren und wuchs, ähnlich wie Henry, in ländlicher Umgebung auf einer Farm auf. In New York traf die blendend aussehende und sehr ehrgeizige junge Frau den über 30 Jahre älteren George Brokaw, der ein Vermögen geerbt hatte und zu den oberen Zehntausend zählte. George Brokaw war kürzlich von der Schriftstellerin Clare Boothe (*Die Frauen*) geschieden worden, sie hatte seinen Alkoholismus und seine Gewalttätigkeit nicht länger ertragen. Frances beschloss eines Tages, dass Brokaw ihr lange genug den Hof gemacht hatte, kaufte sich selbst einen Verlobungsring und machte ihm praktisch einen Heiratsantrag. Mit der Eheschließung stieg sie nun wirklich in die High Society auf und verdiente sich einen Anspruch zumindest auf Teile von Brokaws Millionen. Neun Monate später gebar sie ihre erste Tochter, die wie sie Frances getauft, aber ihr Leben lang nur »Pan« (von »Panchita«, der spanischen Version von Frances) gerufen wurde. Unter den Umständen konnte die Ehe nicht gut gehen, aber Frances hielt durch. Als Brokaw sie wiederholt verprügelte, ließ sie ihn in ein Sanatorium einweisen. 1934 starb Brokaw, er trank sich (wie auch Frances' Vater) zu Tode. Als Frances Henry traf, war sie bildschön, verwitwet, begütert und verkehrte in New Yorks ersten Kreisen.

Von alledem bemerkte Henry zunächst nur ihre Schönheit. Und er gab selbst zu, dass er leicht zu verführen war: »Wenn die Frau eine gewinnende Persönlichkeit hatte und Sinn für Humor, und wenn sie deutlich machte, dass sie mich attraktiv fand, um meiner selbst willen, dann war es um mich geschehen.« Bald gingen die beiden jeden Abend zusammen aus. Doch noch vor Ende der Dreharbeiten in London kündigte Frances an, dass sie mit ihrer Freundin Fay Keith (der Verlobten ihres Bruders) in ihrem mitgebrachten amerikanischen Wagen nach Berlin fahren würde, um dort die Olympischen Spiele zu erleben. Sie lud Henry ein, nach Drehende zu ihnen zu stoßen. Spontan stimmte er zu. Tatsächlich vermisste er sie schmerzlich, als sie abgereist war, und nach dem letzten Drehtag bestieg er sofort ein Flugzeug nach Berlin.

Dass die Nationalsozialisten die Olympischen Spiele von 1936 vor allem dazu benutzten, sich selbst in Szene zu setzen, fiel den Amerikanern sofort und sehr unangenehm auf. Bald bestiegen sie Frances' Buick (Fay Keith hatte sich inzwischen diskret verabschiedet) und fuhren über München nach Budapest, wo die braunen Uniformen noch nicht das Straßenbild bestimmten. Bei Tokaier und feurigen Violinenklängen konnten die beiden ihre Romanze ungestört ausleben. In Budapest bat Henry um Frances' Hand. In Paris nahm sie den Antrag an.

Bei seiner Rückkehr nach New York erlebte Henry die Stadt von einer völlig neuen Seite. Bisher hatte er seinen Namen nur in den Theaterkolumnen der Zeitungen gelesen, jetzt fand er ihn in den Klatschspalten der High Society. Aus Liebe zu Frances saß er die zahlreichen Partys aus, auf denen sie ihren Bräutigam vorstellte. Er selbst besuchte viel lieber die Jazzkeller, die er in seinen Theatertagen schätzen gelernt hatte. Nach der Ankunft lernte Henry auch Frances' Tochter Pan kennen, die damals fünf Jahre alt war. Henry war sich durchaus nicht sicher, ob er schon eigene Kinder haben wollte, aber er konnte mit ihnen umgehen – am Junior Theater in Washington hatte er das bereits bewiesen. Pan und Henry verstanden sich auf Anhieb.

Die Hochzeit am 16. September 1936 war ein gesellschaftliches Ereignis ersten Ranges und wurde nach allen Regeln der Kunst gefeiert. »Ich war auf diese Art von Kostümierung nicht vorbereitet«, sagte Henry. »Sie steckten mich in einen Frack, gestreifte Hosen, einen breiten Schlips und Zylinder. Verdammt! Ich erwartete jede Minute, dass ein Regisseur ›Kamera ab! Action!‹ rufen würde!« Joshua Logan war Trauzeuge, auch Leland Hayward nahm an der Trauung in der Christ Church an der Park Avenue/Ecke 60. Straße teil. Den größten Teil der Gäste machte Frances' weitläufige Verwandtschaft aus. Draußen hatten sich 300 von Henrys Fans eingefunden, die dem Brautpaar zujubelten und Reis streuten. »Mein Gott!«, erinnerte sich Henry. »Ich musste mich zusammennehmen, um den Reis nicht Korn für Korn aufzusammeln und zu kochen!«

Anschließend feierten 150 Gäste auf der Dachterrasse des Hotel Pierre und tanzten zu den neuesten Hits von Jerome Kern, Irving Berlin und Cole Porter. Auch Henrys zwei Schwestern Harriet und Jayne waren aus Nebraska angereist. Mr. und Mrs. Fonda verbrachten ihre Hochzeitsnacht im Sulgrave Hotel. Am nächsten Tag flogen sie nach Hollywood, wo Henry zu neuen Dreharbeiten erwartet wurde.

Frances merkte schnell, dass man in Kalifornien unbedingt ein Auto

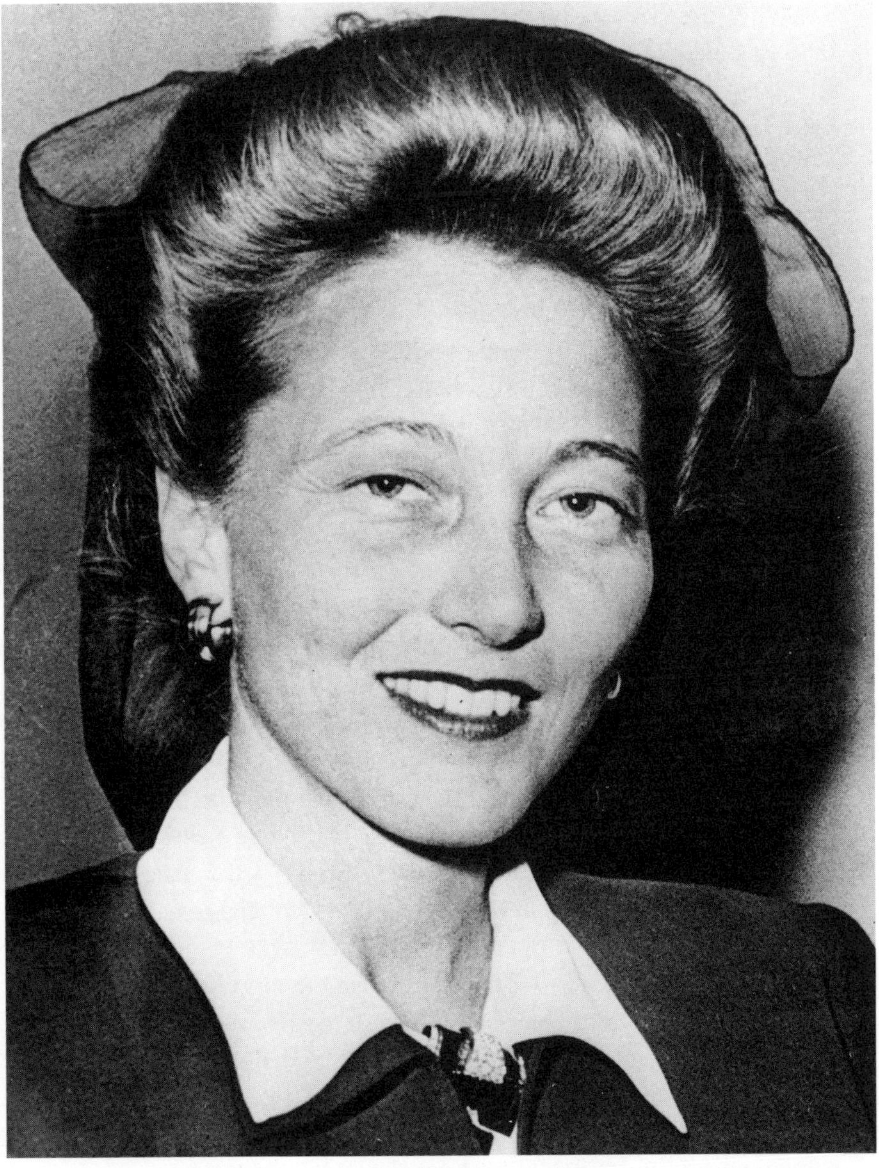

Schön, vermögend, nur in besten Kreisen verkehrend – und seit 1936 mit einem Filmstar verheiratet: Als Frances Seymour Brokaw zu Frances Fonda wird, scheinen Ruhm und Geld eine perfekte Allianz eingegangen zu sein.

brauchte. Eine Woche verbrachte sie im Beverly Hills Hotel und schrieb Bedanke-mich-Briefe für die Unmengen von Hochzeitsgeschenken, die täglich eintrafen. Dann kaufte sie sich einen neuen Buick. Bald danach fand sie ein Haus in Pacific Palisades, in dem sie wohnen wollte. Nachdem der Mietvertrag unterschrieben war, konnte auch Pan aus New York nachkommen. Pan gewöhnte sich sehr schnell an die neue Umgebung und an ihren Stiefvater, der sie rasch ins Herz schloss. Henry war bereit, Pan zu adoptieren, aber Frances' Anwälte rieten davon ab – es ging darum, Pan nicht die Ansprüche auf das Erbe ihres Vaters zu verbauen. Diese Entscheidung erwies sich als nützlich, als einige Jahre später Pans Halbschwester (George Brokaws Tochter aus der Ehe mit Clare Boothe) bei einem Autounfall starb: Pan erhielt einen Teil ihrer Hinterlassenschaft, den Frances vor Gericht einklagte.

Henry und Frances kannten sich erst ein paar Wochen, als sie heirateten. Der Alltag der Ehe zeigte dann, dass es einiges über einander zu erfahren gab. Henry verschlug es die Sprache, als Frances ihm erzählte, dass sie Millionärin war – zumindest eine Million war ihr vom Erbe ihres ersten Mannes geblieben, der Rest hatte sich am Schwarzen Freitag in Luft aufgelöst. Frances war damit nicht glücklich – sie hatte als Sekretärin an der Wall Street den Umgang mit Geld gelernt und wollte ihr Vermögen auch weiterhin vermehren. Außerdem schlug sie vor, Henrys wachsende Einkünfte zu verwalten, was ihm durchaus gelegen kam, denn er ging allein in seiner Arbeit auf. Diese Lektion musste Frances schnell lernen: Die Arbeitstage im Studio waren lang und anstrengend. Und wenn Henry drehte, war er für nichts anderes ansprechbar.

Sein Beruf war jedoch ein Thema, mit dem Frances überhaupt nichts anfangen konnte. Ihr Leben lang blieb sie desinteressiert an jenem, worüber Henry mit seinen Kollegen und Freunden ständig diskutierte. So zugänglich und sozial eingestellt sie auch gewesen sein mag – ihre Gespräche drehten sich um Dinge, die ihr näher lagen und in denen sie sich als Expertin erwies. Joshua Logan kommentierte: »Frances redete nur über Babys, Geld, Sex und Kleider.« Wenn es um finanzielle Transaktionen und Aktien ging, erwies sich Frances als anregende Gesprächspartnerin. Doch für den Small Talk der Kollegenfrauen hatte sie nichts übrig. Sie verstand sich deutlich besser mit den Männern in ihrem Freundes- und Bekanntenkreis.

Sie war so sehr im sozialen Gefüge der New Yorker Gesellschaft verwurzelt, dass sie den Werten und Gewohnheiten dieser Schicht verhaftet blieb: Sie trug beispielsweise weiterhin die eleganten Kleider, die sie von daheim gewohnt war, und ignorierte den eher legeren Stil, den man unter der Sonne Kaliforniens pflegte – selbst auf die Gefahr hin, als Außenseiterin aufzufallen. Sie hatte Klasse – in einer Umgebung, die mit diesem Begriff wenig anzufangen wusste. Frances gewöhnte sich nie daran, dass in Hollywood blaues Blut und familiäre Herkunft kaum eine Rolle spielten: Erfolg und sozialer Status wurden am Umsatz und an der Publikumsgunst gemessen. Die glänzende Fassade der Filmplakate bestimmte auch die überschwänglichen, aber oberflächlichen gesellschaftlichen Kontakte. Dank Frances' direkter und zugänglicher Art ging der introvertierte Henry auf sehr viel mehr Partys als in den ersten Jahren. Aber die Frauen, die ihn anhimmelten, hatten nichts davon. Er war jetzt »sehr« verheiratet und interessierte sich für niemanden außer Frances.

Henry hatte Frances ganz die Initiative überlassen. Das war bei Peggy Sullavan so gewesen, und es sollte sich in seinen späteren Beziehungen wiederholen: Anfang der 60er-Jahre war der französische Regisseur Roger Vadim zu Gast bei Henry Fonda. Über diesen Besuch schrieb er später: »Ich saß im Wohnzimmer und spielte unbewusst mit dem Samtüberzug des Sessels, der an der einen Seite zerrissen war, als ich bemerkte, dass vier Schichten verschiedener Stoffe übereinander aufgezogen worden waren. Das erschien mir recht seltsam, und als ich mit Jane allein war, fragte ich sie nach dem Grund. ›Jede Frau hat das Haus in einem anderen Stil eingerichtet‹, erklärte sie. ›Es sind die Bezüge von jeder Ehe.‹«

Frances wusste genau, was sie wollte. Sie hatte in der New Yorker Gesellschaft eine bedeutende Stellung erreicht und ein Vermögen geerbt. Dann angelte sie sich einen umschwärmten Filmstar, der ihr Renommee sozusagen im internationalen Maßstab vergrößerte. Vor allem wollte sie weitere Kinder, sie wünschte sich nichts mehr als einen Sohn. Wenige Monate nach ihrer Hochzeit war sie dann auch schwanger. Henry reagierte begeistert auf die Neuigkeiten und begann sofort, Listen mit möglichen Namen für den Nachwuchs zusammenzustellen.

Obwohl er seit seinem Filmdebüt derart fleißig gedreht hatte, dass er nicht einmal Zeit für eine Hochzeitsreise fand, sehnte sich Henry nach wie vor zurück zum Theater. Als Day Tuttle aus Mt. Kisco anrief, zögerte er nicht. Das Stück hieß *The Virginian* und war die Bühnenfassung des berühmten Romans von Owen Wister, der bereits mit Gary Cooper verfilmt worden war und viele Jahre später als Vorlage zur populären TV-Serie *Die Leute von der Shiloh Ranch* dienen sollte. Seine erste Western-Rolle, den unerschrockenen Wyoming-Cowboy, spielte Henry also auf der Bühne.

Hier bekam er auch Gelegenheit, seine Abneigung gegen Pferde nachhaltig zu festigen. Auf der Bühne musste er zwar nicht reiten, aber ein PR-Agent dachte sich, dass es die Bekanntheit des Stückes erhöhen würde, wenn Henry und seine Kollegen einen Geländeritt für die Fotografen absolvieren würden. Henry ließ sich überreden. Als ihnen auf dem Rückweg mehrere Autos entgegenkamen, brach sein Gaul aus, sprang über einen Wagen hinweg und krachte in einen zweiten. Henry flog aus dem Sattel, landete unglücklich auf seinem Arm und brach sich das Handgelenk. Dem Pferd war praktisch nichts passiert, aber der Wagen erlitt Totalschaden. Der Fahrer belangte Henry persönlich, der 2000 Dollar berappen musste. Den Virginian spielte Henry anschließend mit dem Arm in der Schlinge. »Kein Wunder, dass ich die Biester nicht ausstehen kann!«, kommentierte er.

Danach akzeptierte Henry eine Broadway-Rolle in dem Stück *Blow Ye Winds*, über dem sich nach 36 Vorstellungen für immer der Vorhang senkte. Henry kehrte nach Kalifornien zurück, denn nach ihrem gemeinsamen Film *That Certain Woman* wünschte ihn Bette Davis jetzt auch für ihr neues Projekt *Jezebel – Die boshafte Lady* als Partner. Die freche Bostoner Göre hatte sich seit der Mondscheinnacht mit Henry zu einem der führenden Stars der Warner Brothers gemausert, und *Jezebel* wurde einer ihrer wichtigsten Filme. Regie führte wiederum William Wyler, dessen Ehe mit Margaret Sullavan mittlerweile längst gescheitert war. Daraufhin hatte sie sich in Leland Hayward verliebt, den sie bereits seit 1930 kannte. Hayward heiratete Peggy – blieb aber weiterhin sowohl der Agent von Henry als auch der von William Wyler. Während der Dreharbeiten zu *Jezebel* täuschten Henry und Wyler sogar einen Streit vor, damit Hayward am Set erscheinen musste, um zu vermitteln. Das Ganze diente nur dazu, ein Foto zu dritt aufzunehmen, das sie den »Margaret Sullavan Club« tauften.

Henrys Freundschaft mit Peggy und Hayward hielt ein Leben lang – und trieb hin und wieder seltsame Blüten. Als die Fondas ihr Haus in Pacific Palisades mieteten, zogen die Haywards in ihre unmittelbare Nachbarschaft. Später suchte sich Frances ein Haus an der Chadbourne Avenue in Brentwood aus, das sie an die Häuser in ihrer Heimat an der Ostküste erinnerte. Die Fondas kauften es, renovierten es vom Keller bis zum Dach und leisteten sich einen neuen Swimmingpool. Kurz darauf erwarben die Haywards ein Haus um die Ecke. Diese Prozedur sollte sich noch mehrmals wiederholen.

Bei *Jezebel* hatte Henry auf eine Klausel in seinem Vertrag bestanden, die ihm Urlaub zusicherte, sobald Frances' Wehen einsetzten. Diese beabsichtigte nämlich nach New York zu reisen, um sich in die Obhut jenes Geburtshelfers zu begeben, der sie vor sechs Jahren von Pan entbunden hatte. Tatsächlich musste Bette Davis etliche Liebesszenen ohne Henry drehen, denn am 21. Dezember 1937 kam Henrys und Frances' Tochter per Kaiserschnitt zur Welt. Dass sie Jane genannt wurde, verwunderte niemand: Henry hatte das ja praktisch schon beschlossen, als er Frances kennen lernte. Seine Biografen notieren, dass sich die Eltern im Gedenken an Lady Jane Seymour einen Spaß daraus machten, das Mädchen »Lady« und »Lady Jane« zu rufen. Tatsächlich wurde dieser Familienwitz noch fortgeführt: Auf ihrem Taufschein wurde sie ganz offiziell als »Lady Jane Seymour Fonda« registriert. Ihre ersten Kleidchen trugen eingenähte »Lady-Fonda«-Schilder. Die Eltern gebrauchten also ihren Namen durchaus korrekt, bis Jane alt genug war, um sich dieses ihrer Meinung nach »weibische« Attribut zu verbitten.

Für den Brentwood-Haushalt wurden ein Chauffeur, ein Koch und ein Kindermädchen engagiert. Frances übernahm das strenge Regiment über das Kinderzimmer, das von der Nurse wie ein Zerberus bewacht wurde. Henry beklagte sich im Rückblick bitterlich, dass Jane wie in Quarantäne gehalten wurde. Der Vater musste um Erlaubnis bitten, wenn er seine Tochter sehen wollte. Weil Frances Krankheitserreger fürchtete, musste Henry bei diesen Gelegenheiten sogar einen Mundschutz tragen. »Ich werde ganz traurig, wenn ich daran denke«, sagte Henry. »Niemand hat Jane damals in den Arm genommen. Wenn ich mir vorstelle, was sie und ich versäumt haben ...!«

Frances verfolgte strikte Grundsätze, nach denen sie ihren Haushalt führte. Sie wollte ihren Kindern dieselbe penible Erziehung angedeihen lassen, die sie selbst genossen hatte. Nichts schätzte sie mehr als Ordnung, Selbstdisziplin und gute Manieren. Was Henrys Arbeit anging, verfolgte er ähnliche Prinzipien. Aber privat wurde er keinem ihrer Ansprüche gerecht. Er bemühte sich anfangs sehr, ihren Wünschen zu entsprechen. Doch er schien sie nie zufrieden zu stellen. Sie wurde zum Zuchtmeister des Hauses – die neuen Regeln wurden nicht diskutiert, sondern befolgt. Falls jemand nicht ins Bild passte, streikte sie so lange, bis jeder Widerstand gebrochen war. Man ging kühl, distanziert und förmlich miteinander um. Emotionale Ausbrüche der Kinder wurden durch Ermahnungen im Keim erstickt. Henry selbst war kein gefühlsbetonter Mensch, und so zog er sich in dieser Situation noch mehr in sich zurück – auch um Frances keine Angriffsfläche zu bieten.

1939 erhielt Henry das Angebot, Abraham Lincoln auf der Leinwand zu verkörpern. Nicht erst seit seiner Rolle als Lincolns Sekretär zwölf Jahre zuvor interessierte ihn das Thema sehr – er hatte die meisten Biografien über den berühmten Präsidenten gelesen. Aber gerade wegen seiner Verehrung hielt er sich selbst in dieser Rolle für unzulänglich. Immerhin ließ er sich zu Probeaufnahmen überreden. Seine Statur und sein dunkles Haar entsprachen dem überlieferten Bild bereits, der Maskenbildner sorgte für eine längere Nase und für die Warze im Gesicht, und Henry war selbst erstaunt, wie sehr er dem Vorbild nun ähnelte. Als er jedoch beim Prüfen der Aufnahme seine eigene Stimme von der Leinwand zu hören bekam, konnte er sich – wie üblich – nicht ertragen. Er wollte mit dem Projekt nichts zu tun haben.

Einige Monate später bat ihn John Ford in sein Büro. Ford war damals 44 Jahre alt. Im US-Staat Maine an der Nordostküste geboren, stammte er von irischen Einwanderern ab – immer wieder stellte er Iren ins Zentrum seiner Filme. 1913 war er als 18-Jähriger seinem Bruder Francis Ford nach Hollywood gefolgt und schnell vom Stuntman und Darsteller zum Regisseur aufgestiegen. »Ich heiße John Ford. Ich drehe Western«, pflegte er sich vorzustellen. Tatsächlich ist er in Europa vor allem wegen seiner Western berühmt geworden (*Rio Grande, Der schwarze Falke, Der Mann, der Liberty Valance erschoss*). Er hatte schon in den 20er-Jahren als Western-Pionier das Genre nachhaltig geprägt, doch das amerikanische Publikum schätzte und liebte unter seinen über 100 Filmen ebenso die berühmten Dramen (Oscar 1935 für *Der Verräter*) wie die Komödien. Er drehte jährlich drei Filme: einen fürs Finanzamt, einen, um sein Boot *Araner* zu unterhalten, und vom dritten lebte er bis zum Folgejahr. Die drei Filme des Jahres 1939 sollten zum Wendepunkt seiner Karriere werden – aus dem bekannten Handwerker wurde eine amerikanische Legende: Ford drehte *Ringo*, der den Western vom Kinderfilm-Image befreite, ihn auch in der Erwachsenenwelt hoffähig machte und Hauptdarsteller John Wayne in den Olymp der Superstars hievte. Die beiden anderen Filme drehte er mit Henry Fonda.

Ford schmauchte seine unvermeidliche Pfeife, als Henry in sein Büro trat. »Was höre ich da für einen Scheiß, dass du den Film nicht machen willst?«, grollte Ford. »Du hältst Lincoln wohl für den beschissenen großen Sklavenbefreier, oder was? Er ist doch hier bloß ein junger o-beiniger Anwalt aus Springfield, zum Teufel!« Henry sollte sich bald daran gewöhnen, dass Ford keinen Satz ohne gleichzeitige Fluchkanonade hervorbringen konnte. Zunächst war er jedoch wie vom Donner gerührt. Ford wollte ihn beschämen, ihm die Flausen über Lincoln, seine ehrfürchtigen Hemmungen austreiben. Der Film sollte *Der junge Mr. Lincoln* heißen und jeden heroischen, überlebensgroßen Ballast vermeiden – denn es ging tatsächlich »nur« darum, die Jugend des Präsidenten und seine ersten Schritte als Jurist darzustellen.

Henry ließ sich überzeugen, er akzeptierte die Rolle. Sie trug schließlich viel dazu bei, Henry als Archetyp des amerikanischen Helden zu etablieren. Der Rezensent der *New York Times* schrieb: »Die langen Arme und Beine besitzt er von Natur aus, auch das starke und ehrliche Gesicht und das verhaltene Lächeln. Mr. Fonda selbst steuert den Rest bei: Die Warmherzigkeit und Freundlichkeit, die sympathische Bescheidenheit, Mut, Entschlossenheit, Zärtlichkeit und Schläue, die Lincoln, auch der junge Mr. Lincoln, besessen haben muss.« Im selben Jahr drehten Ford und Fonda auch *Trommeln am Mohawk*, gewissermaßen ein Heimspiel für Henry: Er stellte den Kolonisten Gil Martin dar, der während der amerikanischen Revolution genau wie sein Urahn Douw Fonda am Mohawk River gegen die Briten und die mit ihnen verbündeten Indianer kämpft. Natürlich verhilft Gil den neuen Vereinigten Staaten zu einem glänzenden Sieg. Der in Farbe gedrehte patriotische Historienfilm ist insofern ein Kuriosum, als er die Briten als Bösewichte darstellt. Der amerikanische Revolutionskrieg kommt in Hollywood-Filmen verhältnismäßig selten vor (berühmte Ausnahme der letzten Jahre: *Der Patriot* mit Mel Gibson) – zu wichtig ist der ökonomische Erfolg beim britischen Publikum.

Henrys Vertrag mit Produzent Walter Wanger war mittlerweile erfüllt – Fonda konnte nun frei über seine Projekte entscheiden. Dies und vor allem seine Popularität machten ihn für die Studiochefs teurer als die Vertragsstars. Henry wollte sich diese neu gewonnene Freiheit nicht nur wegen möglicher Theateroptionen erhalten, sondern er wünschte sich auch mehr Einfluss auf die Rollenwahl, denn die meisten seiner Filme in den vergangenen fünf Jahren hatten ihn nicht im Mindesten interessiert. Entsprechend enthusiastisch reagierte er, als Leland Hayward berichtete, dass 20th Century Fox die Filmrechte zu *Früchte des Zorns* gekauft hatte. John Ford sollte die Regie übernehmen, und Henry war als Hauptdarsteller vorgesehen. Henry kannte inzwischen John Steinbecks Werke. Dessen vehementes Eintreten für die Unterprivilegierten, seine schonunglose Abrechnung mit den Schattenseiten des amerikanischen Traums beeindruckten den politisch liberal bis links orientierten Henry tief.

Und jetzt sollte ihm diese Traumrolle einfach in den Schoß fallen? So einfach war es leider nicht – die Sache hatte einen Haken und der Haken einen Namen: Darryl F. Zanuck, Chef des Fox-Studios, war drei Jahre älter als Henry und stammte ebenfalls aus Nebraska. Mit 21

Jahren hatte er als Drehbuchautor bei Warner Brothers angefangen, fünf Jahre später hatte er es bereits zum Produktionschef gebracht. 1933 gründete er seine eigene Produktionsfirma, die 20th Century Pictures, die im folgenden Jahr mit Fox fusionierte und schnell zu einem der wichtigsten Studios in Hollywood aufstieg. Zanucks Gespür für starke Geschichten und sein unbestechlicher Geschäftssinn hatten ihn zu einem wichtigen Filmemacher gemacht. Wie anderen Moguln auch, eilte ihm allerdings der Ruf voraus, ebenso dynamisch wie skrupellos zu sein: »Mein Gott, wartet mit dem Jasagen, bis ich ausgesprochen habe!«, knurrte er einst seine versammelten Mitarbeiter an. Zanuck bestellte Henry zu sich und wiederholte sein Angebot, ihn als Tom Joad zu engagieren. Aber er stellte eine Bedingung: Henry musste einen Siebenjahresvertrag unterzeichnen. Fonda lehnte zunächst ab, und Zanuck sagte: »Ich habe Großes mit dir vor, Fonda. Ich brauche dich unter Vertrag, um das zu erreichen. Ich lasse dich doch nicht den Tom Joad spielen, damit du anschließend zu MGM gehst und mit Joan Crawford drehst!«

Henry wusste nur zu gut, dass er mit *Früchte des Zorns* sein Meisterstück abliefern würde, und die Rolle Tom Joads sollte der Maßstab werden, an dem sich seine gesamte Filmkarriere messen lassen sollte – deswegen biss er in den sauren Apfel und unterschrieb. Sein Unmut und seine Verachtung für Hollywood konzentrierten sich in den folgenden Jahren nunmehr auf Zanuck. Denn der zwang Henry nach *Früchte des Zorns* zu etlichen ungeliebten Rollen. »Zanuck ist ein engstirniger Bastard«, schimpfte Fonda. »Ihn interessieren nur zwei Dinge: Filme machen und seinen Schwanz befriedigen.«

John Ford hingegen war ein schwerer Alkoholiker, der sich in seiner Freizeit regelmäßig bis in den Stupor betrank. Allerdings wäre er nie der berühmte Regisseur geworden, hätte er seine Krankheit nicht im Griff gehabt: Während der Dreharbeiten rührte er keinen Tropfen an. Er engagierte sich sehr für seine Filme, hinterließ in jedem Drehbuch seine Spuren, und mit den Jahren schaffte er es, ein festes Team um sich zu scharen, das an jedem seiner Projekte mitwirkte – einige Mitarbeiter waren vier, fünf Jahrzehnte dabei.

Henry wusste, dass Ford sich ungern etwas sagen ließ – sein Regiestil war schlicht autoritär. Andererseits war Ford kein Freund zahlreicher Wiederholungen einzelner Szenen. Er feilte ungern an Details, weil die Spontaneität der Darstellung in seinen Augen durch häufiges Wiederholen nur litt. Henry Fonda und Jane Darwell, die seine Mutter spielte, konsultierten den Meister daher erst gar nicht, sondern probten insgeheim und allein die Schlüsselszene, Toms Abschied. Die Szene saß also bereits, als sie zum Schluss der Dreharbeiten endlich von der Kamera aufgenommen wurde. Beide spielten makellos. Ford sagte kein Wort und verwendete die erste Aufnahme so, wie sie war. Sein Schweigen stellte das größte Lob dar, das er zu vergeben hatte.

Nach den Dreharbeiten holten Henry und Frances ihre Hochzeitsreise nach – es ging durch Südamerika. Drei Jahre lang war dafür keine Zeit gewesen. Als sie zurück kehrten, war Frances erneut schwanger: Peter Henry Fonda kam am 23. Februar 1940 in New York zur Welt. Frances wusste vorher, dass auch diesmal ein Kaiserschnitt nötig sein würde. Zur damaligen Zeit konnten Frauen auf diese Weise nur dreimal gebären. Frances wünschte sich sehnlichst einen Sohn – so sehr, dass sie bereits die Adoption eines männlichen Kindes arrangiert hatte für den Fall, dass sie eine dritte Tochter bekäme. Mit Peter war Frances nun überglücklich, genas aber nur langsam von ihrer Operation. Henry flog zurück nach Kalifornien und nahm den kleinen Peter mit. Frances folgte später nach. Die gestrenge Gouvernante war entlassen worden, diesmal durfte Henry das Baby in den Arm nehmen, und er wechselte die Windeln selbst, sogar an Bord des Flugzeugs.

Peters Schwestern hatten einige Mühe, den kleinen Bruder zu akzeptieren – sie spürten natürlich, dass sich die Aufmerksamkeit der Eltern jetzt auf drei Kinder verteilte. Henry arrangierte deshalb einige Picknicks mit der ganzen Familie, so wie er sie aus seiner Kindheit erinnerte. Ein Hügel namens Tigertail in den Santa Monica Mountains gefiel ihnen dafür besonders. Man konnte den Pazifik sehen und auf der anderen Seite, im Osten, die schneebedeckten Berge. Die Besitzer des Geländes wussten schon damals, dass die Grundstückspreise durch die Nähe zu Hollywood noch steigen würden. Als Henry und Frances sich einig waren, dass sie an diesem Platz ein Haus bauen wollten, stand das Gelände nicht sofort zur Verfügung. Sie mussten noch einige Geduld aufbringen, doch schließlich war das Geschäft perfekt: Die Fondas erstanden auf dem Hügel 3,6 Hektar für 27 000 Dollar – das war selbst für einen Filmstar eine enorme Summe. Frances hatte Henrys Gagen in Aktien angelegt – diese musste sie jetzt wieder verkaufen.

Der Architekt hatte dann nicht viel zu tun: Henry und Frances wussten genau, was sie wollten – ein elegantes Farmhaus im Neuengland-Stil, das sie ihm auf Fotos zeigen konnten. Auf dem parkähnlichen Gelände war Platz für Felder und Wäldchen, einen Tennisplatz, Swimmingpool, ein so genanntes Spielhaus, in dem Gäste wohnen konnten und Partys gefeiert wurden, ein Garagenhaus mit Quartieren für die Angestellten, eine Scheune und Stallungen für Pans Pferd und die Esel der kleineren Kinder, Kaninchen- und Hühnerställe, Orangen- und Äpfelplantagen, Blumen- und Gemüsebeete und von überall traumhafte Ausblicke. Die Kinder konnten sich auf ihrem voll eingerichteten Spielplatz austoben, sogar alte Karussellpferde waren dort aufgestellt. An der Straße stand ein Schild »Vorsicht: Kinder und Tiere«. Von dort wand sich eine lange Auffahrt bis zum Haus. Frances richtete es stilvoll ein und schuf sich so ein Stück Ostküstenflair im Einklang mit der Architektur des Hauses.

Henry lebte sich als Hobbyfarmer aus, schaffte sich einen Traktor an, studierte Gartenzeitschriften, säte und erntete. Bevor das Wort Karriere machte, dachte und handelte er ökologisch: Gartenabfälle wurden kompostiert, der Rest des Mülls verbrannt und die Asche als Dünger eingesetzt. Im Krieg wurden die Amerikaner angehalten, einen »Victory Garden« anzulegen, um sich mit eigenem Gemüse und Obst von gekauften Lebensmitteln unabhängig zu machen. Das war Wasser auf die Mühlen der Fondas. Die Garage hatte Platz für drei Wagen, und alle Wände waren mit Regalen angefüllt, auf denen die von Frances eingeweckten Konserven standen.

Wie zu erwarten, zogen Margaret Sullavan und Leland Hayward in die Nachbarschaft. Sie hatten inzwischen auch drei Kinder, Brooke, Bridget und William, und übernahmen von den Fondas die Idee des »Spielhauses«. Allerdings war das Fondasche Spielhaus eher für die Spiele der Erwachsenen gedacht, während die Kinder der Haywards in ihrem Gartenhaus permanent einquartiert wurden, dort aßen und schliefen.

Henry begann in dieser Idylle sein Faible für die Malerei weiterzuentwickeln – zunächst indem er das Kinderzimmer mit den Märchenfiguren aus *The Wizard of Oz* (*Das zauberhafte Land*) ausmalte. Einige Jahre später – so wird erzählt – bemalte er die Innenfläche eines Aschenbechers. Er malte abgebrannte Streichhölzer, Zigarettenkippen, Asche – woraufhin das Stubenmädchen mehrfach versuchte, den Aschenbecher sauber zu wischen, bis sie bemerkte, was es damit auf sich hatte. James Stewart kommentierte: »Wahrscheinlich hat er ein Buch übers Malen gelesen. Ich hoffe, dass er nicht auch noch ein Buch über Kernspaltung liest. Wahrscheinlich würde er dann Atome dreifach spalten!«

Als Vorbild diente ihm der amerikanische Maler Andrew Wyeth, der Henry mit seinen melancholischen, realistischen Bildern beeindruckt hatte. Später lernte er sein Idol persönlich kennen und ließ seine Arbeiten von ihm beurteilen. Stillleben bevorzugte Henry deswegen, weil er in seiner minutiösen Detailfreudigkeit manchmal wochenlang an einem Bild arbeiten konnte – eine Prozedur, die er einem lebenden Modell nicht zumuten konnte und wollte.

Frances hatte indes Erfolg mit der Verwaltung ihres eigenen Vermögens, grämte sich aber, da ihr das mit Henrys Geld nicht gelingen wollte. Mehrere Investitionen hatten Verluste eingebracht. Sie fühlte sich zunehmend krank und zog sich mit ihren Zahlenkolonnen täglich stundenlang in ihr Schlafzimmer zurück. Den Ärzten, die sie als gesund einstuften, glaubte sie nicht, bis einer ihrer hypochondrischen Neigung nachgab und sie einige Wochen lang in einer Klinik bei San Diego auf »chronisches Fieber« behandelte. Weder Henry noch sie selbst erkannten, dass ihre Probleme psychischer Natur waren.

Beruflich musste Henry in diesen Jahren die Suppe des Fox-Vertrages auslöffeln, die er sich mit *Früchte des Zorns* eingebrockt hatte: Zanuck zwang ihn zu einem ungeliebten Film nach dem anderen: »Ich gebe zu, einige waren gar nicht so schlecht«, sagte Henry. »*Die Falschspielerin*, *Thema: Der Mann*, *Jesse James* und *Ritt zum Ox-Bow*. Aber über den Rest möchte ich nicht mal reden!« In der Komödie *Die Falschspielerin* spielte die von Henry sehr geschätzte Barbara Stanwyck die Titelrolle, und Henry kolportierte gern, er sei jahrelang in sie verliebt gewesen und hätte sie um Haaresbreite geheiratet. Jedenfalls funktionierte ihre gemäß Drehbuch verhinderte Beziehung auf der Leinwand großartig. Henry zog als tumber Millionär alle Register. »Wie Fonda sich unter Stanwycks vorgetäuschten Liebesschwüren windet, gehört zu den größten Momenten des Screwball-Genres«, urteilte ein Kritiker.

Das änderte allerdings nichts daran, dass sich Henry als Lohnsklave fühlte. Und als japanische Bomber im Dezember 1941 Pearl Harbor angriffen, kam der Krieg scheinbar wie gerufen. Henry war 36 Jahre alt, hatte drei Kinder zu versorgen und wäre zweifellos nicht eingezogen worden. Doch er meldete sich freiwillig zur Navy. Er hätte zwar ebenso im Sinne des in Hollywood heftig ausbrechenden Patriotismus für die Sache Amerikas vor der Kamera kämpfen können, so wie es beispielsweise John Wayne in etlichen Propagandafilmen tat, in denen er nur Uniformen aus dem Studiofundus trug. Doch viele seiner Kollegen kämpften an den wirklichen Fronten des Zweiten Weltkriegs: James Stewart, Tyrone Power, Clark Gable, Robert Taylor und Regisseur John Ford, der sich als Lieutenant Commander der Navy um die offiziellen Filmdokumentationen kümmern sollte. Beim Drehen während der Schlacht um Midway wurde er am linken Auge verwundet.

Henry war sicherlich überzeugt, dass auch er seinem Vaterland den Dienst an der Waffe schuldete. Frances gegenüber argumentierte er, sein Publikum hielte ihn für viel jünger, als er tatsächlich war – und er wollte nicht, dass seine Zuschauer fragten: »Warum ist der nicht mit da draußen?« Als Sohn Peter Fonda später über diese Zeit reflektierte, stellte er Henrys Patriotismus zwar nicht in Abrede. Dennoch ist er überzeugt, dass Henry die Gelegenheit auch nutzte, um seiner Familie zu entkommen: »Er ist vor Jane und mir weggelaufen, seit wir auf der Welt waren. Zwischen Janes Geburt im Dezember 1937 und meiner im Februar 1940 hat er sieben Filme gedreht – er war einfach nie zu Hause. Zwischen meiner Geburt und seiner Abkommandierung in den Krieg 1943 hat er weitere zwölf Filme gedreht. Wir hatten keine Ahnung, wer er war. Er hätte gar keinen Wehrdienst mehr leisten müssen, er hätte sich zu Hause um seine Frau und seine kleinen Kinder kümmern sollen. Er war stolz darauf, ein Held des Vaterlandes zu sein, aber das hat mich und Jane wirklich verkorkst.«

Henry meldete sich als einfacher Soldat, denn er wollte die PR-Einsätze seiner berühmten Kollegen in den Wochenschauen auf jeden Fall vermeiden und lehnte jegliche diesbezügliche Avancen seiner Vorgesetzten ab. Henrys Plan funktionierte jedoch nicht ganz reibungslos. Den Klauen des Studiochefs Darryl F. Zanuck zu entkommen, erwies sich als schwierig: Zanuck war mächtig genug, um Henrys Kriegseinsatz zu verzögern. Henry meldete sich wie befohlen zur Grundausbildung in San Diego und wurde postwendend nach Hause zurückgeschickt: Zanuck zwang ihn, in einem schnell zusammengeschusterten Kriegsfilm mit dem Titel *The Immortal Sergeant* den Weltkrieg eigenhändig zu gewinnen.

In den nächsten drei Jahren sah Henry kaum etwas von seiner Familie, aber er hatte eine Menge Zeit, an sie zu denken. Nach der Grundausbildung in San Diego führte ihn im Mai 1943 seine erste Seefahrt nach Seattle. Von dort wurde er zur Offiziersausbildung an die Ostküste nach Rhode Island beordert. Anschließend absolvierte er einen Intensivkurs in U-Boot-Abwehr. Daraufhin wurde er erstmals eingesetzt – auf dem Schlachtschiff *Curtis* im Pazifik.

Seine Briefe an die Kinder zeugen davon, wie er sich in den langen Stunden langweiligen Marinedienstes an glücklichere Tage in Tigertail zurückerinnerte. Aber es gab auch gefährliche Situationen, von denen er nicht nach Hause berichtete. Henry befand sich auf Kurzurlaub in Guam, als die *Curtis* wieder in See stach und von einem Kamikaze-Bomber getroffen wurde, der genau jenen Bereich des Schiffes zerstörte, in dem sich Henrys Kabine befand.

Die Familie in Brentwood befand sich während des Krieges nie in wirklicher Gefahr, auch wenn japanische U-Boote vor der Pazifikküste Angst und Schrecken verbreiteten, Luftschutzübungen abgehalten wurden und Verdunklung befohlen war. Trotz der relativen Sicherheit gingen diese Jahre nicht spurlos an den Fondas vorüber. Nur zweimal hatte Henry Gelegenheit für einen kurzen Heimaturlaub. Frances strickte für die Soldaten, wickelte Verbandsrollen für das Rote Kreuz, aber sie war so einsam, dass sie sich in Affären flüchtete. Eine Zeit lang wohnte ein Künstler im Spielhaus, der Obdach brauchte, und Peter vermutet, dass er nicht nur den Kindern freundschaftlich verbunden war. Henry erfuhr davon erst viele Jahre später.

Frances besorgte Spielfilme, die im Haus vorgeführt wurden. Die Kinder waren noch zu klein, um zwischen Fiktion und Realität zu unterscheiden. Das wurde offensichtlich, als Jane ihren Dad in *Trommeln am Mohawk* erlebte. In einer Szene flüchtet Henry vor feindlichen Indianern – Jane konnte seine Todesgefahr nicht ertragen und schlug die Hände vor die Augen, denn sie brachte Indianer und Japaner durcheinander. Peter hatte ein ähnlich Erlebnis, als er drei oder vier Jahre alt war. Er sah den Film *Der Tod des alten Zirkuslöwen*, in dem Henry einen Mann namens Chad Hanna spielt, der sein bisheriges Leben hinter sich lässt, um einem Zirkus und der schönen Linda Darnell durch die Lande zu folgen. Peter war zunächst über Chads Techtelmechtel mit dem Mädchen erbost, und als die Szene folgte, in der Chad einen Käfig reinigt, ohne zu merken, dass ein Löwe darin ist, rannte Peter wild schreiend zur Leinwand, um Chad zu warnen. Frances musste Peter aus dem Zimmer bringen und erklärte ihm, der Mann auf der Leinwand sähe zwar wie sein Dad aus, sei es aber nicht. Peter behielt schließlich im Gedächtnis, dass der Mann auf den Familienfotos im Haus nicht sein Dad war, sondern Chad Hanna hieß. Wenige Monate später kam Henry auf Heimaturlaub zu Besuch und holte Peter vom Kindergarten ab. Peter erkannte den Wagen, fand aber den Mann in Uniform befremdlich. »Chad?«, fragte er ungläubig und verkroch sich dann in einen Busch und schrie. Es dauerte lange, ihn zu beruhigen, und Henry zeigte sich von Peters vehementer Ablehnung ziemlich betroffen – denn er konnte zunächst nicht wissen, was im Kopf des kleinen Jungen vorging.

Im Kampf um dem Pazifik waren Henry und seine Kameraden – durch das Abhören feindlicher Funksprüche und eigener Berechnungen von Truppen- und Schiffsbewegungen – für das Aufspüren japanischer U-Boote zuständig. Aufgrund der Berechnungen kreuzten dann die amerikanischen Zerstörer den Kurs des Feindes, legten Teppiche von Wasserbomben und entdeckten im Erfolgsfall die auftauchenden Trümmer der U-Boote. Henry wurde für seine Leistungen bei der Bekämpfung der japanischen Flotte der Bronze Star verliehen.

Durch seine enge Zusammenarbeit mit Geheimdienst und Aufklärung war Henry einer der wenigen Soldaten, die von der Atombombe wussten, bevor sie der amerikanische B-29-Bomber *Enola Gay* am 6. August 1945 über Hiroschima abwarf. Eine Woche später kapitulierte Japan. Der Zufall wollte es, dass Henry kurz zuvor Order bekommen hatte, nach Washington zu fliegen, um dort als Star im Radioprogramm der Navy aufzutreten. Befehl war Befehl, aber Henry war unglücklich darüber, denn derartige Einsätze hatte er während des ganzen Krieges erfolgreich vermeiden können. Als er von der Kapitulation hörte, flog er doch gern zurück, und er landete in den Staaten, bevor Präsident Truman offiziell das Ende des Krieges verkündete. In Los Angeles geriet er mitten in die euphorische Siegesfeier.

Zwei Tage nach seiner Rückkehr sollte Henry weiter nach Washington reisen, um dort vier Wochen lang im Radioprogramm aufzutreten. Die Freude über die Rückkehr in den Schoß der Familie hielt nicht lange an. Henry hatte sich nicht wesentlich verändert, zeigte sich sogar eher unwilliger als zuvor, Frances' Regiment über Haus und Familie zu akzeptieren. Die Kinder waren gewachsen, doch der enthusiastische Vater war eine Rolle, an der Henry scheiterte. Dennoch: Die Fondas erlebten in diesen Jahren auf ihrem Refugium mit der Adresse 600 Tigertail Road ihre glücklichsten Jahre. Sie wussten es nur noch nicht.

Gute Zeiten: Henry nahm seine Freundschaft mit James Stewart wieder auf, der als hochdekorierter Colonel aus dem Krieg zurück kehrte. Stewart war immer noch ledig und hatte sein Haus während des Dienstes in der Air Force untervermietet. Bis er dort wieder einziehen konnte, kam er im Spielhaus der Fondas unter, von wo aus er für prächtige Stimmung sorgte. Neben ihren Modellflugzeugen bauten die beiden jetzt auch Drachen und brachten es auch darin zu der gewohnten Meisterschaft. Für eine Hollywood-Kostümparty verkleideten sich Henry, Stewart und der gemeinsame Freund John Swope (der Ehemann von Dorothy McGuire) als die Marx Brothers und gewannen damit den zweiten Preis des Abends. Sie holten die entbehrungsreichen Jahre des Kriegsdienstes auf zahllosen Partys nach, nutzten die

Monate ohne Filmarbeit außerdem, um in guter Gesellschaft Musik zu hören und Musiker einzuladen: Johnny Mercer, Hoagie Carmichael, Nat King Cole. Cole gab Peter eine Klavierstunde, die ihm sogar Spaß machte – üblicherweise hasste Peter den erzwungenen Klavierunterricht, da er sich als Linkshänder benachteiligt fühlte.

Auf einer Party in Tigertail erschien Stewart in einem weißen Dinnerjackett. Henry trat auf ihn zu, um ihm etwas »Besonderes« zu zeigen, zog einen Füller hervor und spritzte reichlich Tinte über das Jackett des Freundes. Der war völlig entnervt, bis die präparierte Wundertinte nach kurzer Zeit unsichtbar wurde. Peter war Zeuge des Scherzes und spürte erstmals, dass unter der harten Schale des Vaters ein Schalk steckte. Wenn die Erwachsenen Charade spielten, konnten Fonda und Stewart ihre Zuschauer mit ihrem schauspielerischen Können unterhalten, bis diese Tränen lachten. Und einmal beendete Henry die Diskussion über die Essbarkeit von Schellack-Schallplatten damit, dass er in eine hineinbiss und sie durchkaute.

Wie ihre Halbschwester Pan liebte auch Jane das Reiten und entwickelte bald großes Geschick darin, während Peter Henrys Abneigung gegen Pferde geerbt zu haben schien. Im Gegensatz zu ihren frühen Jahren, in denen sie von den Kindermädchen und Frances ständig beaufsichtigt und reglementiert wurden, konnten Jane und Peter in diesen Tagen frei das riesige Grundstück und die Umgebung erkunden. Henry achtete darauf, dass das Unterholz nicht zu dicht ans Haus wuchs, da Kalifornien jeden Sommer von Waldbränden heimgesucht wurde. Befreundete Kollegen wie Stewart, John Wayne und Randolph Scott packten beim Roden der Büsche mit an, und der kleine Peter half ihnen dabei, so gut er konnte. Anschließend wurden die Büsche verbrannt, und Henry legte ein paar seiner selbst angebauten Kartoffeln in die heiße Asche. Peter erinnert sich: »Nach einer bestimmten Zeit nahm er die Kartoffeln heraus, pellte die verbrannte Schale ab, und wir aßen die leckersten Kartoffeln aller Zeiten. Keine Butter, kein Salz, nur frische, heiße Kartoffeln. Ein magischer Moment.«

Zwei- oder dreimal traf sich Henry mit John Ford nach der Beendigung gemeinsamer Filme in Mexiko. Ford hatte die Angewohnheit, nach getaner Arbeit auf der *Araner* in See zu stechen. Frances wollte nicht mitkommen, deswegen flog Henry allein nach Mazatlán, wo auch Duke Wayne und Ward Bond zu ihnen stießen. Ford war nach ein, zwei Tagen meist zu betrunken, um noch an Land zu kommen. Aber die anderen gabelten dort eine Mariachi-Band auf und machten einen ausführlichen Zug durch die Gemeinde, von Bar zu Bar, von Bordell zu Bordell – aber nur um zu trinken und der Musik zuzuhören. Henry behauptete, dass sie die Dienste der Prostituierten nicht in Anspruch genommen hätten: »Die sahen zu schmuddelig aus.«

Einmal betranken sich Henry und der Duke mit mexikanischem Bier. Sie luden amerikanische Flitterwöchner mit an ihren Tisch, und Wayne, der gern und gut Geschichten erzählte, versuchte vergeblich, seine üblichen Flüche aus Rücksicht auf die anwesende Dame zu vermeiden. In seinem alkoholseligen Zustand klappte das überhaupt nicht, Henry rutschte vor Lachen unter den Tisch und blieb dort besinnungslos liegen. Das inspirierte Wayne dazu, sich das Haustier des Hotels bringen zu lassen: eine drei Meter lange Boa constrictor, die Henry nun über den Körper drapiert wurde. Henry wachte davon auf, war aber so benebelt, dass er es nicht mit der Angst bekam, sondern nur gelassen sagte: »Hey, Duke, schau mal!«

Zu jener Zeit war Wayne noch nicht an Politik interessiert – es gab also keinen Anlass, durch seine konservative Haltung mit dem liberalen Henry aneinander zu geraten. Das änderte sich, als das US-Parlament den berühmt-berücksichtigten Ausschuss zur »Untersuchung unamerikanischer Aktivitäten« einsetzte, der unter der Leitung von Senator Joseph McCarthy angebliche Kommunisten in den USA aufspüren sollte und auch Hollywood bis Ende der 50er-Jahre mit Verhören, Gefängnisstrafen und schwarzen Listen terrorisierte. Henry hatte für Kommunisten nichts übrig, aber diese rückhaltlose Hetze gegen seine Kollegen lehnte er von Anfang an entschieden ab. 1947 unterschrieb er neben Katharine Hepburn, Gregory Peck und anderen eine Anzeige, die im Branchenblatt *Variety* erschien und sich unmissverständlich für die vom Ausschuss zu Haftstrafen verurteilten Drehbuchautoren einsetzte. Damit war das Ende der Freundschaft mit den McCarthy-Anhängern Duke Wayne und Ward Bond besiegelt. Auch James Stewart war politisch ausgesprochen konservativ eingestellt, aber

Henry und er retteten ihre Freundschaft, indem sie fürderhin auf jegliche politische Diskussion verzichteten.

Schlechte Zeiten: Die Atmosphäre zwischen Henry und Frances kühlte merklich ab, ohne dass er die Gründe dafür verstand. Frances zog sich mehr und mehr in ihr Schlafzimmer zurück, das sie mit zwei Telefonen und ihren Papieren zu einem Büro umfunktioniert hatte. Sie führte weiterhin ihre Geldgeschäfte auf sehr effektive Weise aus, nur mit Henry hatte sie nichts mehr zu besprechen. Um das Finanzamt auszutricksen, stapelte sie Geldbündel in einem Safe, der in den Fußboden des Schlafzimmers eingelassen war.

Die Kinder beobachteten, wie die Mutter zunehmend kosmetische Vorsorge gegen das Altern traf. Frances litt darunter, dass Henry nach wie vor zehn Jahre jünger aussah, als er war. Sie selbst ging auf die 40 zu und hatte das Gefühl, dass »der Lack ab war«. Sie klebte sich Pflästerchen ins Gesicht, um Krähenfüßen in den Augenwinkeln vorzubeugen. Jane hat nicht viele Erinnerungen an ihre Mutter aus dieser Zeit, aber einen von Frances' Sprüchen sollte sie nie vergessen: »Wenn ich je fett werde, schneide ich mir das überflüssige Fleisch mit dem Messer heraus.«

Was sie später von ihrer Großmutter erfuhr, spürte Jane schon damals: »Mutter wollte einen Sohn, als sie mich bekam. Dann bekam sie endlich Peter. Und ich glaube, dass sie ihn mir vorgezogen hat.« Von Anfang an bewachte Frances den Sohn wie ihren Augapfel. Sie hielt ihn für kränklich, projizierte ihre eigene Hypochondrie auf ihn, zwang ihn zu überlanger Mittagsruhe und versuchte alles, um seinen zarten Körper vor Unbill zu bewahren. Auch Henry erkannte unverständlicherweise nicht die Parallelen zu seiner eigenen jugendlichen Konstitution und hielt den untersetzten und dünnen Jungen für unterentwickelt, stellte ein Ernährungsprogramm zusammen, das Peter zwang, Ziegenmilch zu trinken, und verabreichte dem Siebenjährigen sogar Bier, wobei er predigte, dass dieses Privileg nur der Gewichtszunahme dienen sollte.

Bereits zuvor hatte eine andere Maßnahme desaströse Folgen gezeitigt. Henry und Frances bildeten sich ein, dass ein Internat mit viel frischer Luft aus dem schwächlichen Peter einen Mann machen würde.

Da war Peter sechs Jahre alt. Sie steckten ihn in die Barton School for Boys im ländlichen Topanga Canyon, wo vor allem so genannte schwierige Kinder aufgenommen wurden. Der zarte Peter war den Rüpeleien der älteren Jungen ausgeliefert und beschrieb diese Erfahrung später als »Fegefeuer«.

Eines Tages stießen ihn die Jungen vom Heuboden der Scheune, Peter stürzte fünf Meter tief und fiel auf den Kopf. Er riss sich das Kinn auf und brach sich den Unterkiefer. Über zwei Wochen war er ans Bett gefesselt und musste durch den Verband gefüttert werden. Niemand besuchte ihn. Peter vermutet heute, dass die Schulleitung den Vorfall vertuschen wollte und die Eltern wahrscheinlich gar nicht benachrichtigt hatte. 39 Jahre später wurde Peter geröntgt, und die Ärzte fragten ihn nach der Ursache eines Halswirbelbruchs, der auf den Aufnahmen zu erkennen war. Die Verletzung war also viel ernster gewesen, als seine Erzieher damals vermuteten. Aber niemand kümmerte sich um den Sechsjährigen, bis ihn einen Monat später seine Tante Harriet, Henrys Schwester, als erstes Familienmitglied besuchte und die Schule in Augenschein nahm. Sie war entgeistert über das herzlose Verhalten der Eltern und zwang sie, Peter von der Schule zu nehmen, in der »die Fußböden nur aus gestampfter Erde bestanden«.

Angesichts ihres Rückzugs ins Schlafzimmer schlug Henry Frances vor, vielleicht einmal die Ärzte zu konsultieren. Das ließ sie sich nicht zweimal sagen. Diesmal rieten ihr die Experten, sich die Gebärmutter operativ entfernen zu lassen. Sie arrangierte dies im Johns-Hopkins-Hospital in Baltimore. Sie nahm Peter mit auf die lange Flugreise, sagte ihm aber nur, dass sie eine Urlaubsreise in den Osten unternehmen würden, um Pan in ihrem Internat zu besuchen.

Bei der Ankunft im Krankenhaus, das Peter für ein Hotel hielt, überließ Frances den Sechsjährigen kommentarlos einer Schwester, während sie sich in eine andere Abteilung begab. Peter musste ein Entwässerungmittel trinken. Am nächsten Morgen wurde er unvermittelt in einen Untersuchungsraum gebracht, wo man ihm eine Sonde in den Anus einführen wollte. Peter geriet in Panik und wollte fliehen, aber mehrere Erwachsene hielten ihn auf dem Tisch fest, die Untersuchung mit der über einen Meter langen Sonde wurde durchgeführt. Peter schrie wie am Spieß. Das Trauma dieser Erfahrung begleitete ihn praktisch für den Rest seines Lebens: Bis er es in einer langwierigen Therapie als 50-Jähriger schließlich in den Griff bekam, wurde Peter fast jede Nacht seines Lebens von grauenhaften Vergewaltigungsalbträumen heimgesucht, die entscheidend zu seinem Verhalten als »Problemkind« beitrugen. Erst Jahre später erfuhr Peter, worum es bei diesem Höllentrip eigentlich gegangen war. Weil Peter partout nicht zunahm, vermutete Frances, dass er möglicherweise einen Bandwurm hatte. Die Untersuchung im Krankenhaus sollte diesem Verdacht nachgehen.

Der Mangel an Kommunikation zwischen Eltern und Kindern im Hause Fonda zieht sich wie ein roter Faden durch Peters Erinnerungen. Wenn er scheinbar ungezogen war oder sich aufmüpfig aufführte, handelte es sich in den seltensten Fälle um Übertretungen expliziter Verbote. Denn niemand sagte ihm etwas. Als er sich mit sechs Jahren die erste Zigarette anzündete, ahmte er seine Eltern und Filmhelden nach – er wusste einfach nicht, was Rauchen bedeutete. Jane und die Hayward-Kinder kamen dazu und pafften fröhlich mit. Frances fand das nicht witzig, sie zwang Jane und Peter, jeweils eine ganze Packung zu rauchen. Ihm wurde sterbenselend, Jane hielt sich besser, weil sie nicht inhalierte. Aber sie versäumte es, auch Peter diesen Tipp zu geben.

Peter war sechs, als er beim Spielen mit den Mädchen eine Sonnenölflasche an den Kopf bekam, die laut Werbung »unzerbrechlich« sein sollte. Sie zerbrach auf seiner Stirn, und die stark blutende Wunde musste im Krankenhaus genäht werden. Henry holte Peter von der Ambulanz ab, war wütend darüber, dass er weinte, und schimpfte: »Hoffentlich hast du deine Lektion jetzt gelernt!« Lange fragte Peter sich, welche Lektion der Vater wohl gemeint habe: Unzerbrechliche Flaschen zerbrechen doch? Schwestern soll man nicht trauen? Weinen ist nicht angebracht? Alles, was Peter daraus lernte, war: Sein Vater hatte nicht immer Recht.

Einmal nahm sich Peter aus dem Zimmer seines Vaters Lakritz, das er sich in den Mund stopfte. Henry fragte ihn kurz darauf mit (wahrscheinlich unbewusst) inquisitorischer Miene: »Woher hast du das?« Peter antwortete: »Gefunden!« Henry bekam einen Wutausbruch, schimpfte ihn einen Lügner und verfolgte den fliehenden Peter, der sich im Badezimmer einschloss. Henry trat die Tür ein und versohlte seinen Sohn mit einer Haarbürste. »Mein Vater hat mich nur dieses eine Mal geschlagen«, erinnert sich Peter. »Ich habe ihn nie wieder angelogen.«

Ein anderer Streich entwickelte sich 1946 fast zu einer Katastrophe. Der sechsjährige Peter und Bill Hayward spielten auf dem weitläufigen Tigertail-Gelände Cowboy und Indianer und zündeten ein Lagerfeuer an, das schnell außer Kontrolle geriet. Sie schleppten Wasser aus dem Pool herbei, doch schließlich rückte die Feuerwehr an, um das Schlimmste zu verhindern. Henrys Donnerwetter blieb aus: Die Kinder hatten die Konsequenzen ihrer Unachtsamkeit miterlebt – das reichte ihm als Bestrafung. Peter war verblüfft: Wegen Lakritz trat Henry die Tür ein. Der Brand, der fast den ganzen Ort abgefackelt hätte, hatte kein Nachspiel.

Wenn Peter später an seinen Vater zurückdachte, konnte er sich eigentlich nur an Gespräche erinnern, in denen Henry ihn kritisierte. Als Jugendlicher und Erwachsener wurde Peter zum notorischen Querulanten, der besonders unter autoritärem Druck, gegenüber Polizisten, Zollbeamten und anderen Obrigkeitsrepräsentanten schnell ausfallend wurde und extrem überreagierte, wenn er sich unfair behandelt fühlte. »Ich gebe meinem Vater dafür nicht die Schuld«, sagte er vor kurzem. »Aber mir ist klar, dass ich damit durchaus auf seine ständige Kritik an Jane und mir in unseren Jugendjahren reagierte. Neben der reichlichen Kritik gab es keinerlei Lob für unsere Leistungen.«

Marlon Brando fragte Peter eines Tages, ob er seinen Vater hasse. Daraufhin erinnerte sich Peter an einen Vorfall, der bewies, dass er seinen Vater trotz allem liebte: Henry hatte sich als Honorar für einen Auftritt in der von der Automobilfirma Ford gesponserten Radio-Talkshow mit Dinah Shore einen Traktor für seine Landwirtschaft erbeten. Der wurde auf einem Tieflader geliefert, und Henry wollte ihn persönlich über zwei dünne Planken hinunterfahren. Peter spürte instinktiv, dass die Bretter das schwere Gefährt niemals tragen konnten, und bekam einen Schreianfall – er bewarf die Lieferanten mit Steinen. Henry war es sehr peinlich, dass er seinen Sohn nicht beruhigen konnte. Schließlich gab er nach und ließ einen der Männer den Traktor lenken. Tatsächlich rutschte der Traktor von den Planken und begrub den Fahrer beinahe unter sich.

Jane war sicher weniger zart besaitet als Peter, aber sie musste sich dafür mit dem mütterlichen Desinteresse ihr gegenüber arrangieren, während Henry den von Frances bemutterten Peter aufs Korn nahm. Schon als Kind hatte Jane ein Hang zum Schlafwandeln, ein Umstand, der sie bis in die Erwachsenenjahre verfolgte. »Wir haben es beide nicht leicht gehabt«, sagte sie. »Seine Wutausbrüche haben uns tief verschreckt. Sie entsprangen ja nicht einem mediterranen Temperament, das ebenso schnell hervorbricht, wie es wieder verpufft. Ich glaube, er machte seiner inneren Spannung, seinem Frust, seinen verdrängten Gefühlen Luft. Sein Zorn richtete sich ebenso gegen sich selbst wie gegen andere.«

Henry stürzte sich schließlich wieder in die Arbeit, um der Familie zu entfliehen. Ein Freund verglich ihn mit einem Schmetterling, der in seinen Kokon zurückkriecht, um wieder eine Raupe zu werden. Henrys Agent, mittlerweile war es Lew Wasserman, wurde angehalten, jede verfügbare Rolle zu besorgen. Zwischen 1946 und 1948 drehte Henry sieben Filme, mehrere davon mit John Ford. Zum Henry-Fonda-Mythos trug vor allem Fords *Faustrecht der Prärie* bei, in dem Henry Wyatt Earp, dem legendären Marshal von Tombstone, sein Gesicht verlieh.

Immer noch schuldete er seinem verhassten Studiochef Darryl F. Zanuck einen Film. Als Henry sich lautstark über die Qualität des Drehbuchs zu *Rain Before Seven* beschwerte, bot ihm Zanuck stattdessen ungerührt an, seinen Vertrag um weitere sieben Jahre zu verlängern. Wütend stürmte Henry aus Zanucks Büro. Er hatte Hollywood satt und hoffte, nie mehr ins Fox-Studio zurückkehren zu müssen. Um seinen Vertrag endlich zu erfüllen, wollte er ein anderes Projekt entwickeln, das ihm am Herzen lag: John O'Haras Roman *Treffpunkt Samarra*. Leider mochte Zanuck O'Haras Drehbuchfassung genauso wenig wie Henry *Rain Before Seven*. Deshalb fuhr Henry mit den Zug nach New York. Er wollte seinen Freund Joshua Logan dazu bringen, O'Haras Drehbuch zu überarbeiten. Stattdessen erhielt Henry von Logan ein Angebot, das er nicht ablehnen konnte.

Spotlight: *Mister Roberts*

Mr. Roberts ist Offizier an Bord der USS Reluctant *– das Versorgungsschiff der Navy liefert den amerikanischen Truppen während des Zweiten Weltkriegs im Pazifik Nachschub an Zahnpasta und Toilettenpapier. Weit hinter der Front verläuft dieser Dienst »zwischen Apathie und Trägheit mit gelegentlichen Anflügen von Monotonie und Langeweile«. Roberts spürt, dass er den Krieg versäumt. Er will unbedingt versetzt werden. Dazu braucht er die Einwilligung des Captains. Doch der ist ein größenwahnsinniger Klotzkopf, der seine Mannschaft mit unsinnigen Befehlen auf Trab hält. Roberts erträgt die Launen des Captains, um die Männer vor dessen schlimmsten Ausbrüchen zu bewahren. Schließlich fügt er sich scheinbar dem harten Regiment des Captains, aber nur, um der Besatzung den Landurlaub zu sichern. Am Ende erhält er die ersehnte Versetzung.*

Um die Bedeutung des Mr. Roberts für Henry Fondas Karriere zu veranschaulichen, scheint kein Vergleich zu weit hergeholt. Man muss sich vorstellen, Heinz Rühmann hätte seine legendären Rollen in *Quax, der Bruchpilot*, *Die Feuerzangenbowle* und *Der Hauptmann von Köpenick* alle in einer Person konzentriert und damit nicht nur auf der Leinwand, sondern auch auf der Bühne eine unsterbliche Figur geschaffen, die mit ihm so untrennbar verbunden wäre wie etwa der Mephisto mit Gustaf Gründgens.

In Deutschland wurde das Stück *Mister Roberts* nicht aufgeführt, und die Filmfassung *Keine Zeit für Heldentum* hatte keinen sonderlichen Erfolg. Doch in den USA ist und bleibt Mr. Roberts Henry Fondas populärste Rolle. Er spielte sie 1700-mal auf der Bühne und feierte dann einige Jahre später in der Filmfassung ein glänzendes Kino-Comeback. Ein junger Kriegsteilnehmer namens Tom Heggen hatte eine Reihe von Kurzgeschichten zu einem Roman zusammengestellt und veröffentlicht. Joshua Logan schlug ihm vor, daraus gemeinsam das Theaterstück *Mister Roberts* zu schreiben. Lt. Roberts ist im Stück etwa Mitte 20, doch beide Autoren berichten, dass sie immer Henry Fonda vor sich sahen, als sie *Mister Roberts* konzipierten. Henry war damals 42 Jahre alt. Logan rechnete sich allerdings sowieso keine Chance aus, Henry zu engagieren, weil der Broadway keine Filmstargagen abwerfen konnte.

Da stand Fonda plötzlich leibhaftig vor den beiden und wollte Logan dazu überreden, ein Hollywood-Drehbuch zu überarbeiten. Logan schwärmte ihm stattdessen von seinem Stück vor, doch Henry wollte zunächst davon nichts wissen. Er fühlte sich zu alt für die Rolle. Aber dann las Logan ihm das Stück vor, und Henry vergaß alle anderen Pläne. Oder besser, er bekniete seinem Agenten Lew Wasserman, ihn irgendwie aus dem Fox-Vertrag herauszubekommen. Wasserman schaffte es.

Die Broadway-Premiere von *Mister Roberts*, produziert von Leland Hayward und inszeniert von Joshua Logan, fand am 18. Februar 1948 statt. Auf der Bühne trug Henry seine eigene Offiziersmütze, die ihn durch den Krieg begleitet hatte. Schminke wurde bei dieser Produktion nicht eingesetzt: Die Soldaten auf der Bühne verrichten ihren Dienst unter der glühenden Sonne des Pazifiks – also stellte Logan im Keller des Alvin Theatre eine Reihe von Höhensonnen auf, und alle Schauspieler mussten mehrmals in der Woche ihre Sonnenbräune auffrischen.

Der Beifall an diesem Abend wollte nicht enden. Nach unzähligen Vorhängen trat Henry an die Rampe und hob seine Arme, um den Applaus zu stoppen. »Das ist leider alles, was Tom und Josh geschrieben haben«, sagte er. »Wenn Sie wollen, dann spielen wir es noch mal.« Nun, die Zuschauer hatten ein Einsehen und gingen nach Hause. Für diesen Abend durfte die Crew von Bord gehen; anschließend wurde im Lombardy-Ballsaal kräftig gefeiert. Die Rezensionen der acht New Yorker Tageszeitungen erschienen noch in derselben Nacht, und alle Kritiker überschlugen sich vor Begeisterung. John Chapman schrieb in der *Daily News*: »Ich blieb noch eine Zeit lang im Theater und hoffte, dass sie das Stück tatsächlich noch mal spielen würden.«

»Weißt du was?«, fragte Henry Frances. »43 Jahre habe ich für diesen Abend geprobt. Verdammt! Es hat sich gelohnt!« Henry trauerte seiner Filmkarriere nicht eine Minute nach. Er widmete die nächsten Jahre diesem Stück, das jahrelang am Broadway lief und dann auf Tournee durch die gesamten Vereinigten Staaten seinen Siegeszug fortsetzte. Neun Monate lang reiste Henry mit dem Team durch die Provinz – er gehörte zu den wenigen Schauspielern, denen diese Anstrengungen Spaß machten. Ausgerechnet auf dem Weg nach Omaha blieb der Zug im Schnee stecken. Die Verspätung bewirkte, dass das Ensemble zwar rechtzeitig und im Kostüm auftrat – aber für den Aufbau des Bühnenbilds blieb keine Zeit. Henry erklärte dem Publikum, wo sich der Geschützturm und die Türen befinden sollten, und so wollte es das Schicksal, dass die Zuschauer in Henrys Heimatstadt zwei legendäre Vorstellungen von *Mister Roberts* auf einer leeren Bühne erlebten.

Das Theater war und blieb der Ort, an dem Henry sich am wohlsten fühlte. Hier konnte er jeden Abend seine Bühnenfigur, den Spannungsbogen des Dramas selbst aufbauen, selbst das Tempo bestimmen. Hier konnte er seine intensive Auseinandersetzung mit dem Stoff ungehindert umsetzen. Das *Mister-Roberts*-Ensemble wuchs wie die Schiffsmannschaft zu einem kameradschaftlichen Team zusammen, in dem Henry als Star und natürlich auch durch das Wesen dieser speziellen Figur ganz natürlich die Funktion eines Patriarchen übernahm. Er war immer ansprechbar, wenn die Kollegen professionelle Hilfe brauchten. Diese Art, vor ein Publikum zu treten, schätzte er erheblich mehr als die unergiebige Filmarbeit, bei der den Darstellern höchste Konzentration für die wenigen Sekunden abverlangt wird, in denen die Kamera läuft – wobei sie nur versuchen können, die gleiche Stimmung wie in der Anschlussszene zu evozieren und trotzdem der Arbeit des Cutters hilflos ausgeliefert sind. Henry war natürlich auch mit dieser Art der Schauspieltechnik vertraut, aber wer einmal die Gestaltungsmöglichkeiten auf der Bühne ausprobiert hat, wird sie meistens vorziehen. In jedem Fall half ihm seine Diszipliniertheit ganz entscheidend – er verwandelte sich aufs Stichwort auch vor der Filmkamera, wobei er sich auf seine unbestechliche Technik und äußerst präzise Vorbereitung verließ.

Im Sommer 1954 überraschte Leland Hayward Henry mit dem Angebot, Roberts auch in der Filmfassung zu spielen. Henry selbst hatte das am wenigsten erwartet. Er war jetzt 49, doppelt so alt wie der Leutnant im Originaldrehbuch. Joshua Logan stellte sich Marlon Brando oder William Holden in der Rolle vor. Doch als das Warner-Brothers-

Studio John Ford – nach wie vor ein Kassengarant – als Regisseur engagierte, wischte der alle anderen Besetzungsvorschläge vom Tisch und bestand auf Henry Fonda.

Im September begannen die Außenaufnahmen auf der Insel Midway im Pazifik. Ford hatte mit dem Drehbuchautor Frank Nugent eine Filmfassung erstellt. Beim Lesen des Drehbuchs mit verteilten Rollen war Henry sofort verstimmt. »Als ich den *Roberts*-Film machte, hatte ich die Rolle bereits 1700-mal gespielt«, erklärte er später. »Jede Vorstellung war die Vorbereitung auf dieses letzte Mal.« Henry konnte sich nicht damit abfinden, dass plötzlich Nuancen verändert wurden. Dann kam der erste Drehtag, und Henry merkte gleich, dass sein Partner William Powell, der sich eigentlich schon aufs Altenteil zurückgezogen hatte, mit der Rolle des Doc und mit Fords Regiestil nicht zurechtkam. Und zudem hatte Henry ständig die perfekte Bühneninszenierung vor Augen – er wusste hundertprozentig, wie die Szene aussehen musste. Dagegen wirkte der filmische Versuch erbärmlich.

Abends bat Ford seinen Schauspieler zu sich. Er war sensibel genug, die gespannte Atmosphäre zu spüren, und forderte Henry auf, seinen Teil zu sagen. Henry erklärte, er sei nicht glücklich mit dem Resultat der ersten Szene. Er verstand nicht genau, was Ford urplötzlich derart in Rage brachte, aber der sprang auf und schlug Henry zu Boden. Henry zog sich zurück, er hatte keinerlei Interesse, sich mit dem 59-jährigen Regisseur anzulegen. Wenig später erschien Ford und murmelte eine Entschuldigung, die Henry ebenfalls höchst peinlich war.

Für den Rest der Dreharbeiten in Midway fragte Ford nach jeder Szene seinen Star, ob dieser einverstanden sei. So etwas hatte er noch nie getan, und er brachte Henry dadurch zweifellos in Verlegenheit. Ford hielt sich auch nicht mehr an seine Gewohnheit, während des Drehs auf Alkohol zu verzichten – jetzt stand immer eine eisgekühlte Bierflasche bereit. Etwa zwei Kisten konsumierte er täglich, bis ihn innere Blutungen zum Aufhören zwangen und er nach Kalifornien ins Krankenhaus geflogen werden musste. Als er ausfiel, versuchten Henry und Ward Bond (der ebenfalls mitspielte) so gut wie möglich weiterzumachen. Zu den anschließenden Dreharbeiten auf Hawaii erschien Ford wieder. Doch als die achtwöchigen Außenaufnahmen abgeschlos-

Keine Zeit für Heldentum *– aber glänzende Zeiten für Henry Fonda. Nach 1700 Bühnenauftritten wurde auch die Verfilmung von* Mister Roberts *zum großartigen Erfolg für den Schauspieler – hier mit William Powell und Jack Lemmon.*

sen waren, musste er sich einer schwierigen Nierenoperation unterziehen. Die folgenden Innenaufnahmen inszenierte der über Nacht unvorbereitet eingesprungene Regieveteran Mervyn LeRoy (*Quo Vadis*). Warner-Brothers-Chef Jack Warner sah sich schließlich den Rohschnitt an und vermisste einige Szenen des Stücks, die er für unentbehrlich hielt. Diesmal spielte Joshua Logan Feuerwehr, er drehte die Szenen nach, half beim Endschnitt und erhielt dafür eine Nennung als Koautor im Vorspann.

Jack Lemmon war damals noch ein Neuling im Geschäft, aber er ergatterte die wichtige Rolle des Leutnants zur See Pulver, die ihm seinen ersten Oscar einbringen sollte. Er erinnert sich: »Hank sorgte dafür, dass wir eine große Familie wurden, und wir sind es über die Jahre auch geblieben. Das kommt beim Film sehr selten vor. Ford versuchte allen möglichen Mist einzubauen, um sein eigenes Ego zu befriedigen. Hank regte sich mit Recht darüber auf, dass Ford sich an der ›Bibel‹ vergriff. Aber all das ist dann aus der Endfassung des Films verschwunden.«

Die schwere Geburt des Films lässt ahnen, dass die Beteiligten mit dem Resultat nicht recht zufrieden sein konnten – zu viele disparate Einflüsse mussten unter Zeitdruck in Einklang gebracht werden, und Fachleute meinen im fertigen Film die verschiedenen Inszenierungstile erkennen zu können, die nicht recht zusammenpassen wollen. Dennoch erwies sich der Film als sagenhafter Erfolg. Darauf angesprochen, pflegte Henry zu sagen: »Ja, aber ihr hättet erst mal das *Stück* sehen sollen!« Schließlich gab er sein Klagen auf. Denn die Zuschauer, die nur den Film kannten, hatten ein Recht, den meisterlichen Stoff ohne Vorbehalte zu genießen.

Wie sehr dieser Klassiker auch noch Jahrzehnte später im kollektiven Gedächtnis des Publikums präsent war, erlebte der greise Henry Fonda im Dezember 1979. Zusammen mit anderen Kulturschaffenden wurde er in Washington ausgezeichnet, von Präsident Jimmy Carter empfangen und anschließend im Opernsaal des Kennedy Centers vor einem großen Publikum und den Fernsehkameras mit Ansprachen seiner Kollegen Alan Alda, Joshua Logan und Jane Alexander gewürdigt. Dann teilte sich der Vorhang, und ein Chor von 90 Navy-Soldaten sang den traditionellen Marine-Song *Anchors Aweigh*. Es folgte das Lied *Red River Valley* aus *Früchte des Zorns*, das über die Jahre zu Henry Fondas Markenzeichen geworden war. Henry konnte seine Tränen nicht zurückhalten. Am Ende trat einer der Soldaten ans Mikrofon, blickte zu Henrys Loge hinauf, salutierte und sagte: »Thank you, Mister Roberts!« »Ich war völlig erschüttert«, sagte Henry. »Ich traute meinen Augen nicht.« Jeder einzelne Soldat trat vor und wiederholte den Satz, bevor er die Bühne verließ: »Thank you, Mister Roberts!«

* * *

Als sich abzeichnete, dass *Mister Roberts* einer der größten Erfolge in der Geschichte des Broadways werden würde, beschlossen Henry und Frances, Tigertail zu verkaufen und an die Ostküste zu ziehen. Im Juni

1948 flog Frances mit den Kindern und zwei Hausangestellten nach New York und mietete eine Villa namens Count Palenclar House in Greenwich/Connecticut.

Jane gewöhnte sich schnell an die neue Umgebung. Sicher, sie vermisste das eigene Pferd, die freie Umgebung auf dem Tigertail-Hügel. Aber auch in Greenwich durfte sie weiterhin Reitstunden nehmen. Sie war jetzt zehn Jahre alt und musste keine Mittagsruhe mehr halten. Sie freute sich an der ungewohnt grünen Umgebung – erstmals erlebten die Kinder die wechselnden Jahreszeiten.

Peter empfand den Umzug dagegen als Abschied vom Paradies – ihm gefiel es in Connecticut überhaupt nicht. Er reagierte bockig, probierte neue Schimpfwörter aus, die er aus der Schule mitbrachte, schmierte »Ich hasse den Osten« an die Wand. Die ländliche Villa war von einem weitläufigen Grundstück umgeben, aber frisches Gemüse aus dem Garten gab es jetzt nicht mehr. Nicht nur Peter spürte die allgemein frostige Atmosphäre, die sich im neuen Fonda-Heim von Anfang an eingenistet hatte.

Mit dem Umzug in den Osten mühte sich Frances zwar, die Ehe noch zu retten, und auch Henry schreckte vor dem endgültigen Scheitern der Beziehung zurück – er hatte bereits eine Scheidung hinter sich. Aber die beiden hatten nichts mehr gemein. Frances hielt sich überwiegend im Schlafzimmer auf, und wenn man gemeinsam Mahlzeiten einnahm, war das nur noch dem Zufall geschuldet. Frances' Zustand verschlechterte sich spürbar. Im April 1948 war sie 40 Jahre alt geworden. Sie fühlte sich von ihren Angestellten bespitzelt, hielt sich selbst für arm, dick und hässlich. Sie fand keine Möglichkeit, ihre Misere durch Kreativität zu kompensieren, und wurde zunehmend lethargischer.

In der Ehe der befreundeten Haywards kriselte es noch sehr viel offensichtlicher: Nach der Scheidung von Leland zog Margaret Sullavan mit ihren Kindern ebenfalls nach Greenwich, sodass Jane und Peter zumindest drei alte Freunde bei sich hatten. Doch Frances' Verhältnis zu den Haywards war von Anfang an zwiespältig gewesen. Die Haywards waren nur einmal, am Anfang ihrer Hollywood-Tage, offiziell zu Gast im Fonda-Haushalt gewesen. Mehrfach reagierte Frances ablehnend auf den Einfluss, den die wilden Hayward-Kinder auf Peter und Jane ausübten. Man muss annehmen, dass Frances Henry unterstellte, für Peggy auch weiterhin nicht nur platonische Gefühle zu hegen. Henry störte das nicht, er blieb mit seinem Agenten und Produzenten Leland Hayward natürlich eng befreundet, und auch mit Peggy Sullavan verband ihn während dieser Jahre – auf nachbarliche Distanz – eine äußerst herzliche Beziehung. Heute würde man sagen: Die beiden hatten dieselbe Witzgruppe. Die intuitive, aber inkonsequente Peggy Sullavan hatte insgeheim größte Achtung vor Frances, so unterschiedlich die Frauen auch sein mochten. Zumindest diente Frances ihr als Vorbild in der Erziehung. Einmal sagte Peggy: »Wenn ich nur Janes und Peters Mutter wäre und Frances meine Kinder bekommen hätte, wäre alles in Ordnung.«

In der Schule mussten die Kinder ungewohnte und unangenehme Erfahrungen machen. Sie trafen hier auf die Nachkommenschaft einer blaublütigen Gesellschaftskaste, in der Schauspieler – egal welcher Provenienz – als Abschaum galten. Andererseits war Henry Fonda bekannt wie ein bunter Hund, und auch diese Tatsache machte Jane und Peter zu Außenseitern, zur Zielscheibe von Angriffen. In Hollywood war dieser Umstand alltäglich, in Neuengland waren sie durch Henrys Ruhm eher negativ zur Schau gestellt – bei den Schülern wie bei den Lehrern. Jane und Peter reagierten bald darauf durch unangepasste Aufsässigkeit.

Das Klassenbewusstsein der neuenglischen Gesellschaft mündete hin und wieder in kaum verhohlene Feindseligkeit gegenüber unwillkommenen Elementen: Einmal wollte der weltberühmte Produzent David O. Selznick (*Vom Winde verweht*) mit seiner Yacht in den Hafen von Greenwich einlaufen, um die Fondas zu einem Törn abzuholen. Weil er Jude war, wurde ihm die Einfahrt verwehrt. Schimpfwörter wie »Nigger« hatte Peter noch nie gehört, und eines Tages fragte er seinen Vater, was denn der Ausdruck »Kike« bedeute. Für ihn durchaus typisch reagierte Henry mit einem Wutausbruch und untersagte seinem Sohn, das Wort jemals wieder in den Mund zu nehmen. Ebenso charakteristisch war, dass er dabei vergaß, Peter die Bedeutung des Wortes zu erklären. Als ein Freund Peter schließlich erzählte, »Kike«

sei ein Schimpfwort für Jude, half auch das nicht weiter: Juden kannte Peter ebenso wenig.

Im Herbst 1948 flüchtete Frances für acht Wochen in ein Sanatorium. Im Gegensatz zu ihrer Manie, Ärzte zu konsultieren, lehnte Henry die klassische Medizin weitestgehend ab. Er war zwar kein zutiefst religiöser Mensch, war aber durch seine Mutter von der Christlichen Wissenschaft beeinflusst, einer religiösen Gemeinschaft, die Ärzte ablehnt und Heilung im Gebet sucht. »Oft tat er so, als ob wir uns Erkältungen oder blutige Knie nur zuzogen, weil wir Sünder waren«, erinnert sich Peter. Das offizielle Familienmotto der Fondas lautete dementsprechend »Persevere Ye« (Bleibe standhaft; halte durch). Die Kinder vermieden es also tunlichst, irgendwelche Schwächen zu zeigen. Als Jane einmal beim Balgen mit einem Jungen im Reitstall unglücklich fiel, brach sie sich den Arm, wagte aber Henry nichts zu sagen. Erst als er zornig darauf bestand, dass sie sich die Hände wusch, sie am Arm packte und Jane fast ohnmächtig wurde, brachte sie der überraschte Vater in ein Krankenhaus.

In diesen Tagen zog sich Henry zunehmend zurück. Sein beharrliches Schweigen dominierte die Stimmung im Hause Fonda, das Brooke Hayward mit dem Spukschloss der »Addams Family« verglich. Zu dieser Zeit hatte ein Journalist Gelegenheit, Henry mit seinen Kindern beim Besuch einer Zirkusvorstellung zu beobachten: Während der gesamten Schau sagte Vater Fonda kein einziges Wort, kaufte den Kindern weder einen Hot Dog noch Süßigkeiten, und Peter und Jane scheinen klug genug oder zu verschüchtert gewesen zu sein, um selbst den Mund aufzumachen. Am Ende der Vorstellung standen die drei einfach auf und gingen wortlos hinaus.

Anfang 1949 ließ sich Frances erneut ins Austen-Riggs-Sanatorium einweisen und im Frühjahr kehrte sie mit neu erwachten Lebensgeistern zurück. Die Fondas zogen innerhalb von Greenwich in ein anderes Haus, gleichzeitig traf sich Frances mit Architekten und plante den Bau eines neuen Eigenheims. Die mittlerweile 18-jährige Pan heiratete einen gleichaltrigen Jungen aus gutem Hause, und Frances reiste ihnen auf der Hochzeitsreise – in gebührendem Abstand – durch Europa hinterher. Sie konnte sich allerdings nicht leicht mit dem Gedanken anfreunden, Großmutter zu werden. Als Pan dann aber schwanger wurde und eine Fehlgeburt erlitt, traf auch das Frances schwer.

Während Frances' Sanatoriumsaufenthalt begann Henry eine Affäre mit Susan Blanchard. Er war 44, sie 21 Jahre alt und die Stieftochter des berühmten Musical-Librettisten Oscar Hammerstein II (*Der König und ich, Oklahoma!, Meine Lieder – meine Träume*). Ihr Bruder Billy hatte als Inspizient hinter der Bühne bei *Mister Roberts* mit Henry zusammengearbeitet, Susan war als Starlet bereits in einigen Fox-Filmen aufgetreten und gehörte zu den Insidern der New Yorker Theaterszene.

Henry hat es sich anscheinend nicht leicht gemacht. Ebenso wie er höchste (moralische) Ansprüche an andere stellte, ging er auch streng mit sich selbst ins Gericht. Doch er hatte dem attraktiven Mädchen nicht widerstehen können, das ihn mit seiner sprühenden Lebensfreude verzauberte. Den Kollegen blieb die Affäre natürlich nicht verborgen. Und um vor sich selbst bestehen zu können, aber auch aus Fairness Frances und den Kinder gegenüber, erklärte Henry seiner Frau, dass er sich scheiden lassen wollte. Diese reagierte sehr gefasst. Wenige Tage später zog Henry aus und mietete sich in Manhattan eine Wohnung in der 67. Straße.

Frances informierte Jane mit einem kurzen Satz darüber, dass die Scheidung bevorstand – sie wollte verhindern, dass Jane in der Schule unvorbereitet auf etwaige Gerüchte reagieren musste. Im Herbst erzählten Pan und Jane auch Peter vom Stand der Dinge. Jetzt war es offiziell – Frances' und Henrys Ehe war gescheitert. Zwar versuchte Frances die Fassade aufrechtzuerhalten, aber diese zeigte unübersehbare Risse: »Wir aßen schweigend«, erinnert sich Jane. »Ich konnte sehen, dass sie weinte. Die Tränen tropften auf ihren Teller, und die Spannung schnürte mir den Hals so zu, dass ich nicht mal fragen konnte, was los war. Alle taten so, als ob nichts passiert wäre. Auch das Leiden war den guten Manieren unterworfen.«

Im Oktober änderte Frances ihr Testament. Sie hinterließ Henry nichts, ihren Kinder fast alles. Auf Drängen ihrer Anwälte reichte sie selbst die Scheidung ein. Im November brach sie zusammen und wurde wieder in das Austen-Riggs-Sanatorium gebracht. Anfang Februar empfahl Frances' Psychiater Henry, sie wegen akuter Selbstmordgefahr in ein Heim mit verschärfter Überwachung einzuliefern. Am 3. Februar wurde Frances im Craig-Sanatorium in Beacon/New York aufgenommen.

Einige Male besuchte Frances in Begleitung ihrer Krankenschwester die Kinder zu Hause. Peter und Jane wurden inzwischen von Großmutter Sophie Seymour betreut. Bei einem dieser Besuche, Anfang März, gelang es Frances in einem unbeobachteten Moment, ein kleines Rasiermesser im Bilderrahmen eines Fotos von Jane und Peter zu verbergen und so ins Sanatorium zu schmuggeln. Sie verhielt sich zunächst vorbildlich und erweckte in ihren Ärzten die Hoffnung auf deutliche Besserung. Doch am Morgen des 14. April 1950, eine Woche nach ihrem 42. Geburtstag, schrieb sie Abschiedsbriefe an ihre drei Kinder, ihre Mutter, ihre Krankenschwester und ihren Psychiater. Dann ging sie ins Bad und schnitt sich die Halsschlagader auf.

Sophie Seymour rief Henry in New York an, der sofort zu ihr nach Greenwich fuhr. Nur Sophie und Henry waren bei der hastig arrangierten Trauerfeier anwesend. Noch am gleichen Tag wurde Frances eingeäschert, am Nachmittag informierten Henry und seine Schwiegermutter die Kinder – man war überein gekommen, ganz im Sinne der fondaschen Gewohnheiten, ihnen nicht die ganze Wahrheit zu erzählen. »Eure Mutter ist an einem Herzanfall gestorben«, lautete die Version, die Jane und Peter erfuhren.

Um 18.30 Uhr fuhr Henry zurück nach New York. Seine zweite Besetzung hatte den ganzen Nachmittag geübt, um für ihn bei der Abendvorstellung von *Mister Roberts* einzuspringen. Doch Henry bestand darauf, selbst zu spielen, obwohl Leland Hayward ihm davon abriet. Damit blieb er seinem Wesen treu – wie immer brauchte er die Maske und die Maskerade, um mit der Realität fertig zu werden. »Ich könnte den Abend sonst nicht überstehen«, sagte er.

Die Zeitungskolumnisten hielten sich mit ihren Kommentaren nicht zurück: Frances' Verzweiflung wurde in direkte Beziehung zu Henrys Affäre mit Susan Blanchard gesetzt. Jeden Tag trafen im

Theater anonyme Schmähbriefe ein. Henry überlegte ernsthaft, sich von Susan zu trennen. Doch dann bekam er einen ausführlichen Brief von Frances' Psychiater, den er später komplett in seine Autobiografie aufnahm. Der Arzt versicherte Henry, sein Scheidungswunsch wäre zwar der letzte Auslöser für Frances' Selbstmord, zweifellos aber nicht die Ursache für ihre Depressionen gewesen, die sie in den letzten Jahren schon mehrfach ins Sanatorium hatten flüchten lassen. Er hätte also keinen Grund, sich Vorwürfe zu machen. Henrys Gewissensbisse nahmen daraufhin langsam ab, und während die meisten Freunde auf Distanz gingen, hielt Susan in diesen schweren Tagen zu ihm.

Auch die Kinder mussten mit ihren eigenen Schuldkomplexen ringen. Als Peter erfahren hatte, dass seine Mutter ernsthaft krank war, hatte er intensiv für ihr Heil gebetet – vergebens. »Ich habe Jesus niemals wieder um etwas gebeten«, erklärte Peter später dazu. Schlimmer war, dass er sich – für ein Kind nicht unüblich – insgeheim gewünscht hatte, seine Mutter möge verschwinden, damit sein Vater seine geliebte Grundschullehrerin heiraten könne. Nach Frances' Tod fühlte er sich schuldig, da dieser schreckliche Wunsch scheinbar in Erfüllung gegangen war. Sicherlich durch die familiäre Kultur des Schweigens gefördert, brauchte er schließlich 25 Jahre, um den Tod seiner Mutter zu verarbeiten.

Janes Freundin Brooke Hayward erlebte mit, wie Jane während des Sommercamps in New Hampshire regelmäßig von Albträumen geschüttelt wurde, in Panik erwachte und das gesamte Haus zusammenschrie. Im Herbst 1950 – Jane ging in die 8. Klasse – blätterte die Fonda-Tochter durch eine Illustrierte, in der auch über ihren Vater berichtet wurde. Dort las sie erstmals, dass ihre Mutter Selbstmord begangen hatte. »Ich war wie vom Donner gerührt«, sagte sie später. »Wenn ich ehrlich bin, reagierte ich erschreckt, aber gleichzeitig auch fasziniert. Das war doch viel aufregender als ein Herzanfall!« Von der Krankenschwester ihrer unpässlichen Großmutter ließ sich Jane die Wahrheit der Zeitungsnotiz bestätigen. Weil Frances ihre Tochter in den vergangenen Jahren so oft zurechtgewiesen und ermahnt hatte, belasteten Jane jetzt eigene Schuldgefühle: Hatte sie zu Frances' Todeswunsch beigetragen? Sie nahm sich jedenfalls vor, alles Erdenkliche zu tun, um nicht auch noch den Vater zu enttäuschen.

***

Als 1949 bekannt wurde, dass Henry eine Affäre mit Susan Blanchard hatte, stellte ihn ihr Stiefvater Oscar Hammerstein II zur Rede. Frances befand sich zu diesem Zeitpunkt im Sanatorium – Henry versicherte, er wolle Susan heiraten, doch eine Scheidung ließ sich unter diesen Umständen nicht problemlos abwickeln. Nach Frances' Tod stand einer Ehe der beiden – von der öffentlichen Meinung einmal abgesehen – nichts mehr im Wege.

Peter, der gern heimlich in den Sachen seines Vaters stöberte, fand ein Schmuckstück, ein goldenes Herz, darin die Buchstaben H und S eingraviert. Er fragte seine Großmutter, ob sein Verdacht der Wahrheit entspräche: Wollte Vater wieder heiraten? Die Großmutter bestätigte das. Peters erste Reaktion war strikte Ablehnung – er konnte sich nicht vorstellen, dass die neue Frau möglicherweise sogar einen positiven Effekt auf den Familienzusammenhalt haben könnte. Sophie versuchte ihn zu beruhigen, denn sie war überzeugt, Susan würde nach den traumatischen Ereignissen Gutes für die Kinder leisten: »Ihr braucht doch eine Mutter.«

Tatsächlich schätzte Peter Susan von Anfang an – und sie bemühte sich sehr, gut mit beiden Kindern auszukommen. Auch Jane verstand sich auf Anhieb mit Susan, die nur knapp zehn Jahre älter war als sie. Mit ihrer blendenden, eleganten Erscheinung diente sie nunmehr der jetzt 13-jährigen Jane als leuchtendes Vorbild. »Wenn ich mich wie sie kleiden wollte, dann half sie mir dabei«, erinnerte sich Jane später. »Wenn ich wie sie aussehen wollte, unterstützte sie auch das. Sie hat uns sehr viel Zeit gewidmet. Jetzt, wo ich zurückdenke, wird mir klar, wie jung sie damals war. Umso mehr bin ich ihr dankbar.«

Acht Monate nach Frances' Tod, am 28. Dezember 1950, tauschten Henry und Susan im Haus der Hammersteins an der 63. Straße die Ringe. Henrys Freund John Steinbeck heiratete am selben Tag – die beiden Paare verbrachten ihre Hochzeitsnacht in verschiedenen Hotels, alberten aber per Telefon gemeinsam bis in die frühen Morgenstunden. Am nächsten Tag flogen die Fondas in die Flitterwochen Richtung Virgin Islands in die Karibik. Die Insel St. John war nur per Schiff erreichbar, Telefone existierten nicht – eigentlich das perfekte Refugium für ein frisch vermähltes Paar. Doch auch Henrys dritter Honigmond sollte nur ein paar Tage dauern. Ein Bewohner der Insel fing einen Funkspruch auf, mit dem Henry Fonda dringend gesucht wurde: Sein Sohn Peter sei in einen Schusswaffenunfall involviert. Henry brach mit Susan sofort auf. Nach mehrmaligem Umsteigen erreichten sie Bermuda, von dort rief er zu Hause an und erfuhr, was geschehen war. Die beiden kehrten mit dem ersten Flug in die Staaten zurück.

Peter war damals knapp elf Jahre alt. Kurz nach Neujahr begleitete er zwei gleichaltrige Freunde, darunter Pans Schwager Tony Abry, auf den Schießstand der Abrys. Beim unvorsichtigen Hantieren mit einer altertümlichen Pistole löste sich ein Schuss, als die Mündung gerade auf Peter zielte. Die Kugel riss ein Stück der Leber mit, durchschlug den Magen, verfehlte die Aorta und das Herz nur, weil es sich in diesem Moment gerade zusammenzog, durchdrang die linke Niere und blieb neben dem Rückgrat stecken.

Der schwarze Chauffeur der Abrys hatte die Jungen zum Schießstand gefahren, und sofort raste er mit Peter los. Der Junge lag im Sterben, drohte innerlich zu verbluten, und die Situation verschärfte sich dramatisch, als der Fahrer einen Polizisten nach dem Weg zum nächsten Krankenhaus fragte, dieser aber einem Schwarzen keine Auskunft geben wollte. Peter deckte ihn vom Rücksitz aus mit Schimpfwörtern ein, bis der Cop begriff, dass es um Leben und Tod ging. Im Krankenhaus von Ossining/New York wiederholte sich die Szene: Die Schwestern an der Rezeption weigerten sich, mit einem Schwarzen zu verhandeln. Erst die Flüche des schon delirierenden Peter machten einen vorbeigehenden Arzt auf die lebensbedrohliche Situation aufmerksam. In Ossining befindet sich das berüchtigte Gefängnis Sing-Sing, und es gab dort glücklicherweise einen Arzt, der bereits häufig mit Schusswunden zu tun gehabt hatte: Chirurg Dr. Charles Sweet befand sich gerade auf Entenjagd und kam in matschigen Stiefeln in den OP gehetzt. Sweet war ein Fachmann, und er kannte sich mit den neuesten medizinischen Errungenschaften aus. Bei der Operation benutzte er eine neuartige Gaze, in die er Leber, Magen und Niere einwickelte. Die Gaze war für Verwundete im Koreakrieg entwickelt worden und sollte sich während des Heilungsprozesses im Körper von selbst auflösen. Doch als der Arzt Sophie und Jane informierte, machte er ihnen keine Hoffnung: Peter hatte zu viel Blut verloren. Dreimal setzte sein Herz aus, und er musste mit dem Einsatz von Adrenalin wiederbelebt werden. Fünf Tage dauerte sein Kampf gegen den Tod, dann besserte sich sein Zustand allmählich. Jane betete für Peter und schwor insgeheim, von nun an immer freundlich zu ihm zu sein. Das konnte sie zwar nicht durchgehalten, aber das Erlebnis knüpfte ein noch engeres Band zwischen den Geschwistern.

Weil Peter den Schuss selbst ausgelöst hatte – und das acht Monate nach dem Selbstmord seiner Mutter –, gab es Vermutungen darüber, dass auch er sich das Leben nehmen wollte. Peter selbst wies diese Spekulationen später zurück, denn zu diesem Zeitpunkt glaubte er ja noch, seine Mutter sei an einem Herzanfall gestorben.

Die Sommerferien verbrachten die Kinder gemeinsam mit Henry und Susan im Ocean House, einem Nobelhotel am Strand von Santa Monica bei Los Angeles. Später fand Susan, dass sie dem »Klischee der duldsamen japanischen Hausfrau entsprach: Ich tat alles nur Erdenkliche, um Henry zufrieden zu stellen«. Sie kümmerte sich intensiv um die Kinder und verbrachte die meisten Tage mit ihnen am Strand. Später gab sie zu, dies hätte vor allem daran gelegen, dass sie keinen Führerschein besaß und zu verlegen war, das zuzugeben. Die Kinder waren jedenfalls von dem ungewohnt intensiven Familienleben begeistert. Beide gewöhnten sich daran, Susan »Mom« zu nennen, und Peter spricht auch heute noch von ihr als »Mom2«.

Susan bereitete die Kinder auf ihr neues Schuljahr im Osten vor. Jane besuchte jetzt das Emma-Willard-Internat in Troy/New York, Peter wechselte zum Fay-Internat in Massachusetts – er musste wegen seines langen Krankenhausaufenthalts die 6. Klasse wiederholen. Peter fühlt sich auch dort als Außenseiter, er tat sich schwer, in der Schule heimisch zu werden. Und so sehr er seiner Großmutter Sophie dafür dankbar war, dass sie Henrys Beziehung zu Susan befürwortete, schlug dieses Gefühl doch in Hass um, als er erfuhr, dass Sophie seinen geliebten Hund Buz, den einzigen treuen Gefährten in diesen Tagen, während Peters Aufenthalt in Kalifornien kurzerhand hatte einschläfern lassen. Seitdem war Sophie in seinen Augen nur noch der »dog killer«. Peters Kindheitstraumata zeigten nun zunehmend ihre Folgen – er war das »Problemkind«, das »nur so zum Spaß« sogar in Nachbarhäuser einbrach.

Im Herbst 1951 stellte Leland Hayward eine Nachfolgeproduktion zu *Mister Roberts* auf die Beine, die Bühnenversion von John P. Marquands Roman *Point of No Return*. Henry ließ sich von Haywards Begeisterung für den Stoff derart mitreißen, dass er erstmals eigenes Geld in eine Produktion investierte. Doch als er die Theaterfassung dann las, war er damit so unzufrieden, dass er sich mit dem Bühnenautor und Regisseur hitzige Wortgefechte lieferte und mit akuter Stimmbänderentzündung ins Krankenhaus musste. Er fand seine Stimme zwar rechtzeitig zur Premiere wieder, aber das Problem mit dem in seinen Augen verkorksten zweiten Akt blieb bestehen. Schließlich wettete Hayward mit Henry: Falls die Kritiker das Stück verdammten, wie Henry es vorhersah, würde Hayward die Premierenparty bezahlen. Im Erfolgsfall sollte Henry blechen. Das Stück lief 364 Vorstellungen lang am Broadway und anschließend ein Jahr lang auf Tournee durch die ganzen USA. Die Premierenparty kostete Henry 5000 Dollar.

Aufgrund seiner Freundschaft zu John Steinbeck wagte sich Henry auf neues Terrain: Zwei Broadway-Musical-Produzenten, Cy Feuer und Ernest Martin, hatten die Rechte an Steinbecks Roman *Straße der Ölsardinen* gekauft, und Steinbeck selbst hatte die Bühnenfassung dazu geschrieben. Alle waren sich einig: Henry Fonda musste die Hauptrolle des Meeresbiologen Doc spielen. Doch er konnte keine Ausbildung als Sänger vorweisen. Brav nahm er während der Laufzeit von *Point of No Return* ein Jahr lang Gesangsunterricht. Inzwischen war Steinbeck abgesprungen, eine neue Fassung war ohne ihn entstanden, aus Henrys Rolle war eine Frau geworden – kurz: Ihm blieb das Sängerdebüt erspart. Insgeheim war er erleichtert.

Im Frühjahr 1952 setzte Susan durch, dass Jane und Peter zu Henry und ihr nach New York zogen, wo sie ein Apartment in der 48. Straße bewohnten. Peter sah »Mom2« als seine Retterin an, auch wenn er spürte, dass Henry sich durch die Kinder eingeschränkt fühlte.

Im Sommer verbrachte Jane ein paar Tage bei einer Freundin am Erie-See. Beim Sprung ins Wasser war sie mit dem Kopf auf den Grund gestoßen. Sie kehrte mit starken Rückenschmerzen zurück, die von Henry in gewohnter Manier heruntergespielt wurden – im Gegenteil, er machte ihr wegen ihrer Unvorsichtigkeit Vorwürfe. Von Susan schließlich ins Krankenhaus gefahren, erfuhren sie, dass Jane sich einen Rückenwirbel gebrochen hatte. Wochenlang war sie vom Hals bis zu den Hüften eingegipst. Unglücklich machte sie vor allem, dass sie nun ihr erstes großes Tanzfest versäumen würde. Doch Susan ließ sich auch hier etwas einfallen: Sie kaufte ein weites Umstandskleid und arbeitete es für Jane um. Die strahlende Jane feierte auf der Party einen großen Erfolg.

Jane nahm mittlerweile in der Schule regelmäßig Ballettstunden und trieb ihre Ausbildung mit typisch fondascher Hartnäckigkeit voran. Und sie ließ sich auch nicht entmutigen, als ihre Lehrer erklärten, sie sei für eine Ballerina zu groß. In dieser Zeit begann sie auch zu malen – die Freude daran und das Talent hatte sie vom Vater geerbt, der sie seit den Kindertagen in Tigertail dazu ermutigt hatte.

Der Schulort Troy (englisch für Troja) inspirierte Jane und ihre Freundinnen dazu, ihre Clique die »Troerinnen« zu nennen. Obwohl sich ihr Babyspeck inzwischen von selbst verflüchtigt hatte, war Jane mit ihrem Aussehen durchaus nicht zufrieden und begann ihre eingebildeten Gewichtsprobleme zu bekämpfen. Im Geschichtsunterricht erfuhr sie, dass die alten Römer ihre Fressorgien endlos fortsetzten, indem sie das Essen zwischendurch erbrachen. So machten es ihnen die »Troerinnen« in New York nach. In obskuren Zeitungsanzeigen lasen sie von einem Wunderkaugummi – sie bestellten es und kauten erwartungsvoll: Es enthielt angeblich Larven von Bandwürmern, die sich im Darm einnisten und so die Gewichtskontrolle übernehmen sollten. Was Frances einst bei Peter als Leiden diagnostiziert hatte, funktionierten die Mädchen jetzt zur Modekur um. Doch ihre Erwartungen wurden zum Glück enttäuscht.

Susan wünschte sich unbedingt ein Kind, wurde aber nicht schwanger. Deswegen adoptierten die Fondas Ende 1953 ein acht Wochen altes Mädchen und nannten es Amy. Zuvor hatten sie in Manhattan an der 74. Straße ein schmales, mehrstöckiges Backsteinhaus als permanente Heimstatt gekauft und eingerichtet. Henry spielte seine Vaterrolle diesmal bewusster und aktiver als in Janes und Peters Kindertagen: »Jetzt, bei Amy, war ich es, der um fünf Uhr morgens aufstand, ihr das Fläschchen gab und darauf achtete, dass sie Bäuerchen machte. Ich war begeistert.«

Am Broadway hatte Henry derweil einen weiteren Hit gelandet: Er spielte den Ankläger Greenwald in *Meuterei auf der Caine*. Autor Herman Wouk hatte einen Teil seines Romans *Die Caine war ihr Schicksal* für die Bühne adaptiert. Noch während der Laufzeit am Broadway wurde in Hollywood die Filmversion vorbereitet, die Humphrey Bogart als psychopathischer Captain Queeg zu einem Welterfolg machte.

In dieser Zeit sammelten Jane und Peter ebenfalls erste Erfahrungen auf den Brettern, die auch ihre Welt werden sollten. Jane war schon mehrfach darauf angesprochen worden, im Theaterensemble der Schule mitzuwirken. Sie zögerte jedoch, weil sie das Gefühl hatte, man würde sie wegen ihres Namens mit anderen Maßstäben messen. Als Henry ablehnte, sie auf eine New Yorker Schule wechseln zu lassen, kehrte sie im Herbst 1953 nach Willard zurück und ging dann doch zum Vorsprechen. Ihren ersten Theaterauftritt absolvierte sie in Christopher Frys *The Boy with a Cart*.

Peter spielte an der Fay School in der Operette *The Pirates of Penzance* mit. Zu Weihnachten 1953 sah er am Broadway das Stück *Stalag 17* über amerikanische GIs in einem deutschen Kriegsgefangenenlager des Zweiten Weltkriegs. Das inspirierte den 13-Jährigen zu einem eigenen Stück, der Parodie *Stalag 17 1/2*. Darin übertrug er die Lagersituation auf das Internat. Er inszenierte die Farce mit fünf Kameraden und spielte drei Nebenrollen höchstpersönlich. Das mit Gags vollgestopfte 30-Minuten-Stück ließ Peter in der Achtung seiner Mitschüler erheblich steigen – das machte das Schuljahr erträglicher.

Frances' dunkler Schatten wich langsam von den Fondas, vor allem dank Susan, die den Kinder das Gefühl gab, wieder eine Familie zu

Glückliche Tage mit »Mom2«: Henrys dritte Ehefrau Susan schaffte es Anfang der 50er Jahre, den Fondas das verloren gegangene Familiengefühl wiederzugeben – unter anderem durch neuen Nachwuchs. Susan mit Adoptivtochter Amy, daneben Henry, Jane und Peter.

sein. Den Sommer verbrachte man gemeinsam – Peter und Jane denken gern an diese Ferien zurück. Peter fühlte sich »im Himmel«, als Henry ihn zum Hochseeangeln vor Long Island mitnahm: Der Junge erwischte einen Mako-Hai und kämpfte »die längsten 45 Minuten meines Lebens«, bis er den riesigen Fisch an Bord ziehen konnte, während Henry das Ereignis mit seiner 16mm-Kamera filmte. Der Vater kaufte ein kleines Boot für Peter und brachte ihm in gewohnt gründlicher Art das Segeln bei. Bald wagte sich Peter mit dem Boot in die Bucht hinaus – bis eines Tages der Wind drehte und ihn aufs Meer trieb. Nachdem er eine Stunde vergeblich gegen den Wind gekreuzt war, fuhr Fonda senior mit seinem Wagen zufällig auf der Küstenstraße entlang und erkannte sofort die prekäre Lage seines Sohnes. Er parkte am Hafen und rettete Peter, indem er ihn mit seinem Motorboot ins Schlepp nahm. Das erwartete Donnerwetter blieb diesmal aus: Wie beim Brand in Tigertail meinte Henry, dass Peters Schreck als Lektion reichen sollte.

Nach dem Erfolg des *Roberts*-Films war Henry bereit, seine sechs Jahre lang vernachlässigte Filmkarriere wieder aufzunehmen. Der italienische Filmproduzent Dino de Laurentiis bot ihm 1955 die Rolle des Pierre Besuchow in *Krieg und Frieden* an. Tolstoi beschreibt Besuchow als hässlich, dick und kurzsichtig – Henry entsprach dieser Beschreibung natürlich ganz und gar nicht und spürte sofort, dass er bei de Laurentiis einen sehr viel romantischeren Pierre darstellen sollte. Dennoch akzeptierte er, aber es kam während der Dreharbeiten öfter zum Streit über die Interpretation der Rolle.

Auch zu Hause lag Streit in der Luft: Henrys Beziehung zu Susan steckte in einer tiefen Krise. Jahrelang war Susan die folgsame Ehefrau gewesen, doch im Lauf der Zeit hatte sie mehr Selbstbewusstsein entwickelt – sie merkte jetzt, dass man mit Henry nur zusammenleben konnte, wenn man sich seinen Eigenheiten strikt anpasste und jede individuelle Regung unterdrückte. Und was ihm von Anfang an hätte klar sein müssen, bemerkte sie erst nach und nach: Allein der Altersunterschied führte dazu, dass die beiden in zwei verschiedenen Welten lebten. Henrys Arbeit stand immer im Vordergrund, und jetzt führten seine Probleme im Studio dazu, dass er sich nach Feierabend noch mehr zurückzog, während sich die inzwischen 27-jährige Susan danach sehnte, die Ewige Stadt kennen zu lernen, auszugehen, zu tanzen und zu feiern. Sie wünschte sich, dass ihr Mann sie umwarb, ihr Aufmerksamkeiten erwies. Ursprünglich hatte sie seine Unnahbarkeit attraktiv gefunden. Doch allmählich erkannte sie, dass diese Menschenscheu Ausdruck innerer Unbeweglichkeit und Härte war – Herzlichkeit blieb ein Fremdwort für ihn. Gleichzeitig fand er immer neue Wege, um direkte Konfrontationen mit ihr zu vermeiden.

Die Dreharbeiten zu *Krieg und Frieden* fanden in Rom statt, und de Laurentiis hatte für seinen Star die elegante Villa Uscida an der Via Appia Antica gemietet, in der Henry seine ganze Familie unterbringen konnte. Dort waren die Fondas im Sommer 1955 allesamt versammelt, als Susan – wie Peter sich später ausdrückte – »den Atomschlag auslöste«. Sie eröffnete Henry und den Kindern, sie werde mit Amy allein nach New York zurückkehren und die Scheidung einreichen.

***

Lt. Colonel Owen Thursday ist ein Bilderbuchoffizier, der sich unnachgiebig an das Reglement hält und jede Laxheit in der militärischen Disziplin streng ahndet. Nach dem Bürgerkrieg übernimmt er in Arizona widerwillig das Kommando über das Fort Apache. Er hofft, mit einer siegreichen Schlacht seine schnelle Beförderung und die Rückkehr in den zivilisierten Osten zu forcieren. Verhandlungen mit den Indianern lehnt er daher ab. Als seine Tochter sich in einen jungen Offizier verliebt, verbietet Thursday diese Beziehung als nicht standesgemäß. Schließlich provoziert er die Apachen zu einer offenen Konfrontation. Thursday gerät in einen Hinterhalt und stirbt mit allen seinen Männern.

Die Rolle in John Fords Western *Bis zum letzten Mann* war Henrys letzte vor seiner Rückkehr zum Theater 1948. Sie entsprach so gar nicht seinem Leinwandimage als sympathischer und integrer amerikanischer Held, aber in diesem Film kam er seiner eigenen Persönlichkeit wohl am nächsten. Wenn Peter gefragt wurde, wie er es empfand, Sohn des großen Henry Fonda zu sein, dann pflegte er später häufig zu antworten: »Erinnern Sie sich an *Bis zum letzten Mann*? Genau so war mein Vater.«

Oft genug musste der Teenager unter Neidern und Kleingeistern leiden, die ihn spüren lassen wollten, dass er trotz seines berühmten Namens gefälligst zu kuschen hatte. Doch die Popularität warf Peter seinem Vater nicht vor – niemand konnte die Eigendynamik einer solch außergewöhnlichen Karriere wirklich steuern geschweige denn seinen Erfolg verurteilen. Vorwürfe machte Peter dem großen Henry jedoch, weil er seine wichtigste Rolle so unvollkommen spielte: die Vaterrolle.

Als Henry seinem Sohn in Rom das Autofahren beibringen wollte, gab er wie gewöhnlich bedacht und präzise seine Anweisungen, die Kupplung und Gaspedal betrafen. Doch im selben Atemzug blockte er Peters Fragen bezüglich der zerrütteten Ehe mit Susan ab. No comment. Jane erging es ähnlich: Mit 16 hatte sie einen Monat lang als Fotomodell gearbeitet, um dem Vater ein wertvolles Geschenk zu kaufen. Er bedankte sich, legte es beiseite und vergaß es dann überhaupt zu öffnen. Jane weinte daraufhin die ganze Nacht.

Nachdem Susan die Familie in Rom zurückgelassen hatte, suchte Peter verzweifelt Rat bei Jane. Die Schwester reagierte viel gelassener als erwartet, denn sie wusste längst, dass es in der Ehe kriselte – und berichtete ihm stattdessen, wie sie in der Nacht zuvor ihre Unschuld verloren hatte. Zudem klärte sie ihn darüber auf, dass ihre Mutter nicht an Herzschlag gestorben sei, sondern sich umgebracht hatte. Für Peter brach eine Welt zusammen. Später gestand er, dass er ihren Tod viermal durchleben musste: 1950 wurde ihm gesagt, sie sei an einem Herzanfall gestorben. 1953 sorgte ein Missverständnis für eine surreale Situation, als der 13-Jährige auf seinem Bett im Internat einen Brief von ihr fand und einige Augenblicke lang glaubte, sie sei noch am Leben – bis er merkte, dass der Brief an seinen Bettnachbarn Peter Teuscher gerichtet war und von dessen Mutter stammte. 1955 in Rom erzählte ihm Jane vom Selbstmord der Mutter. Und 1960 zeigte ihm ein Kneipennachbar einen Zeitungsausschnitt, aus dem hervorging, dass Frances sich in einer Irrenanstalt aufgehalten hatte, als sie sich umbrachte. Auch das wusste er bis dahin nicht.

Die Dreharbeiten zu *Krieg und Frieden* dehnten sich länger aus, als Henry erwartet und je erlebt hatte. Die Kinder mussten in die USA zurückkehren, als das neue Schuljahr anfing. Allein in Rom, fühlte sich der verlassene Ehemann einsam und deprimiert. Er blieb es nicht lange. Er suchte die Gesellschaft vielleicht nicht – aber sie fand ihn. Auf einer Party lernte er die 22-jährige Afdera kennen, Tochter des venezianischen Barons Raimondo Franchetti. Seine Verdienste als weit gereister Afrikaforscher hatten ihm den Adelstitel eingebracht. Der war allerdings nicht erblich – Afdera durfte sich also eigentlich nicht Baronessa nennen, was sie aber gern tat. Immerhin war sie zu diesem Zeitpunkt mit einem echten venezianischen Adligen verlobt. Baron Raimondo hatte seine Tochter nach einem äthiopischen Vulkan benannt, ihr Bruder hingegen hieß Nanook – wie der berühmte Film-Eskimo. Afdera war eine Zeit lang mit einer Theatergruppe durch die Lande gezogen, sprach sechs Sprachen und integrierte sich schnell in den römischen Jetset.

Über ihre Liebe zur Kunst fanden Henry und Afdera bald viele Gemeinsamkeiten. Natürlich spürte Henry, wie seine Biografie drohte, in Wiederholungen zu verlaufen – jedenfalls zögerte er bei dieser Affäre deutlich länger, bevor er eine neue Bindung einging. Es dauerte ein Jahr – mit nur sporadischen transatlantischen Besuchen –, bis die beiden sich verlobten. Seine Zugehörigkeit zur alten Schule gab wohl den Ausschlag: Denn wenn eine Frau es schaffte, ihn ins Bett zu bekommen, fühlte er sich auch verpflichtet, ihr einen Antrag zu machen. Ein weiteres Jahr ging ins Land, dann heirateten Henry und Afdera im März 1957 in New York – sie 24, er fast 52 Jahre alt. Peter war überrascht, als der Vater ihn bat, Trauzeuge zu sein. Bei der Hochzeitsfeier witzelten die Kinder, dass Henrys nächste Frau wahrscheinlich jünger als Jane sein würde. Weiterhin prognostizierten sie, der Vater müsste seiner Ehefrau Nr. 10 oder 11 wohl die Windeln wechseln. Trotz ihrer Respektlosigkeit achteten die Kids allerdings darauf, dass der Alte ihre Sprüche nicht zu hören bekam.

Auch in seinen vierten Flitterwochen wurde die Fonda-Tradition eisern eingehalten: 36 Stunden verbrachte das Brautpaar in einem zugigen kanadischen Chalet. Henry war erkältet und hatte Fieber, Afdera litt unter den blauen Flecken, die sie Nanook zu verdanken hatte – der Bruder hatte sie vor der Hochzeit brutal zusammengeschlagen, weil sie sich weigerte, jenen venezianischen Adelsspross zu heiraten, den er für sie ausgesucht hatte.

Jane hatte unmittelbar vor dem unseligen römischen Sommer ihren Highschoolabschluss gefeiert. Sie wollte im Herbst ihr Kunststudium am Nobel-College Vassar in Poughkeepsie/New York beginnen. Vorher bat Tante Harriet sie um einen Gefallen: Jane sollte in einer Benefiz-Aufführung von *Das Mädchen vom Lande* am Community Playhouse in Omaha auftreten, zu der sich die Stars Henry Fonda und Dorothy McGuire schon angemeldet hatten – das Familienheimspiel würde natürlich für eine guten Werbeeffekt sorgen. Jane erklärte sich bereit, eine Nebenrolle zu übernehmen – viel schwieriger war es für Harriet, Henrys Einwilligung zu Janes Mitwirkung an seiner Seite zu bekommen. Nach spontaner Ablehnung und einigem Zögern stimmte er schließlich zu. Er ermutigte Jane nie, seinen Beruf zu ergreifen, erzählte ihr auf dem Flug nach Omaha vielmehr von den harten Jahren am Anfang seiner Karriere. Sie hörte ihm ernsthaft zu, entschloss sich aber, ihre eigenen Erfahrungen zu sammeln. Henry war anschließend bei der gemeinsamen Bühnenarbeit tief beeindruckt von Janes erstem Auftritt, von ihrem professionellen Ansatz; allerdings hielt er sich mit Lob wie üblich zurück.

Das Mädchen-College Vassar – mit seinen hohen Studiengebühren und dem konservativen Einschlag – diente damals vor allem wohlhabenden Familien dazu, ihre Töchter in die Nähe ähnlich konservativer und heiratsfähiger junger Männer zu postieren, die an den renommierten Universitäten der Umgebung studierten. Jane war inzwischen zu einer attraktiven jungen Frau herangewachsen. Sie langweilte sich schnell in diesem Ambiente, holte dafür umso intensiver nach, was ihr aufgrund der Jahre im Internat an Erfahrungen mit dem männlichen Geschlecht entgangen war. Ihre Freundin Brooke Hayward studierte ebenfalls in Vassar und berichtete später, mit welchem Tempo Jane ihre Liebhaber wechselte. Einen Yale-Studenten versuchte sie zur Ehe zu überreden, um so dem ungeliebten College zu entkommen – er lehnte ab. Dann bekniete Jane den Vater, ihr das Studium zu ersparen, doch der blieb hart, und Jane legte es darauf an, durch schlechte Noten und ungebührliches Betragen von der Anstalt verwiesen zu werden. Auch damit hatte sie keinen Erfolg.

Mrs. Fonda, die vierte – venezianisch, adlig und nach einem Vulkan benannt. Afdera entsprach das Mütterliche allerdings weniger als ihrer Vorgängerin.

Im Sommer 1956 überließ Henry den Kindern die Wahl des Urlaubsorts, und sie entschieden sich für Hyannis Port am Cape Cod, wo man ein Haus neben dem Anwesen der Kennedys mietete. Jane hatte sich mittlerweile in den Yale-Studenten und späteren Filmstar James Franciscus verliebt, der in diesem Sommer als Inspizient am Theater in Dennis arbeitete – jener Bühne, auf der Henry fast 30 Jahre zuvor gespielt hatte. Jane übernahm dort eine kleine Rolle ohne Dialog und beeindruckte Henry erneut. Der Theaterleiter erfuhr, dass Henry in der Nähe Urlaub machte, und überredete ihn, einfach aus Spaß mit Jane zusammen aufzutreten. So kam es, dass Vater und Tochter zum zweiten Mal gemeinsam auf der Bühne standen, diesmal in dem Stück *The Male Animal*, das Henry schon Anfang der 40er-Jahre verfilmt hatte.

Peters Unfähigkeit, sich der autoritären Erziehung in seinem Internat, der Westminster School, unterzuordnen, brachte ihn immer öfter in Schwierigkeiten. Im Herbst 1956, als Henrys Verlobung mit Afdera durch die Presse ging, wies ein angetrunkener Lehrer Peter wegen ständigen Zuspätkommens zurecht und steigerte sich dabei in wüste Beschimpfungen: »Aus dir wird nie etwas, du bist genau wie dein Vater. Wer nach so vielen Ehen noch mal heiratet, ist ein Hurensohn!« Peter griff den Lehrer tätlich an und schlug mit aller Kraft zu. Offiziell entschied man sich, Stillschweigen über die Angelegenheit zu bewahren, um den Lehrer nicht als Alkoholiker zu entlarven. Stattdessen wurde Peter anschließend Opfer einer Mobbing-Kampagne von Seiten der Schüler, aber auch der Lehrer. In Klassenarbeiten änderten Lehrer beispielsweise Peters korrekte Antworten in falsche, mit älteren Schülern kam es immer wieder zu Prügeleien. Peter drehte langsam, aber sicher durch. Der Schularzt verschrieb ihm immer höhere Dosen des starken Beruhigungsmittels Phenobarbital, das ihn vorerst zwar ruhig stellte, aber auch zu einer fatalen Abhängigkeit führte. Schließlich fand Peter einen Lehrer, dem er sich anvertrauen konnte und der den Fall dem Direktor meldete. Der hatte Verständnis für Peter, aber statt dem Ganzen offiziell – und mit allen Konsequenzen – ein Ende zu bereiten, legte er seinem Zögling nahe, die Schule »ehrenvoll« zu verlassen. Der Direktor rief Jane an, die Peter am nächsten Tag abholte und ihn aus seinem Buschversteck hervorzerrte – er glaubte verrückt zu werden.

Peter fand schließlich Zuflucht bei Tante Harriet in Omaha, wo er die Pillen absetzte und einen fürchterlichen Entzug durchmachte, ohne den Grund dafür zu kennen. Harriet ließ ihren Neffen von einem ihr bekannten Universitätspsychologen, Dekan Thompson, untersuchen. Ohne darüber informiert zu sein, machte Peter unter anderem den College-Eignungstest und beantwortete praktisch alle Fragen richtig. Wie schon drei Jahre zuvor bei einem Mathetest beschuldigte man Peter jetzt erneut des Betrugs, weil er Aufgaben gelöst hatte, deren Lösung er gar nicht kennen konnte. Doch der hatte einfach seinen Verstand eingesetzt: Der Intelligenztest ergab einen IQ von über 160 – was ihn mit einigen Genies auf eine Stufe stellte. Henry wollte es nicht glauben, als er davon hörte. Doch Harriet setzte sich über seine Zweifel hinweg und nahm Peter bei sich auf: Er begann seine Collegeausbildung an der University of Omaha und durfte sofort ins zweite Studienjahr einsteigen.

Henry versuchte sich während seiner Karriere nur einmal als Filmproduzent – die Erfahrung entmutigte ihn derart, dass er fortan bei seinem Schauspielerberuf blieb, obwohl er einen zeitlosen Klassiker schuf: *Die zwölf Geschworenen*. Der Film spielt einzig in dem Raum, der den Geschworenen als Beratungszimmer dient. Ursprünglich als Fernsehspiel konzipiert, wurde der Film mit hochkarätigen Darstellern wie Lee J. Cobb, Martin Balsam und Jack Warden besetzt und von Regiedebütant Sidney Lumet inszeniert. Den zögernden Geschworenen Nr. 8 spielte Henry selbst. Er spürte die ungewohnte Verantwortung des Produzenten auf seinen Schultern, begutachtete die Bauten im Studio und fand das gemalte Hintergrundbild mit den Wolkenkratzern, die man durch das Fenster sehen sollte, künstlich und unecht. Später ließ er sich überzeugen, denn im Film erscheint der Hintergrund meist unscharf und durchaus glaubwürdig. Vor allem widerstrebte dem Produzenten Fonda immer noch, beim Prüfen der täglichen Muster sich selbst auf der Leinwand zu begutachten. Doch Arthur Krim, der Verleihchef von United Artists, war von dem fertigen Film derart begeistert, dass er ihn am Osterwochenende 1957 in allen großen Kinos der USA startete. Dabei verrechnete er sich gründlich – den Blockbuster-Appeal eines Unterhaltungsfilms für die breite Masse hatte dieses ernsthafte Kammerspiel sicher nicht. *Die zwölf Geschworenen* floppten kläglich. Aber wenig später nahm Henry auf dem Berliner Filmfest den Hauptpreis für seinen Film entgegen, weitere Auszeichnungen gewann er in Japan, Australien, Italien und Skandinavien. Es sprach sich herum, welches Juwel Henry Fonda produziert hatte. Und wie Henry ursprünglich gehofft hatte, machte der Film Karriere – in Filmkunstkinos, vor anspruchsvollem Publikum. Aber die Lust aufs Produzentendasein war ihm trotzdem vergangen.

Im Gegensatz zu »Mom2«, die von beiden Fonda-Kindern gleich innig geliebt wurde, stieß Afdera Fonda bei Jane und Peter von Anfang an auf Ablehnung. Jane fand, dass Afdera ihren Dad zu einem Schoßhündchen degradierte. Peter sprach von ihr nur als »der Italienerin« und unterstellte ihr, es ginge ihr nur um Henrys internationales Renommee – als seine Frau wollte sie ihren Einfluss in der High Society vergrößern. Afdera empfand die Gegenwart der Kinder als unliebsame Konkurrenz – das Mütterliche entsprach nicht ihrem Naturell.

Für den Sommer nach der Hochzeit hatten die Fondas eine Stuckvilla in Villefranche-sur-Mer an der Côte d'Azur gemietet. Peter brachte einen Freund mit, Jane kam mit James Franciscus, die dreijährige Amy mit Kindermädchen, aber natürlich ohne Susan. Dafür kamen und gingen viele andere, und die Liste der Freunde und Besucher der Fondas liest sich wie das *Who's who?* jener Zeit: Sie trafen Hemingway, Picasso und Jean Cocteau; die Garbo kam zu Besuch und nutzte den winzigen Privatstrand unter der Steilküste, um nackt im Mittelmeer zu baden. Man lunchte auf Onassis' Yacht *Christina*. Gianni Agnelli schenkte Henry ein Fiat-Spezialmodell mit geflochtenen Sitzen. Der junge Ted Kennedy versuchte bei Jane zu landen und erhielt eine Abfuhr. Peter ging mit dem späteren König Carl Gustav von Schweden auf Tour, um Mädchen aufzureißen. Die quirlige Afdera war wie immer in Feierlaune und wurde ständig zu Partys eingeladen. Ihr Stil lag Henry überhaupt nicht: »Ich wurde auf die Feste mitgeschleift, fühlte mich aber nicht willkommen, sondern nur geduldet – wie ein Prinzgemahl. Ich hatte mit ihren Freunden nichts gemein. Eine verrückte, absurde Ehe.« Im Grunde war Henry in Afderas Leben völlig überflüssig. »Er verhielt sich wie ein Ehemann«, gab sie später zu, »aber ich nicht wie eine Ehefrau.«

Im September 1957 konnte Jane den Vater überreden, ihr ein Studienjahr in Paris zu finanzieren. Sie wohnte dort mit anderen höheren Töchtern in der Obhut einer alten Gräfin und langweilte sich bald wie am College. Offiziell wollte sie Kunst studieren, »aber in den sechs Monaten dort habe ich keine einzige Farbtube aufgemacht«. Stattdessen verschaffte sie sich Zugang zur Pariser Intellektuellenszene: Der Amerikaner George Plimpton gab die Literaturzeitschrift *Paris Review* heraus und scharte brillante Schreiber um sich, viele davon Amerikaner. Bald gehörte Jane zu diesem Kreis und half in der Redaktion aus. Vor allem schätzte sie die Bars und Bistros am linken Seine-Ufer, wo sich Künstler, Autoren und Filmemacher trafen, diskutierten und flirteten. Berichte vom Leben der Boheme erreichten auch Henry in New

York, und weil Jane nicht einmal den Anschein erweckte, irgendwelche Kurse zu besuchen, befahl er ihre Rückkehr. Jane gelobte Besserung, schrieb sich in Manhattan an einer Kunst- und einer Musikschule ein, belegte Italienisch- und Französischkurse. Und sie jobbte für das New Yorker Büro der *Paris Review*, indem sie Anzeigen akquirierte. Ein Freund bat sie, für ein paar Modeaufnahmen Modell zu stehen, konnte ihr aber keine Gage bezahlen. Sie tat ihm den Gefallen, die Fotos fielen einem Moderedakteur auf, und so begann Jane ihre Model-Karriere, die sie allerdings nie sehr ernst nahm, da sie sich selbst keineswegs attraktiv fand. Doch innerhalb eines Jahres brachte sie es zum Covergirl auf der Illustrierten *Vogue* und verdiente wie die Stars der Branche beinahe 50 Dollar in der Stunde. All das blieben aber lediglich Jobs, einen ernsthaften Beruf mit Zukunft sah sie darin nicht. Sie bewies, dass sie hart arbeiten und die väterlichen Auflagen erfüllen konnte – gerade so, als ob sie sich immer noch an Ihr Versprechen nach Frances' Selbstmord halten wollte, ihren Vater nicht zu enttäuschen. Doch irgendwann gestand sie sich ein, dass sie nur Ausreden suchte, weil sie nicht den Mut aufbrachte, sich zu ihrer wahren Leidenschaft zu bekennen: Sie wollte Schauspielerin werden.

2. Krieg und Frieden: Die Kinder proben den Aufstand

»Ich glaube, ein Schauspieler würde seine Seele geben, um einen einzigen kristallklaren Moment der Wahrheit zu schaffen – auf der Bühne oder auf der Leinwand. Ach, wie oft sagen sie: ›Ich sehne mich nach einer Rolle, in die ich mich richtig verbeißen kann.‹ Das ist natürlich ein Klischee. Was sie wirklich ausdrücken wollen, und ich rede von den guten Schauspielern, die es ernst meinen: Sie suchen eine Rolle, in der sie wie in einem Spiegel all ihre unausgesprochenen Wünsche wieder finden, all ihre Sehnsucht und Einsamkeit, eine Rolle, die ihnen einen festen Platz an der Wand der absoluten Wahrheit sichert. Diesen elementaren Moment will der Schauspieler der Welt schenken – Schauspielern geht es ums Schenken. Deshalb liebe ich diesen Beruf.«

Anthony Quinn

Ende der 50er-Jahre war Lee Strasberg ein Star besonderer Art – weder Schauspieler noch Regisseur noch Produzent. Vielmehr als Hohepriester des Theaters zelebrierte er seine »Sessions« in einer ehemaligen Kirche in Manhattan, die er Actors Studio nannte. Ein Mann mit unwiderstehlichem Charisma: Er dozierte vor angehenden Schauspielern über spezielle Techniken, sich in Rollen hineinzu*leben*. Seine »method«, wie sie bis heute ehrfürchtig genannt wird, fordert vom Darsteller, nicht zu spielen, sondern durch intensive psychologische und physische Vorbereitungen eins zu werden mit der Figur – nicht nur auf der Bühne oder vor der Kamera, sondern auch dahinter. Strasbergs Schüler James Dean, Paul Newman und Marlon Brando hatten es mit *Method Acting* zu Weltruhm gebracht, Eleven wie Dustin Hoffman, Al Pacino und Robert De Niro sollten ihnen folgen und Strasbergs Legende weitertragen.

Wenig erstaunlich: Henry Fonda hielt nichts von *Method Acting*. Was Strasberg propagierte, stand seiner Motivation diametral entgegen: Er versuchte auf der Bühne, seiner eigenen Persönlichkeit ja gerade zu entkommen, und wollte sich keinesfalls selbst einbringen, hielt das sogar für fahrlässig: »Man darf nie die Kontrolle über seine Gefühle verlieren. Wer auf der Bühne steht, darf das nicht als Vorwand benutzen, sich unmenschlich zu verhalten.« Als Jane ihre ersten Privatstunden bei Strasberg nahm und enthusiastisch über ihre Erfahrungen berichtete, tat Henry dies als »Mist« ab. Strasberg dagegen schätzte Henry sehr, der sich selbst jederzeit höchst akribisch auf seine Rollen vorbereitete. Der Guru bezeichnete den Star als »den besten *Method Actor* von uns allen«.

Indirekt war Janes Kontakt zu Lee Strasberg sogar über Henry Fonda zustande gekommen. Während Henry am Broadway in dem Stück *Spiel zu zweit* von William Gibson auftrat, drehte er tagsüber den Film *Eines Tages öffnet sich die Tür* mit Lees Tochter, der Filmdebütantin Susan Strasberg. Jane besuchte die Dreharbeiten und freundete sich mit Susan an. Im Sommer wohnten die Fondas am Strand von Malibu nur ein paar Häuser von den Strasbergs entfernt. Der Schauspiellehrer akzeptierte Jane schließlich als seine Schülerin »wegen der Panik in ihren Augen«, wie er sagte. Sie wählte den harten Weg, vor seinen unerbittlichen Augen zu bestehen, denn ihr Vater hatte sich unmissverständlich geäußert, als sie den Weg nach Hollywood abkürzen wollte: »Wenn du Schauspielerin werden willst, dann nicht als James Stewarts Tochter in *Geheimagent des FBI*.« Er reagierte damit auf das konkrete Angebot von Bekannten, ihre Beziehungen spielen zu lassen und Jane in dem Stewart-Film unterzubringen.

Doch eine Sonderstellung nahm Jane auch unter ihren Kollegen im Schauspielkurs ein – entweder man erwartete viel von ihr, oder man neidete ihr den angeblich leichten Einstieg. Strasberg selbst erleichterte ihr allerdings überhaupt nichts. Einen ganzen Monat brauchte sie, bis sie den Mut aufbrachte, vor die Klasse zu treten und eine selbst erarbeitete Szene zu präsentieren. Strasberg und die Kollegen reagierten sehr positiv – das Eis war gebrochen. Und ihr Ehrgeiz erwacht. Jane zog aus dem Elternhaus aus und mietete zusammen mit zwei Freundinnen ein Apartment. Mit ihrem Freund James Franciscus langweilte sie sich inzwischen, Beziehungen zu Kollegen wie Alexander Whitelaw hielten ebenfalls nicht lange. Jane wurde vorsichtig: »Ich bekam Angst, weil ich so verletzlich war. Die erste Leidenschaft war immer gepaart mit großen Erwartungen und prompter Enttäuschung. Das Heiraten schlug ich mir aus dem Kopf. Da musste schon einer kommen, der es wirklich ernst meinte.«

Joshua Logan verfolgte Janes Entwicklung mit großem Interesse – er wusste aus eigener Erfahrung, welches Potenzial der Name Fonda barg. Als er erfuhr, dass sie bei Strasberg lernte, bot er ihr eine Filmrolle an, die mit Probeaufnahmen gekoppelt war. Jane reagierte begeistert und absolvierte den Test mit einem ebenso hoffnungsvollen Newcomer namens Warren Beatty. Logan spürte sofort, dass er auf das richtige Pferd gesetzt hatte, und schloss mit Jane einen Siebenjahresvertrag ab, der ihr jährlich einen Film und 10000 Dollar garantierte. Das erste Projekt scheiterte zwar, aber schon bald erwarb Logan die Filmrechte an einem Broadway-Stück über einen College-Basketballstar. Der Film hieß *Je länger – je lieber*, Partner war der bereits etablierte Anthony Perkins, der mit Henry den Western *Stern des Gesetzes* gedreht hatte. Er war bei Warner Brothers als Star leichter durchzusetzen als der noch unbekannte Warren Beatty.

Aller Anfang ist schwer, selbst wenn – oder gerade weil – der erfahrene Vater die Dreharbeiten besucht: Jane und Henry während einer Drehpause von Je länger – je lieber.

Logan baute Starlet Jane Fonda generalstabsmäßig auf: In Hollywood veranstaltete er eine PR-Party, um sie der Presse vorzustellen. Jane war so nervös, dass sie in Tränen ausbrach – Afdera, die mit Henry erschien, steckte ihr eine Beruhigungstablette zu. In den Augen des Vaters musste Janes Einstieg in Hollywood übereilt erscheinen. Umso überraschter war sie, als er ermutigende Worte fand und sie sogar einfühlsam auf ihre erste Filmarbeit vorbereitete. Offensichtlich hatte er sich von Logans Enthusiasmus anstecken lassen. Er besuchte auch die Dreharbeiten und beobachtete eine ihrer Liebesszenen mit Tony Perkins. Kurz darauf gestand er stolz einem Reporter: »Jane hat sich in einem Jahr weiter entwickelt als ich in 30.« Ein besseres Prädikatssiegel konnte er seiner Tochter nicht aufdrücken – obwohl es reichlich übertrieben war.

Es gehörte zur Pflichtübung jedes Nachwuchsstars, einen Anstandsbesuch bei den legendären und mächtigen Klatschkolumnistinnen Louella Parsons und Hedda Hopper zu machen. Wie fast zu erwarten, steckten beide Jane auf der Stelle in die Schublade »Henrys kleine Tochter ist ihm wie aus dem Gesicht geschnitten«. Aber sie machte einen artigen Eindruck, wurde akzeptiert und in die Hollywood-Gemeinschaft aufgenommen.

Je länger – je lieber war ein Flop. Der schlaksige Perkins wirkte als athletischer Sportler einfach nicht überzeugend. Jane gab allerdings sich die Schuld, bis Logan seinen eigenen Besetzungsfehler zugab, und lobte stattdessen ihre Begabung in den höchsten Tönen. Gleichzeitig zeigte seine PR-Kampagne für Jane erste Folgen: Ein zweiseitiges Porträt in der Illustrierten *Look* zog weitere Artikel nach sich – jetzt begann man, das Starlet auf der Straße zu erkennen und um Autogramme zu bitten.

Ihre erste Theaterrolle als professionelle Schauspielerin führte Jane in die Provinz, nach Fort Lee/New Jersey. Das Stück hieß *The Moon Is Blue* (verfilmt als *Die Jungfrau auf dem Dach*), und Joshua Logan beeilte sich, ihr bald ein neues Bühnenprojekt am Broadway vorzuschlagen: Daniel Taradashs Stück *There Was a Little Girl*. Henry reagierte skeptisch. Ihm missfiel, dass es um das Thema Vergewaltigung ging. Jane sah allerdings ihre wahre Berufung auf der Bühne und akzeptierte das lächerlich geringe Honorar von 150 Dollar pro Woche. Die Proben zeigten bald, dass hier etwas Außergewöhnliches entstand. Janes Darstellung einer zerbrechlichen Frau überzeugte die Kritiker bei der Voraufführung gänzlich: Endlich bekam sie ein solides Feedback, das sie in ihrer Berufswahl bestärkte. Ihr Selbstvertrauen wuchs, wenn auch nicht für lange. Bei der Uraufführung am Broadway im Februar 1960 fiel das Stück durch, es wurde nach nur 16 Vorstellungen abgesetzt. Dennoch blieb es für Jane ein persönlicher Triumph – die Theaterkritiker zeichneten sie als beste Nachwuchsdarstellerin des Jahres aus.

Jane lebte damals mit ihrem Kollegen Timmy Everett zusammen, der auch ihr Manager wurde und starken Einfluss auf ihre beruflichen Entscheidungen nahm – was bei Joshua Logan und auch ihrem Agenten Ray Powers häufig Kopfschütteln auslöste. Nach der Trennung Anfang 1961 ging Everett streng mit Jane ins Gericht: »Wahrscheinlich brauchte Jane immer einen Mann, den sie vorschieben konnte, wenn es um Entscheidungen ging. Sie selbst war sehr unentschlossen. Wenn sie Erfolg hatte, schrieb sie das sich selbst zu. Wenn nicht, konnte sie das leicht auf ihren Partner abschieben.« Everett selbst konnte sich mit der Trennung lange nicht abfinden: Weihnachten 1961 versuchte er, sich sturzbetrunken vor ihren Augen auf dramatische Weise das Leben zu nehmen. Sie brach daraufhin jeden Kontakt mit ihm ab.

In diesen Tagen suchte Jane Rat beim einem Psychiater, was wohl kaum mit einer tiefen Seelenkrise zusammenhing – viel eher steckten Lee Strasberg und sein Verhältnis zur Psychoanalyse dahinter: Jane sah es als ihr Ziel an, die Barriere zwischen der schauspielenden und der privaten Jane Fonda niederzureißen. Zum neuen männlichen Fixpunkt in ihrem Leben wurde Andreas Voutsinas, ein schillernder Charakter aus Strasbergs Umfeld. Der geborene Grieche war in Äthiopien und London aufgewachsen. In New York hatte er sich als Schauspieler und Regieassistent eine rätselhafte Stellung in der Szene erarbeitet. Seine Ambitionen überstiegen jedenfalls bei weitem das, was die Großen der Branche ihm zutrauten. Schauspielerinnen, darunter Stars wie Anne Bancroft, schätzten jedoch den androgynen Typ, der sich gern als europäischer Bohemien gab – manche nannten ihn »transsilvanisch«. Mit Jane Fonda arbeitete er erstmals bei seiner Inszenierung des Stücks *No*

Concern of Mine zusammen, und bald übte er einen maßgeblichen Einfluss auf sie aus.

Deutlich wurde das im April 1961, als Jane in Hollywood *Auf glühendem Pflaster* drehte. Laut Vertrag konnte Logan sie an andere Produzenten verleihen und Gagen für sie aushandeln, die er selbst einstrich, solange er ihr die vereinbarten 10000 Dollar jährlich bezahlte. Voutsinas durchschaute den Deal, der vor allem für Logan von Vorteil war. Er ermutigte Jane, selbstbewusster aufzutreten, sich nicht alles gefallen zu lassen, und er bezeichnete sie als Logans »Mietvieh«. Vor allem begleitete er sie als ihr persönlicher Manager zu den Dreharbeiten, studierte mit ihr die Szenen und mischte sich dauernd in die Arbeit des Teams ein, was ihn sehr unbeliebt machte; es kam zu Spannungen.

Tatsächlich stärkte er Janes Selbstvertrauen nachhaltig. Für die nächsten zwei Jahre traf sie keine Entscheidung, die Voutsinas nicht guthieß. Erstmals wagte sie auch, vor der Presse eine eigene oder zumindest nonkonformistische Meinung zu vertreten. Im Juli erschien landesweit ein Interview, das Hedda Hopper mit ihr geführt hatte – Schlagzeile: »Jane Fonda hält Ehe für überholt.« Zitat: »Ich finde es unnatürlich, wenn zwei Menschen schwören, den Rest des Lebens gemeinsam zu verbringen. Warum sollten sie sich schuldig fühlen, wenn sie sich nicht mehr lieben?« Das war für die amerikanische Öffentlichkeit entschieden zu viel. Dass es Tausende von Protestbriefen hagelte und dass Hedda Hopper Janes Äußerungen als »radikal« bezeichnete, passte bestens zum Geist der Zeit. Die Studiochefs bei Columbia rieben sich währenddessen die Hände – eine bessere Publicity für *Auf glühendem Pflaster* ließ sich kaum vorstellen.

Henry was not amused. Er reagierte zunehmend gereizt auf Janes Emanzipationsversuche. Bereits zuvor hatte er eine Fotostrecke für die Illustrierte *Cavalier* moniert, für die Jane in die Rollen berühmter Filmdiven geschlüpft war. Eines der Fotos stellte eine Szene aus Roger Vadims *Gefährliche Liebschaften* (1959) nach – der Film wurde wegen seiner freizügigen Szenen besonders in den USA kontrovers diskutiert. Henry erfuhr, dass seine Tochter auf diesem Foto leicht bekleidet zu sehen war, und versuchte die Veröffentlichung zu verhindern, was Jane erst recht wütend machte. In Interviews gab Henry zu, dass er über

Janes Entwicklung nicht glücklich war. Sie schoss zurück und verweigerte ihm immer unmissverständlicher den Respekt: »Ich finde es auch merkwürdig, aber ich fühle mich deutlich als Konkurrentin meines Vaters. Immer habe ich das Gefühl, ich müsste ihm beweisen, dass ich Recht habe. Irgendwie kann er die Tochter nicht von der Schauspielerin unterscheiden.« Und zu Henrys ablehnender Haltung der Psychoanalyse gegenüber: »Daddy hätte schon vor 40 Jahren zur Analyse gehen sollen. Er hat mich schließlich in diese Lage gebracht.« Verbittert gestand Henry einem Reporter: »Tochter? Ich habe keine Tochter.« Als sie von der Kollegin Shelley Winters zu einer Party eingeladen wurde, stellte Jane die Bedingung, dass zuerst Henry wieder ausgeladen werde. Die Nerven des Vaters lagen blank: »Wenn Jane tatsächlich gesagt hat, was mir die Reporter ständig unter die Nase reiben, dann mag sie ja so denken. Aber sie sollte das nicht öffentlich äußern. Das ist Mangel an Respekt. Und einige ihrer Behauptungen stimmen einfach nicht.«

Obwohl Jane bei der heiß gehandelten Filmversion des Bestsellers *Der Chapman-Report* über das Sexualverhalten amerikanischer Frauen gern die Nymphomanin gespielt hätte, gab ihr der legendäre Regisseur George Cukor »nur« die Rolle der frigiden Witwe. Doch jeder Film brachte ihr mehr Ansehen, und ebenso wuchs Janes Unzufriedenheit mit dem Vertrag, der sie persönlich an Joshua Logan band. Sie musste auf die harte Tour lernen, dass Freundschaft beim Geld endet, denn Logan machte keine Anstalten, neue Bedingungen auszuhandeln. Aber er war schließlich bereit, sie gehen zu lassen – für eine stolze Summe: Jane erkaufte sich ihre Freiheit mit 100 000 Dollar. In diesem Zusammenhang ließ Logan durchblicken, dass sein Freund Henry bei ihm vergeblich interveniert hatte – mit der Bitte, er solle Jane auf keinen Fall gehen lassen.

Der Vater hatte auf seine Älteste längst keinen Einfluss mehr. Von seinem Einfluss schien sie sich vollkommen freigeschwommen zu haben, doch an Voutsinas hielt sie fest – vielleicht aus Trotz. Denn sie stand mit ihrer Begeisterung für ihn mittlerweile allein auf weiter Flur. Bei dem Broadway-Projekt zweier unbekannter Autoren, *The Fun Couple*, setzte Jane 1962 Voutsinas als Regisseur durch. Alle wollten einen Hit landen, doch der ließ sich mit Herumexperimentieren nicht zustande bringen. Das unausgereifte Drama und der von seinem Erfolg besessene Regisseur erwiesen sich als schlechte Kombination. Trotz der heroisch gegen jede Chance anspielenden Hauptdarsteller Jane Fonda und Bradford Dillman wurde die Premiere im Oktober 1962 ausgepfiffen und das Stück von der Kritik als »epischer Langweiler« beerdigt.

Jane Fondas nächste Theaterrolle öffnete ihr auf andere Weise die Augen. Von den Voraussetzungen her erwies sich Eugene O'Neills *Seltsames Zwischenspiel* als das völlige Gegenteil zu *The Fun Couple*: Die Inszenierung war aus einer Übung für Mitglieder des Actors Studio entstanden – und konzentrierte sich vor allem auf die ungekrönte Königin des Broadway, Geraldine Page. Manchmal ergab es sich, dass die nichtkommerzielle Arbeit im Studio dennoch für eine Präsentation vor großem Publikum ausgewählt wurde. Das gesamte Ensemble rekrutierte sich aus Mitgliedern des Actors Studio, Jane wurde als Madeline besetzt, in die sich Pages Bühnensohn verliebt. Die Uraufführung am 12. März 1963 war ein riesiger Erfolg, aber Jane erlebte diese Arbeit als Dämpfer ihrer Ambitionen. Sie spürte nämlich, dass ihr die charismatische Bühnenpräsenz der Page fehlte – ihrer Meinung nach würde sie nie neben einer solchen Olympierin bestehen können: »Ich weiß durchaus, was ich zu bieten habe«, sagte sie. »Starqualitäten, Präsenz auf der Bühne. Dadurch bin ich vielleicht wichtiger als die Kollegen im Actors Studio, ich bin gefragt – das ist nützlich, das ist offensichtlich. Was aber das Schauspieltalent angeht, bringen sie mehr mit. Deshalb ist es so schwer.«

Seltsames Zwischenspiel sollte Janes letzter Theaterauftritt sein. Gleichzeitig stieg sie mit dem Broadway-Hit *Sonntag in New York* zum Star auf – im Kino. Die anzüglich-ironische Komödie über die Vor- und Nachteile, als Jungfrau in die Ehe zu gehen, brachte Jane 100 000 Dollar Gage ein. Der Film war der Höhepunkt einer Reihe von Komödien, in denen sie ihre energische und strahlend überzeugende Kombination aus Sex und Unschuld sehr vorteilhaft in Szene setzen konnte. Sie brachte das Publikum zum Träumen, und genau das war im Kino gefragt. Fortan strömten die Zuschauer in ihre Filme, weil der Name Jane Fonda auf dem Plakat prangte.

1963 hallte das Echo der französischen *Nouvelle Vague* bis nach Hollywood. Die so genannten Autorenfilmer, darunter Godard, Truffaut und Chabrol, hatten Ende der 50er-Jahre eine neue Filmära mit kreativen Ideen und kleinen Budgets aus der Taufe gehoben und das Ende von »Papas Kino« eingeläutet. Die Amerikaner holten sich diesmal nicht wie üblich die neuen Talente ins Filmmekka, um sie sich einzuverleiben, sondern wollten vor Ort vom »europäischen Stil« profitieren, um das schwindende Publikum zurückzuholen: Der Siegeszug des Fernsehens war inzwischen nicht mehr aufzuhalten, jedenfalls nicht mit dem konservativen Kino der 50er-Jahre. Jetzt begann eine neue Zeit, die in Flower-Power- und Anti-Vietnam-Demonstrationen ihren Höhepunkt erreichen sollte. Auf der Leinwand waren nun Zeitlupen, wackelige Handkameraeinstellungen, improvisierte Dialoge und sexuelle Freizügigkeit – hin und wieder sogar nackte Haut – angesagt.

Wie Raubkatzen war ein frühes Beispiel für die Strategie der amerikanischen Produzenten: Der Thriller entstand unter der Regie des Franzosen René Clément in Frankreich nach einem französisch-amerikanischen Skript und einem amerikanischen Roman, finanziert vom US-Studio MGM. Neben dem Franzosen Alain Delon spielten die Amerikanerinnen Jane Fonda und Lola Albright in den Hauptrollen. Das Resultat erwies sich als unausgegoren, gab aber Jane Gelegenheit, wieder nach Europa zu reisen und auch dort die PR-Maschine voll und ganz in Gang zu setzen.

Man nahm sie mit offenen Armen auf, denn sie sprach ein passables Französisch, gab freimütig Interviews und sonnte sich im Blitzlicht der Fotografen. Damals war *Sonntag in New York* noch nicht angelaufen, dennoch feierte das renommierte Hausblatt der *Nouvelle-Vague*-Filmer, *Cahiers du cinéma*, das Starlet Jane Fonda auf acht Seiten wie sonst nur die erlauchtesten Filmemacher. Die übrige Presse kürte sie zur »BB américaine« und berichtete über ihre angeblich heiße On-Set-Affäre mit Partner Alain Delon. Jane dementierte nur halbherzig – denn solche Gerüchte waren kostenlose Publicity, zumal Delon sich in diesen Tagen von seiner langjährigen Freundin Romy Schneider trennte. Aber an dem Techtelmechtel mit Delon war nichts dran – sie hatte stattdessen eine Beziehung mit einem verheirateten Mann angefangen, dem sie an drehfreien Tagen bis nach Genf folgte. Andreas Voutsinas hatte sie zwar noch nach Paris begleitet, doch kurz darauf gab ihm Jane den Laufpass und schickte ihn nach New York zurück. Jane feierte ihren 26. Geburtstag in Paris. Ihre Agentin Olga Horstig lud zu einer Party ein – einer der Gäste hieß Roger Vadim.

***

Während seines Studiums in Omaha bewohnte Peter ein Zimmer im Hause von Tante Harriet und Onkel Jack Peacock – sie vermittelten ihm in ihrer aufrichtigen Herzlichkeit das Gefühl von Geborgenheit. So viel Familienleben hatte Peter seit langem nicht mehr erlebt. Aber sein Interesse für Familiengeschichten wurde kaum befriedigt, von seinen längst verstorbenen Großeltern erfuhr er auch hier nichts – und er hatte den Eindruck, dass Verschwiegenheit und übertriebene Achtung der Privatsphäre wohl Charakteristika der Fondas sein mussten. Das Gleiche galt übrigens auch für seine Großeltern mütterlicherseits: Grandma Seymour kümmerte sich zwar weiterhin um die Fonda-Kinder, besonders nach Mutter Frances' Tod, aber über ihr Leben und das ihres Mannes sprach sie so gut wie nie. Peter wusste nur, dass er sich seine Anwalts- und Richterkarriere durch den Alkohol ruiniert hatte.

Auch Peters Exstiefmutter Susan Blanchard, die geliebte »Mom2«, hielt in diesen Tagen weiter zu Peter. Sie half ihm beim Umzug nach Omaha, er besuchte sie in New York und machte in ihrem Cabrio die Gegend unsicher. Durch ihre langjährigen Kontakte zur Musikbranche lernte der begeisterte Jazzfan Peter in den 50er-Jahren alle großen Stars der Szene persönlich kennen: Charlie Parker, Thelonious Monk, Count Basie, Dizzy Gillespie, Chet Baker und viele andere.

Im Sommer 1958 holte Henry die Kinder zu sich in sein gemietetes Haus am Strand von Malibu. Dort traf Peter alte Freunde wieder: Neben den Haywards wohnten auch die Strasbergs in der Nähe, Jennifer Jones mit Ehemann David O. Selznick und Jones' Söhne Robert und Michael, auch Alan Ladds Tochter Alana, mit der Peter flirtete – aber nur so lange, bis er auf einer der unzähligen Partys Susan Brewer kennen lernte. Als er selbst eine Party ausrichtete (die umsichtig auf einen Abend gelegt wurde, an dem Henry und Afdera erst spät zurück erwartet wurden), lud er Susan persönlich ein. Sie kam und erwiderte seinen vorsichtigen Kuss mit Inbrunst.

Es blieb zunächst bei diesem Sommerflirt, denn Peter kehrte nach Omaha an die Uni zurück, wo ihn fürs Erste eine leidenschaftliche Affäre mit dem hinreißenden Farmgirl Jackie beschäftigte. Neben seinem akademischen Lernsoll blieb ihm auch Zeit, Theater zu spielen – einerseits auf der Bühne des Omaha Community Playhouse, auf der Vater Henry über 30 Jahre zuvor seine Karriere begonnen hatte, andererseits in etlichen Studenteninszenierungen an der Universität. Der knapp 20-jährige Peter, darin seinem Vater in jungen Jahren nicht unähnlich, hatte das Gefühl, dass er selbst immer noch wie ein 12-Jähriger aussah, und wunderte sich, als man ihm die Hauptrolle des Elwood P. Dowd in der Komödie *Mein Freund Harvey* übertrug – Elwood ist im Stück 78 Jahre alt. Peter meisterte diese Aufgabe glänzend – wer konnte das besser bezeugen als sein Vater, der heimlich zur zweiten Aufführung erschien und sich nicht blicken ließ, bis er Peter nach der Vorstellung gratulierte: Als der mit dem unsichtbaren Hasen parlierende Elwood hatte Peter selbst einen hyperkritischen Fachmann wie Henry absolut überzeugen können. Durch diesen persönlichen Erfolg erkannte Peter seine Berufung, die sein Beruf werden sollte: Er träumte – ein ganzer Fonda – vom Broadway.

An der Uni freundete sich Peter mit dem zwei Jahre jüngeren Eugene Francis McDonald III aus Chicago an, den jedermann Stormy nannte. Die beiden spürten sofort eine Seelenverwandtschaft, denn ihre Schicksale ähnelten sich auffällig. Stormy war wie Peter sehr sensibel, und seine millionenschwere Familie machte ihm das Leben nicht leicht. Der Vater hatte das batteriebetriebene Transistorradio entwickelt und populär gemacht, und er hatte Stormys Mutter bei der Scheidung das Sorgerecht für den Sohn praktisch abgekauft. Nachdem der Vater kürzlich gestorben war, versuchte die Mutter mit ihren Anwälten nachträglich ihren Teil an Stormys Vermögen einzuklagen. Nicht nur der frühe Verlust der Mütter war ein Trauma, das die beiden Jungen teilten, bald vertrauten sie sich ihre intimsten Geheimnisse an. Zum Beispiel war es Stormy erst wenige Monate zuvor gelungen, das Daumenlutschen aufzugeben, indem er zu rauchen begann.

Schicksalsschläge blieben den Fondas auch weiterhin nicht erspart: Zur Jahreswende 1959/60 schluckte Henrys erste Frau Margaret Sullavan, sie war 48 Jahre alt, eine Überdosis Schlaftabletten und beging damit Selbstmord. Ihre eigene Filmkarriere hatte sie bereits 1943 aufgegeben, aber sie war dem Theater treu geblieben, auch nach der Scheidung von ihrem dritten Mann Leland Hayward. Doch am Ende konnte sie den Stress nicht mehr ertragen – sie trat während der Testphase eines neuen Stücks in New Haven/Connecticut auf, aber weder Stück noch Star überzeugten. Offensichtlich hatte Maggie tagelang nicht mehr schlafen können. Sie brauchte Ruhe. Sie zog die ewige Ruhe vor.

Nur zehn Monate später, im Herbst 1960, war Peter mit Maggies Tochter Bridget, seiner heimlichen Jugendliebe, für einen Theaterbesuch in New York verabredet, aber sie erschien nicht. Als Peter spät abends ins Haus seines Vaters zurückkehrte, bot der ihm untypischerweise einen Drink an – und erzählte ihm dann, dass Bridget sich das Leben genommen hatte. Peter war wie vor den Kopf geschlagen. »Armer Leland«, murmelte Henry, was Peter sehr wütend machte. Erst später verstand er, dass Vater Henry mit Vater Leland Hayward mitfühlte. Henry trauerte nicht um Bridget, denn sie hatte ihr Leben hinter sich. Aber das Schlimmste, was Eltern passieren kann, ist der Tod eines Kindes.

Peter wollte mehr Bühnenerfahrung sammeln, doch in Omaha fand während der Ferien kein Sommertheater statt. Henry finanzierte also den Aufnahmebeitrag, den Peter entrichten musste, um am Cecilwood Theater in Fishkill/New York als Lehrling anzufangen. Dort hämmerte er und bemalte Kulissen, beschaffte Requisiten, war Beleuchter, Putzmann und Kartenabreißer. An freien Tagen konnte er in New York City die Broadway-Shows besuchen. Alle Helfer hinter der Bühne träumten davon, eventuell eine kleine Rolle zu ergattern, denn diese Chance bestand durchaus. Peter hatte Glück: Er spielte einen kleinen Part in dem brandneuen Stück *Amazing Grace*, das wie üblich vor dem Broadway-Start in der Provinz getestet wurde. Tatsächlich sahen sich Theateragenten die Aufführungen an, und Peter machte auf Stark Hazeltine Eindruck, der ihm prompt eine Vertrag mit Leland Haywards ehemaliger Agentur MCA anbot.

Sofort gab Peter sein Studium auf und zog zurück nach New York in die 74. Straße – zu seinem Vater und der verhassten Afdera. Er bat seinen Agenten, jedes nur mögliche Vorsprechen zu arrangieren, nahm Tanzstunden und nutzte seinen Kontakt zu Lee Strasberg. Nach einigen Sitzungen mit dem Meister lehnte der Fondas Sohn jedoch ab: »Im Actors Studio lernen die Schüler, ihr Selbst zu finden. Aber dein Inneres liegt immer so nahe an der Oberfläche, dass es ständig durch deine Haut bricht. Nicht schauspielen musst du lernen, sondern sein!« Er empfahl Peter eine psychiatrische Behandlung. Peter wollte sich am liebsten gleich von Strasberg therapieren lassen, was der nur witzig fand.

Erneut drohte Peter in eine gefährliche Psychokrise zu schlittern: Bridgets Selbstmord und die blutigen Details vom Selbstmord der Mutter, die er erst jetzt aus einem von Janes Zeitschrifteninterviews erfuhr, brachten den erfolglosen Nachwuchsschauspieler aus dem Gleichgewicht. Er litt unter Panikattacken, war unfähig, Entscheidungen zu treffen, und verließ das Haus nicht mehr. Von seinem Vater konnte er keine Hilfe erwarten. In seiner Not rief er bei Onkel Jack in Omaha an, und der schickte sofort Geld für ein Flugticket. Tante Harriets Freund Dekan Thompson nahm Peter erneut unter seine Fittiche und half ihm mit einer intensiven Therapie wieder auf die Beine. Stormy nahm den Rekonvaleszenten mit zu seinen Flugstunden über Omaha.

An seinem 21. Geburtstag erbte Peter knapp 500 000 Dollar aus dem Nachlass seiner Mutter. Er wusste jetzt, dass er sein Auskommen hatte, bis er als Schauspieler auf eigenen Füßen stehen konnte. Als Erstes kaufte er sich einen silbernen Chevrolet Corvette Cabrio mit schwarzer Innenausstattung. Er war seit seinen Kindertagen von schnellen Wagen fasziniert – jetzt konnte er einen lang gehegten Traum verwirklichen. Zusammen mit Stormy frisierte er die Corvette auf optimale Leistung, um dann zurück nach New York zu fahren.

Dort traf er Susan Brewer wieder, die er einst am Strand von Malibu geküsst hatte. Sie besuchte mittlerweile das Sarah-Lawrence-College in Bronxville bei New York, und Peter führte ihr stolz sein neues Auto vor. Schnell galten die beiden als unzertrennlich. Sie gingen in Henrys

Haus, wenn der zur Abendvorstellung die Wohnung verließ, und Peter fuhr Susan ins College zurück, wenn Henry von der Arbeit heimkehrte. Henry war peinlich berührt, weil die beiden Verliebten seine Abwesenheit so ostentativ ausnutzten. »Was meinst du damit?«, fragte Peter. »Na, Sex!«, fuhr ihn Henry an. »Schön wär's«, antwortete Peter – mehr als Händchenhalten und einen gelegentlichen Kuss hatte es zwischen den beiden noch nicht gegeben.

Susan war in Kalifornien aufgewachsen – damit auch nicht ganz unbeleckt vom Showbusiness. Ihr Stiefvater war Noah Dietrich, der lange Zeit als rechte Hand des legendären Filmproduzenten Howard Hughes gearbeitet hatte. Susan selbst hatte jedoch eine ausgesprochen bürgerliche und bodenständige Ader – offensichtlich ein wohltuendes Gegengewicht zu Peters emotionalem und weiterhin sehr labilem Geisteszustand. Er sehnte sich nach einer Bezugsperson, auf die er sich verlassen und die ihm Halt geben konnte.

Es ging aufwärts: Nachdem Peter bereits ein Jahr zuvor erfolglos für eine wesentliche Rolle in dem Stück *Blood, Sweat and Stanley Poole* vorgesprochen hatte, traten die Vorbereitungen für diese Broadway-Produktion jetzt in die heiße Phase, und er wurde ein zweites Mal eingeladen. Diesmal bekam er den Part, und am selben Abend willigte Susan ein, seine Frau zu werden.

Der Beginn der Proben war erst für den Herbst angesetzt. Peter fuhr zurück nach Omaha und kaufte seiner Tante einen neuen Geschirrspüler und – mit Vaters Beteiligung – ein neues Auto. Nach Ende des Collegejahres im Juni kam Susan auf dem Weg zu ihren Eltern zu Besuch. Unter Tante Harriets Dach verbrachten die beiden ihre erste Liebesnacht.

In *Stanley Poole* spielte Peter den Soldaten Robert Oglethorpe, der durchdreht, als er bei der militärischen Ausbildung mit dem Bayonett auf eine Strohpuppe einstechen muss. Deswegen wird der hoch begabte Junge in der Verwaltung untergebracht, wo er die Sergeants auf ihre Weiterbildungsprüfung vorbereitet. Peter verstand es, sein schreckliches Lampenfieber für seinen Bühnenauftritt zu nutzen – auch die Figur Oglethorpe spürt ja den Terror hautnah. Und Peter hatte vor der Premiere das panische Gefühl, der dritte Fonda, der sich ins Rampenlicht wagte, würde von den Kritikern in der Luft zerrissen werden. Doch die reagierten begeistert, als das Stück im Oktober 1961 am Broadway anlief. »Dies ist der letzte Morgen, an dem man von Peter Fonda als Henrys Sohn sprechen wird«, hieß es in einer Rezension.

Drei Tage später heirateten Peter und Susan in der Kirche Saint Bartholomew's. Seine Schwiegereltern richteten eine prächtige Hochzeit im Hotel Pierre aus, wo 25 Jahre zuvor auch Peters Eltern gefeiert hatten. Peter, der Familienmensch: Neben Jane waren auch Halbschwester Pan und Stiefschwester Amy eingeladen – tatsächlich war es das letzte Mal, dass alle vier Geschwister an einem Ort zusammen waren. Peter bestand darauf, dass auch seine »Mom2« Susan Blanchard mitfeiern durfte, ebenso wie Großmutter Seymour, Tante Harriet und Onkel Jack. Trauzeuge war sein Freund Stormy.

Trotz des Erfolgs konnte Peter die Labilität seiner Psyche nicht gänzlich überwinden. Oft ertappte er sich dabei, wie er den Kopf oder die Fäuste gegen die Wand schlug, um wieder klar sehen zu können und sich zu konzentrieren. Und manchmal hatte er das Gefühl, dass er sein Spiel auf der Bühne nicht unter Kontrolle hatte: Einmal glaubte er sogar, eine ganze Szene geschmissen zu haben, weil ihm der Text nicht eingefallen sei. Nach der Vorstellung erzählten die Kollegen genau das Gegenteil: Nie hatte er perfekter gespielt. Peter hatte etwas erlebt, von dem die meisten Schauspieler nur träumen – derart in ihrer Rolle aufzugehen, dass sie nicht mehr spielen, sondern eins werden mit der fiktiven Figur und alles andere vergessen. Peters Tochter Bridget Fonda hat es später so formuliert: »Gute Schauspieler sind pathologische Lügner: Sie glauben wirklich an das, was sie sagen.«

Am 5. November 1961 brach in Hollywoods Nobelvorort Bel Air ein Feuer aus, das sich mit rasender Geschwindigkeit ausbreitete und Hunderte von sündhaft teuren Villen bis auf die steinernen Schornsteine niederbrannte. Tote waren keine zu beklagen, aber 3000 Menschen wurden obdachlos. Auch Peters und Janes Elternhaus, Ort der glücklichen Kinderjahre, mit der Adresse 600 Tigertail in Brentwood wurde ein Raub der Flammen, ebenso wie Großmutter Seymours Haus: Darin verbrannten die von der Großmutter gehorteten und ungelesenen Abschiedsbriefe von Frances Fonda an ihre Kinder Pan, Jane und Peter.

Die erste Hochzeit in der zweiten Generation: Mit 21 Jahren heiratet Peter Fonda in New York Susan Brewer – rechts neben der Braut Vater Henry, Schwester Jane und Halbschwester Pan.

Nachdem *Stanley Poole* im Januar abgesetzt worden war, fuhren Peter und Susan nach Kalifornien. Fassungslos stand er vor den Resten seines Kindheitsparadieses – nur der Pool und die Tennisplätze waren übrig geblieben. Henry Fonda hatte Tigertail 1948 veräußert, und als Peter nun versuchte, den verkohlten Hügel zu kaufen, verlangte die jetzige Besitzerin eine Million Dollar. Angesichts der 27000 Dollar, die Henry 20 Jahre zuvor für das Gelände gezahlt hatte, lässt sich die Entwicklung der Grundstückpreise im Einzugsbereich von Hollywood gut nachvollziehen: 4000 Prozent Zuwachs! Eine solche Summe konnte Peter trotz seiner Erbschaft nicht aufbringen. »Dabei wäre ich bereit gewesen, sogar in einem Zelt dort zu wohnen«, sagte er. Die Besitzerin verkaufte Tigertail später an einen Makler, das Anwesen wurde parzelliert – heute stehen darauf 20 große Häuser.

Während Peter am Broadway auftrat, spielte er tagsüber eine erste Fernsehrolle in der Krimiserie *65. Revier New York*. Während des Drehs freundete er sich mit einem der Seriendarsteller an, der in seiner Jugend mit John F. Kennedy auf der Militärakademie gedient hatte. Der war von Peters Ähnlichkeit mit dem damaligen Präsidenten so angetan, dass er Probeaufnahmen in Hollywood arrangierte, denn Warner Brothers bereitete einen Film über Kennedys Kriegserlebnisse im Pazifik vor, der als *Patrouillenboot PT 109* in die Kinos kommen sollte. Der Kontakt funktionierte, und Peter absolvierte umfangreiche Proben in der eigens dafür eingerichteten Südseekulisse. Von Anfang an geriet er dabei mit den Autoritäten des Studios in Konflikt: Produzent Bryan Foy hatte natürlich die Kennedy-Heldensage im Sinn, und nun erkundigte sich Peter allen Ernstes, ob auch die »wahre Geschichte« der Patrouillenboote zum Tragen kommen würde: Nicht eines hatte ein feindliches Schiff versenkt, viele waren stattdessen von den eigenen Bombern zerstört worden. Es gehörte schon viel Heldentum dazu, auf solch einem »Sperrholzsarg« den Krieg überhaupt zu überleben. Damit stieß er bei Foy natürlich auf taube Ohren, ebenso mit seiner Klage über die Forderung des Studios, mithilfe eines Sprachlehrers den Boston-Akzent des in Massachusetts aufgewachsenen John F. Kennedy einzustudieren. Peter hielt diese Akribie angesichts des Kriegsthemas für absurd und machte seiner Wut lautstark Luft. Foy bestand darauf, dass Peter die Probeszene mit Akzent spielte. Das tat er, manipulierte aber den Text auf der Klappe, die zu Beginn jeder Einstellung als Markierung in die Kamera gehalten wird. Damals schauten sich die Studiochefs noch die gesamten Filmaufnahmen des Tages im Mustervorführraum an, und obwohl der Klappentext auf dem Kopf stand, entging er dem scharfen Auge Jack Warners nicht: »Unter Protest, Schauspieler« stand da. Kameramann Dean Hargrove ist bei der Vorführung dabei gewesen und hat Warners Reaktion überliefert: »Dieses blöde Arschloch! In *dieser* Stadt bekommt er jedenfalls keinen Job. Niemals! Den zerquetsch ich wie eine Wanze.«

Noch nie hatte ein Studio Pressemeldungen über Probeaufnahmen herausgegeben, aber am nächsten Tag konnte man in zwei Branchenblättern auf der ersten Seite nachlesen, dass Peter Fonda bei seinem

Leinwandtest durchgefallen war – keine unauffällige Art, seinen Einstand im Filmbusiness zu feiern. Mit Genugtuung stellte Peter fest, dass Cliff Robertson, der Kennedy schließlich im Film verkörperte, die Rolle *ohne* Boston-Akzent spielte.

Peter nahm ein neues Bühnenangebot an, die Dreieckskomödie *Under the Yum-Yum Tree*, die ein Jahr später als *Ein Ehebett zur Probe* mit Jack Lemmon verfilmt wurde. Diesmal spielte er in der Provinz, auf Long Island vor den Toren New Yorks – aber in der wohlhabenden Provinz: Sein Honorar betrug 2500 Dollar pro Woche, also fast das Zehnfache von dem, was er im Theatermekka am Broadway verdient hatte. Peters Karriere kam in Gang, und Susan machte sich in Los Angeles auf Haussuche. Zu recht günstigen Konditionen erstanden die beiden das Gartenhaus des ehemaligen Anwesens von Filmstar Myrna Loy (*Der dünne Mann*). Zum Grundstück gehörten ein Tennisplatz und ein Swimmingpool, der eine Million Liter Wasser fasste – eine Oase der Ruhe im Zentrum von Los Angeles.

Im Sommer 1962 bekam Peter nach einigen Fernsehauftritten seine erste Spielfilmrolle in *Tammy und der Doktor*, einer belanglosen Teenagerkomödie, inszeniert von einem Regisseur, der in Peters Augen diesen Namen nicht verdiente. Der Film war die zweite Fortsetzung der beliebten Kinoserie um die blonde Tammy (Sandra Dee), die von dem Doktor (Peter) ihren ersten Kuss bekommen sollte. Sandra und Peter legten sich leidenschaftlich ins Zeug – und wurden sofort zurückgepfiffen: »Ihr müsst den Mund geschlossen halten!« Peter fand das absurd und ignorierte die Bemerkung, bis man ihn über den strengen Moralkodex der Branche aufklärte: Zungenküsse waren ebenso sündhaft und verboten wie Schlafzimmerszenen, in denen die Liebespaare nicht mit mindestens einem Fuß auf dem Teppich blieben – wortwörtlich.

Wie mit allen seinen Regisseuren legte sich Peter auch mit Carl Foreman an, der ihn im Herbst in dem Kriegsfilm *Die Sieger* einsetzte. Die Dreharbeiten fanden in Frankreich, Italien und vor allem in London statt. Eines Tages erschienen drei Soldaten der US-Militärpolizei im Studio und wollten Peter verhaften. Der verblüffte Peter reagierte prompt und typisch – er wehrte sich mit Händen und Füßen gegen diesen Affront, denn auf britischem Boden hatten die MPs über die Zivilperson Peter Fonda keine Befehlsgewalt. Es stellte sich jedoch heraus, dass er als Wehrpflichtiger versäumt hatte, die Behörden zu informieren, als er die USA verließ.

Nach seiner Rückkehr meldete er sich in Los Angeles zur Musterung. Peter Fonda nackt und einer Gruppe von Kommissköpfen ausgeliefert – das konnte nicht gut gehen. Während der medizinischen Tests merkte Peter, dass die Männer auch auf Hämorrhoiden untersucht wurden. Seine traumatische »Vergewaltigung« als Sechsjähriger im Krankenhaus verfolgte ihn nach wie vor in seinen nächtlichen Albträumen. Deswegen warnte er den Militärarzt ganz ruhig: »Wenn sie meinen Arsch auch nur anfassen, schlagen ich Ihnen die Zähne aus dem Schädel.« Peter wurde zum Psychiater geschickt. Als der sich eine ironische Bemerkung über den Selbstmord von Peters Mutter erlaubte, spuckte Peter ihm ins Gesicht und lief empört bis auf den Parkplatz, ohne zu merken, dass er noch völlig nackt war. Der Musterungsausschuss stufte ihn daraufhin als »mit der Armee unvereinbar« ein.

Im Januar 1964 kam Peters und Susans Tochter Bridget zur Welt – Henrys erstes Enkelkind. Peter hatte sich beim Tennisspielen tagsüber einen Bänderriss zugezogen, und als Susans Wehen abends um zehn Uhr im Fünf-Minuten-Abstand kamen, fuhr er mit ihr ins Krankenhaus – mit dem linken Fuß bremste er und gab Gas, den rechten, dessen Knöchel den Umfang einer Grapefruit hatte, legte er auf das Armaturenbrett.

Stormy wurde Bridgets Pate und besuchte die Fondas so oft wie möglich. Einen Monat nach Bridgets Geburt heiratete er Virginia Baker, die er seit den Collegetagen in Omaha kannte. Natürlich war Peter bei der Hochzeit in Las Vegas dabei. Doch Stormy hatte kein Glück – seine Braut verließ ihn zwei Monate später und stürzte ihn in eine tiefe Krise. Um ihn zu trösten, entschloss sich Peter, den Sommer mit Stormy auf dessen Insel auf dem kanadischen Huronsee zu verbringen. Susan zog es vor, mit Bridget zu Hause zu bleiben.

Peter und Stormy planten, eine gemeinsame Filmproduktionsfirma zu gründen, denn Peter war es leid, auf die spärlichen Rollenangebote zu warten. Stormy studierte inzwischen an der Universität von Arizona, aber Peter schlug vor, dass er lieber an der Film School der University of Southern California Produktionskurse belegen sollte. Stormy folgte jedoch den Anweisungen seines Vermögensverwalters und Vormunds, der ganz Kalifornien für eine kommunistische Kaderschmiede hielt, und blieb in Arizona, was seine Depressionen allerdings nur noch verstärkte.

Peter arrangierte einen Afrika- und Europatrip für seinen Freund – an der Seite einer gemeinsamen New Yorker Freundin, Model Darlene DeSedle, die beruflich dort zu tun hatte. Anschließend fuhr er mit Stormy nach Hawaii zum Angeln. Aber dessen Zustand verschlimmerte sich zusehends. Nach Arizona zurückgekehrt, telefonierte Stormy täglich mit Peter. Er fühlte sich als Versager – fand das Leben sinnlos. Nach einem fünfstündigen Telefonat versprach Peter, am nächsten Morgen nach Tucson zu fliegen.

Abends um 23 Uhr, inmitten einer fröhlichen Party, fing Peter plötzlich zu weinen an. Er selbst war völlig überrascht und verstört, aber Susan spürte sofort, was los war: »Stormy, nicht wahr?« Erst am nächsten Abend beantwortete jemand in Stormys Wohnung das Telefon: Es war ein Sheriff. Sofort ahnte Peter, dass sich Stormy erschossen hatte, und er fragte den Sheriff umgehend danach, noch bevor der etwas sagen konnte.

Obwohl eigentlich sonnenklar war, dass Stormy sich in der von innen verschlossenen Wohnung umgebracht hatte, lag seinem Vormund daran, nicht das Wort »Selbstmord« auf dem Totenschein geschrieben zu sehen – weil der Tote auf einem katholischen Friedhof beerdigt werden sollte. Aus diesem Grund verstiegen sich Sheriff und Bezirksanwalt von Tucson in hanebüchene Theorien, die Peter als Mörder belasten sollten: Man sagte ihm eine homosexuelle Beziehung mit Stormy nach. Er wurde einem Lügendetektortest unterzogen, die Affäre verlief im Sande, aber der Vormund bekam, was er wollte – Stormy sei in Anwesenheit unbekannter Personen gestorben, hieß es offiziell.

Während ihres letzten Telefongesprächs hatten die beiden Freunde einen Pakt geschlossen: Wenn sie eines Tages zu alt sein sollten, um noch ein angenehmes Leben zu führen, wollten sie gemeinsam mit einem Flugzeug auf den Pazifik hinausfliegen, bis der Sprit ausging.

Dabei fühlte sich Peter an den Tag erinnert, an dem er mit seinem Vater dem Modellflugzeug bis zur Küste nachgefahren war.

* * *

Was jedermann längst wusste, mussten auch Henry und Afdera schließlich offen zugeben – sie waren wahrlich nicht füreinander bestimmt. Wenn sie sich nicht in Italien aufhielten, feierte Afdera ihre berühmten Partys in Henrys New Yorker Haus. Ihre italienische Clique okkupierte die Fonda-Residenz sorg- und rücksichtslos, scherte sich nicht im Mindesten um die kostbare Inneneinrichtung, und man sprach Italienisch. »Näher als Französisch kamen die Italiener nie an Englisch heran«, bemerkte ein amerikanischer Freund ironisch. Henry ertrug das jahrelang wie ein Fels in der mediterranen Brandung, aber spätestens 1960 konnte von einem Eheleben keine Rede mehr sein. Im Januar 1961 trennte man sich. Peter gratulierte dem Vater in einem langen Brief, in dem er versicherte, dass er trotz aller Differenzen immer zu ihm halten würde. Henry antwortete nicht, aber er war tief bewegt. Er wohnte vorübergehend bei Jane und kaufte Afdera ein neues Apartment. Sie nahm seine Gemälde mit und auch Janes Himmelbett – dazu mussten zwei Fenster herausgebrochen und das Bett auf die Straße abgeseilt werden. Als Henry wieder in sein Haus einzog, forderte er das Bett zurück, und die Prozedur wurde in umgekehrter Reihenfolge wiederholt. Afdera flog nach Mexiko und erledigte die Scheidungsformalien per Anwalt.

Nicht nur das Scheitern von insgesamt vier Ehen belastete Henry. Anfang der 60er-Jahre schaute er sich mit James Stewart dessen neuesten Film im Kino an. »Weißt du was?«, sagte Stewart, »ich bin deprimiert. Keine Ahnung, ob die mir überhaupt noch mal eine Filmrolle geben.« »Du auch?«, sagte Henry. »Ich fühl mich genauso.« Henry konnte sich ein Leben in Muße nicht vorstellen. Ohne Bühne und Kamera hätte er sich mit sich selbst beschäftigen müssen – ein Horror. Er wollte arbeiten, und das tat er dann auch. Zwischen 1961 und 1971 trat er in 21 Filmen und fünf Theaterproduktionen auf. Und er nahm dabei durchaus in Kauf, dass nicht alle Angebote an seine großen Erfolge heranreichen konnten. Zunehmend spielte er Gastrollen in Monumentalepen, die sich auch in kleinen Parts mit großen Namen brüsten wollten – meist Generäle, Polizeichefs, Politiker. Und es gelang ihm, mit jeder Rolle seinem Renommee treu zu bleiben – wenn nichts anders, so machte zumindest der Name Henry Fonda diese Filme sehenswert. Allerdings erschien sein unerschütterliches Heldenimage angegraut. Erst Ende der 60er-Jahre war er endlich bereit, auch einmal gegen den Strich zu spielen und einen handfesten Schurken zu mimen – in *Spiel mir das Lied vom Tod*.

Eines wusste er jedenfalls genau: Er wollte nie wieder heiraten. Von der Institution Ehe war er kuriert, nicht aber von den Frauen. Mehr oder minder flüchtige Affären hielten ihn nicht davon ab, die unorthodoxen Ansichten seiner Tochter über die Ehe öffentlich zu kritisieren. Jane spürte, dass eine Verständigung mit ihm nicht mehr möglich war. Auch Peter wurde Henrys Doppelmoral zu viel. »Vater verhielt sich doch genauso«, sagte er, »mit dem einzigen Unterschied, dass er seine Girls nachts nach Hause schickte. Das hat uns völlig fertig gemacht.«

Zum ersten Mal sah Henry Shirlee Mae Adams im Oktober 1962 bei der Premiere zum Kriegsfilmspektakel *Der längste Tag*. Sie fielen einander auf, auch wenn Shirlee keine Ahnung hatte, wen sie vor sich hatte – sie war nie viel ins Kino gegangen. Kaum älter als Jane, war sie im konservativen Mittelwesten aufgewachsen, in Aurora/Illinois, eine Stunde von Chicago entfernt. Als Waise hatte man sie in christlichen Heimen streng religiös erzogen, aber das Gefühl der Geborgenheit hatte sie nie kennen gelernt. Sie hatte eine Ausbildung bei American Airlines absolviert und arbeitete seit einigen Jahren als Stewardess. Und ein gutes Taschengeld verdiente sie sich mit Model-Aufträgen zwischen New York und Los Angeles dazu.

Bei der Premiere stellte man die beiden einander nicht vor. Doch ein paar Tage später führte sie der Zufall in Los Angeles bei einem Abendessen wieder zusammen. Henry verliebte sich sofort in die lebenslustige und gewandte junge Frau. Wie ihre Vorgängerinnen hellte sie sein Einsiedlerdasein durch jene Fröhlichkeit und Emotionalität auf, die er brauchte und selbst nicht entwickeln konnte – allerdings mit einem Unterschied: Aufgrund ihrer Heimerfahrung sehnte sie sich nach einem Fixpunkt, nach einer Beziehung, einer Bezugsperson, und sie war bereit, Abstriche zu machen, um dieses Ziel zu erreichen. Auch sie merkte bald, wie wichtig es war, sich auf Henry einzustellen, wenn man es mit ihm aushalten wollte. Ganz im Gegensatz zu ihr schätzte er Zigaretten und Alkohol, lehnte die Kirche aber dafür ab. Doch eine ähnliche Herkunft – sie war wie er im ländlichen Mittelwesten groß geworden –, der Glaube an dieselben Werte, Ehrlichkeit und Aufrichtigkeit, verband die beiden.

»Wir ergänzten uns wunderbar«, kommentierte Henry später glücklich. Doch zunächst erklärte er Shirlee unmissverständlich, dass eine weitere Ehe für ihn nicht infrage kam. Die beiden lebten drei Jahre »inoffiziell« zusammen, Shirlee begleitete ihn zu Ferienaufenthalten nach Kalifornien, auch zu Dreharbeiten nach Europa. Aber ein von ihm finanziertes Apartment lehnte sie ab, sie wollte sich nicht aushalten lassen. Trotzdem reagierte sie sehr überrascht, als er sein Prinzip brach und ihr 1965 aus heiterem Himmel einen Heiratsantrag machte. Natürlich war Shirlee einverstanden. Sie bestand jedoch darauf, seinen Freund und Kollegen George Peppard und dessen Frau Elizabeth Ashley als Trauzeugen bei der Hochzeit dabei zu haben. Das gestaltete sich schwierig, weil Peppard ständig zu Dreharbeiten unterwegs war und mehrfach absagen musste.

Die einfache Hochzeitszeremonie fand in einem unauffälligen New Yorker Vorort auf Long Island statt, um die Presse nicht vorzeitig aufmerksam zu machen. Der Friedensrichter fasste sich kurz: »Seit nunmehr zehn Jahren schließe ich jetzt Ehen, und bisher hat sich noch niemand scheiden lassen. Ich hoffe, dass ihr nicht die Ersten sein werdet.« Sein Wunsch sollte in Erfüllung gehen.

* * *

Bereits seit 1957 kannten sich Jane Fonda und Roger Vadim – zumindest vom Sehen: Während ihres ersten Paris-Aufenthalts hatte sie eines Abends im Maxim's mit Christian Marquand, einer von Vadims Hauptdarstellern in *Und immer lockt das Weib* getanzt. Die beiden Männer pflegten sich freundschaftlich zu necken, indem sie auf wenig vorteilhafte anatomische Details der jeweiligen Partnerinnen hinwiesen. An diesem Abend war Vadim an der Reihe: Während Marquand mit der knapp 20-jährigen Studentin aus Amerika tanzte, steckte Vadim ihm einen Zettel zu: »Hast du ihre Knöchel gesehen?« Das war das Einzige, was Jane unter ihrem langen Kleid zeigte, und Vadim empfand sie als bemerkenswert geschwollen. Marquand ließ den Zettel zerknüllt im Aschenbecher liegen, wo Jane ihn fand und an sich nahm. Vadim behauptete später, Jane habe sich rückblickend amüsiert über diese Episode geäußert.

Doch begeistert war sie sicher nicht, zu unsicher war sie in Bezug auf ihr Aussehen. »Ich hörte Dinge über ihn, dass mir die Haare zu Berge standen«, erinnert sie sich. »Er sei ein Sadist, bösartig, zynisch und pervers, er manipuliere die Frauen und so weiter ...« Als er sie drei Jahre später wegen eines Rollenangebots in Los Angeles aufsuchen will, empfiehlt ihr Agent: »Zieh was Scharfes an!« Sie tut genau das Gegenteil und geht zu der Besprechung in Jeans und einem groben Hemd. Vadim findet sie trotzdem höchst attraktiv. Sie war allerdings nur aus Neugier auf den notorischen Frauenhelden und Spezialisten für Erotikstreifen erschienen – mit dem festen Vorsatz, die Rolle abzulehnen. »Ich hatte Angst vor ihm – als ob er mich in der Bar vergewaltigen würde. Aber er verhielt sich äußerst höflich und zurückhaltend, und ich dachte: Mensch, der stellt es richtig clever an!« Weitere drei Jahre später bekam Jane das Angebot, in Roger Vadims Projekt *Angélique* die Hauptrolle der berühmten Romanheldin zu übernehmen. Das Antwort-Telegramm erreichte ihn postwendend: »Jane Fonda wird niemals einen Film mit Roger Vadim machen.« Ein anderer Regisseur inszenierte dann den Film, der ein riesiger Hit wurde, etliche Fortsetzungen nach sich zog und Hauptdarstellerin Michèle Mercier zum Star machte.

Roger Vadim war fast genau zehn Jahre älter als Jane. Er hieß eigentlich Roger Vladimir Plemiannikov, sein Vater war vor den Bolschewiken aus Russland geflohen und hatte eine Französin geheiratet. Nach dem Zweiten Weltkrieg arbeitete der glühende Filmfan Roger zunächst als Journalist, versuchte sich dann als Schauspieler, spürte aber bald seine Berufung als Filmemacher. Mit 22 lernte er die erst 16-jährige Brigitte Bardot kennen, und bald promotete er sie mithilfe erotischer Fotos. Er zog bei ihren Eltern ein, besorgte ihr erste kleine Filmrollen und heiratete sie 1952. Doch in seinen Augen entwickelte sich ihre Karriere zu langsam. Endlich bekam er das Geld für einen ersten eigenen Film zusammen, der beide über Nacht zu skandalumwitterten Weltstars machte: *Und immer lockt das Weib*. BB zeigte darin nicht sonderlich viel Haut, aber der Film konzentrierte sich eindeutig auf ihre Sinnlichkeit im Liebesspiel mit wechselnden Partnern, provozierte so die Moralisten – und lockte das Publikum scharenweise in die Kinos. Als ebenso skandalträchtig erwies sich auch das Treiben hinter der Kamera, das sich bald nicht mehr von der Filmstory trennen ließ – was die Regenbogenpresse besonders goutierte: Neben BB, Christian Marquand und Curd Jürgens spielte Jean-Louis Trintignant eine Hauptrolle – Vadim forderte ihn auf, die Bardot vor der Kamera so zu begehren, als ob er es ernst meinte. Trintignant verliebte sich tatsächlich in BB und sie in ihn. Die Ehe zerbrach, und noch bevor die Scheidung rechtskräftig wurde, arbeitete Vadim bereits daran, seine neue Liebe, das dänische Model Annette Stroyberg, zum Star aufzubauen (*Gefährliche Liebschaften*), ohne dabei BB aus dem Haus zu weisen. Derart emanzipierte Umgangsformen empfand man damals als verwerfliche Auswüchse im Leben der Boheme. Vadim heiratete Stroyberg, bekam Tochter Nathalie mit ihr, ließ sich scheiden und lebte dann mit dem Starlet Catherine Deneuve zusammen, die unter Vadims Fittichen ebenfalls ihre internationale Laufbahn startete, ihm den Sohn Christian gebar, aber nie seine Frau wurde. Deneuve war eine Zeit lang in eine stürmische Affäre mit dem Barden Johnny Hallyday abgedriftet, trennte sich aber nicht von Vadim. Den Schlussstrich zog Vadim selbst, bald nachdem er sich auf Janes Geburtstagsparty in sie verliebt hatte. Wenige Tage später sah er sie wieder, auf einer Kostümparty zu Silvester – sie erschien als Charlie Chaplin, er als Rotarmist. In dieser Nacht tauschten sie den ersten Kuss. Es dauerte nicht lange, und sie verbrachten ihre erste gemeinsame Nacht in einem Hotel.

Über den ungekrönten »König des Eros« Vadim schrieben sich die Sensationsreporter gern die Finger wund. Aber er hatte seine Reputation nicht irgendwelchen Machoallüren zu verdanken. Denn trotz seiner entspannten Selbstsicherheit, seinem weltmännisch-sympathischen *savoir vivre*, wirkte er fast schüchtern und verletzlich; er löste bei Frauen Beschützerinstinkte aus. Jane musste sich erst klar darüber werden, was sie von ihm zu halten hatte – ernst konnte sie die Affäre mit einem Mann seines Rufs zunächst nicht nehmen. Das stand der Leidenschaft aber nicht im Wege. Allerdings, so berichtet er in seinen Memoiren, kam sie in seinen Augen etwas zu abgeklärt zur Sache, unterbrach das Vorspiel, zog sich im Bad aus und legte sich nackt ins Bett. »Es war, als hätte sie gesagt: ›Du willst mit mir schlafen? Na los.‹« Vadim kam dadurch derart aus dem Takt, dass sich eine plötzliche Impotenz als unüberwindliches Handicap erwies.

Jane hatte in der Tat geglaubt, die Affäre mit einem One-Night-Stand abtun zu können, ohne sich emotional weiter zu engagieren. Vadims Blockade änderte jedoch alles. Sein Zustand hielt an – den nächsten Tag, sogar ganze drei Wochen lang. Vadim verstand nicht, wieso Jane geduldig zu ihm hielt. Er verstand sich selbst nicht – jeder andere hätte frustriert das Handtuch geworfen. Aber die beiden lernten sich in diesen Tagen intensiv kennen, waren verliebter denn je, und eines Nachts stellten sie schließlich fest, dass sie auch sexuell sehr gut zueinander passten.

Das hielt Jane nicht davon ab, zu ihrem Exliebhaber nach Genf zu fliegen. Sie ließ Vadim darüber nicht im Unklaren: »Ich wollte einmal weg von dir, um zu sehen, was ich wirklich für dich empfinde.« – »Und was empfindest du?« – »Ich liebe dich.« Er schien davon tief beeindruckt zu sein: »Es war das erste Mal, dass ich eine Frau getroffen hatte, die nicht log.«

Jane mietete ein kleines, luxuriöses Apartment in der Pariser Rue Seguier. Vadim überließ Catherine Deneuve seine Wohnung und zog bei Jane ein. Sie erklärte sich bereit, in seinem nächsten Filmprojekt mitzuwirken, der Neuverfilmung von Arthur Schnitzlers *Reigen*. Ihr Filmpartner Jean-Claude Brialy war laut Drehbuch impotent – natürlich kapierte Brialy die Witze nicht, die Jane vor Vadim darüber riss.

Während der Dreharbeiten im Pariser Studio Saint-Maurice kam es zu einer bizarren Situation: Vadim wollte einem seiner Darsteller zeigen, wie er in einer Kampfszene durchs Fenster auf das Straßenpflaster stürzen sollte. Dabei brach sich Vadim die Schulter. Jane eilte aus der Garderobe sofort zu ihm. Zufällig war auch Annette Stroyberg in Pa-

»Mensch, der stellt es richtig clever an!« Durch savoir vivre *und entspannte Selbstsicherheit gelang dem »König des Eros« Roger Vadim die Eroberung Jane Fondas – und initiierte ihre Politisierung.*

ris und schaute gerade ihrem Ex bei der Arbeit zu. Catherine Deneuve befand sich ebenfalls im Studio, wo sie für einen anderen Film probte. Der Krankenwagen kam, Vadim wurde auf einer Trage hineingeschoben – die drei Frauen stiegen mit ein. In diesem Moment fuhr Brigitte Bardot auf das Gelände. Vadim: »Niemand würde sich trauen, diese Art von Zufall in einem Roman oder einem Drehbuch zuzulassen – aber im wirklichen Leben geschehen eben solche Dinge.« Als man die Bardot bat, Platz für den Krankenwagen zu machen, und sie den Namen des Patienten hörte, eilte auch sie in panischer Angst an Vadims Seite. »Trotz der entsetzlichen Schmerzen in meiner Schulter konnte ich diesen Augenblick voll auskosten«, schrieb er später.

Vadim eröffnete Jane in Paris eine neue Welt. Er sah sich zwar nicht als ihr Lehrer, bezeichnete sich selbst aber als ihren »Ratgeber«. Ihre Bildung wies gigantische Lücken auf, begierig ließ sie sich von ihm anleiten und las die Bücher, die er vorschlug. Im Prinzip wiederholte sich das Muster ihrer früheren Beziehungen: Sie lehnte sich an eine väterliche Schulter, sog auf, was sie von ihm lernen konnte, profitierte von seiner Lebenserfahrung. Das machte sie aber auch abhängig von ihm.

Gemeinsam reisten sie im März 1964 in die Sowjetunion – für beide war es der erste Besuch in der Heimat von Vadims Vaters. Neben dem offiziellen Programm, der Parade zum 1. Mai auf dem Roten Platz in Moskau, dem Sonderprivileg, im Leningrader Winterpalast die berühmte Juwelenkollektion zu besichtigen, hatten die beiden dank der sie begleitenden Übersetzerin auch Umgang mit vielen Russen. Diese Erfahrungen veranlassten Jane, erstmals öffentlich über das schiefe Weltbild zu räsonieren, das sie in einem von Propaganda und Vorurteilen geprägten Amerika erfahren hatte. Sie jedenfalls hatte in Russland »wunderbare Menschen« erlebt, denen überhaupt nichts Feindseliges anhaftete.

Im Sommerurlaub 1964 an der Bucht von Arcachon bei Bordeaux entwickelte Jane ein sehr herzliches Verhältnis zu Vadims Kindern Nathalie und Christian, und sie spürte in sich den Wunsch, selbst Mutter zu werden. Den Rest des Sommers verbrachten sie mit dem Jetset in St. Tropez, und Jane passte sich demonstrativ gern den lockeren

Gepflogenheiten seiner Freunde an. Vadim war ein großzügiger Gastgeber, hatte gern viele Menschen um sich. Die sexuelle Libertinage ging ihr jedoch gegen den Strich, sie litt darunter, dass Vadim sich zwar eindeutig zu ihr bekannte, gelegentliche Seitensprünge jedoch als völlig normal ansah, ihr davon erzählte, ja, seine Eroberungen mit nach Hause und manchmal bis in ihr Bett brachte. Wahrscheinlich wollte sie sich damals selbst nicht eingestehen, dass ihr diese Freiheit zuwider war. Vadim wähnte sich in völligem Einklang mit ihr, und er verhielt sich genau so, wie es in seinen Kreisen in den 60er-Jahren üblich war.

Vadim bezeichnete Jane in diesem Zusammenhang als »progressiv puritanisch«. Sex war für sie durchaus keine Sünde – im Gegenteil, er fand sie allzeit bereit, ein großes Improvisationstalent und mit Vergnügen bei der Sache. Unverständlich blieb ihr allerdings, wie sehr er die Muße schätzte – Arbeit bedeutete für ihn Broterwerb, nicht Berufung, bei Engpässen pumpte er Freunde an. Der puritanische Teil Janes war dagegen auch privat nie in der Lage, etwas auf den nächsten Tag zu verschieben. Immer musste sie das Gefühl haben, etwas Sinnvolles zu tun. Kopfschüttelnd beobachtete er, wie sie den Haushalt perfekt durchorganisierte. Ständig machte sie Listen von Dingen, die zu erledigen waren: Einkaufslisten, Listen über zu zahlende Rechnungen, einzuladende Freunde, zu schreibende Briefe. »Die Zeit ist ihr Feind. Sie kann sich nicht entspannen«, sagte er. Diese Eigenart nahm im Lauf der Zeit eher noch zu. Lange nach der Scheidung, in den 80er-Jahren, erlebte Vadim sie in der Hinsicht unverändert: »Gelegentlich kam sie bei mir vorbei, plauderte zwei Stunden lang und vergaß, sich schuldig zu fühlen. Zwei Stunden nichts zu tun, ist ein unerhörter Luxus für sie. Plötzlich stand sie dann auf und sagte: ›Jetzt hab ich wieder die Schule geschwänzt.‹«

Im August 1964 kaufte Jane einen Bauernhof in St. Ouen bei Houdan, etwa 60 km westlich von Paris. »Da wusste ich, dass sie wirklich beschlossen hatte, mit mir zusammenzuleben«, sagte Vadim. Das Haus war um 1830 herum gebaut worden, und mit der ihr typischen Energie machte Jane sich an die Renovierung. Nur die steinernen Außenmauern blieben stehen, innen entstand eine moderne Einrichtung mit extravaganten Details wie einer gläsernen Wand zwischen Bad und

Schlafzimmer (Vadims Beitrag). Ein Bulldozer sorgte dafür, dass auf den flachen eineinhalb Hektar Land kleine Hügel und Täler entstanden, die Jane für sehr viel Geld mit ausgewachsenen Bäumen bepflanzen ließ. Dazu Vadim: »Ohne Zweifel litt Jane unter Heimweh und versuchte unbewusst, im wahrsten Sinne des Wortes, in Frankreich Wurzeln zu schlagen.« Zwischen den Bäumen fanden etliche Hunde, noch mehr Katzen, Enten und Kaninchen ein neues Heim. Hinzu kam ein Pony, das die Columbia ihr zur Premiere ihres Hollywood-Westerns *Cat Ballou* geschenkt hatte. Vadims Kommentar: »Wenn Gott ein Bankkonto hätte, hätte er diesen Garten geschaffen.«

Die urkomische Western-Parodie *Cat Ballou* erwies sich als Überraschungshit und erhielt enthusiastische Kritiken; Janes Partner Lee Marvin wurde für seine Rolle mit dem Oscar ausgezeichnet. Sie selbst stieg durch diesen Erfolg in die 300 000-Dollar-pro-Film-Liga auf. Vadim begleitete seine Frau zu den Dreharbeiten nach Hollywood und zu den Außenaufnahmen in Colorado. Es war in der Branche ein offenes Geheimnis, dass die beiden ohne Trauschein zusammenlebten – die Klatschkolumnen quollen über vor schwülstigen Details, es war die Rede von Orgien in Janes Haus am Strand von Malibu. Denn wo Vadim residierte, brachte er die europäische Boheme mit. Tatsächlich prägte er die *dolce vita* in der Künstlerkolonie von Malibu nachhaltig – sie war damals das Pendant zur französischen Jetset-Hochburg St. Tropez. Allerdings hatten die Gerüchte mit der Realität sehr wenig zu tun. Vadim scharte auch hier viele Freunde um sich; Jane und er führten ein offenes Haus, feierten viele Partys, die jedoch sehr viel harmloser – und langweiliger – abliefen, als die Presseberichte vermuten ließen. In Janes Haus war – ganz demokratisch – jeder willkommen, Studiobosse, Filmstars und Hippies.

Für Schlagzeilen sorgte in den USA der Start vom *Reigen*, der am Broadway mit einem gewaltigen Megaposter angekündigt wurde, das Jane Fonda mit nacktem Hinterteil zeigte. Sie war deswegen wütend, da der Film durchaus kein Sexfilm war – wie in Schnitzlers Original wird zwar pausenlos über Sex diskutiert, aber so gut wie nichts davon gezeigt. Vadims Film entpuppte sich eher als überflüssiges Remake der klassischen Verfilmung von Max Ophüls aus dem Jahr 1950. Jane verklagte den Verleiher auf drei Millionen Dollar Schadenersatz. Der reagierte, indem er Janes Hintern auf dem Plakat zumindest teilweise überklebte. Es war jedenfalls diese Affäre, die Jane in der amerikanischen Öffentlichkeit als neues Sexsymbol etablierte. In Wahrheit haben den Film nur wenige Zuschauer gesehen – und die blieben nach dem überhitzten Vorspiel eher enttäuscht.

Henry besuchte Jane in Malibu und war von Vadims einnehmendem, verbindlichen Wesen positiv überrascht. Der Regisseur bemühte sich jedenfalls redlich, die innerfamiliären Spannungen der Fondas abzubauen. Jane war jetzt Ende 20, ihre letzten Erfolge hatten sie selbstsicherer und reifer gemacht und die Beziehung zu Vadim wirkte sich positiv auf ihre emotionale Balance aus. Wie anders hörten sich nun ihre Reflexionen über die Familie an! »Erwachsen ist man, wenn man die einzelnen Phasen in der Beziehung zum Vater erkennen kann«, sagte sie. »Anfangs betet man ihn bedingungslos an, glaubt ihm jedes Wort. Dann folgt die Phase, in der man entdeckt: ›Mein Gott, wie viele Fehler er macht!‹, und man gibt ihm die Schuld für die eigenen Probleme. Drittens gibt es eine Periode, durch die zumindest ich gegangen bin, in der ich ihn völlig verdammt habe – als Rechtfertigung für die eigene Identitätsfindung. Viertens erreicht man Reife, wenn man die Beziehung zum Vater objektiv beurteilen kann. Er hat Fehler gemacht, aber, zum Teufel, niemand ist vollkommen.«

Vadim widersprach später den Biografen, die unterstellen, er habe Jane Fonda immer dominiert: »Sie lässt nie jemand anderen die wichtigen Entscheidungen ihres Lebens für sie treffen.« Er habe sie auch nie gedrängt, seine Frau zu werden – das war Janes eigene Idee. Vadim gibt allerdings auch zu, dass Jane empfindlicher auf die öffentliche Meinung reagierte als er selbst. Über ihre Gründe für die Eheschließung sagte sie der Presse: »Es macht das Reisen mit Vadims Kindern einfacher, auch das Einchecken in Hotels. Und letztlich tue ich es für meinen Vater. Ich weiß, dass ich ihm wehgetan habe.«

Henry erfuhr erst im Nachhinein von der Hochzeit, die spontan, heimlich und sehr kurzfristig angesetzt worden war. Im August 1965 fuhr das Brautpaar mit wenigen ausgewählten Freunden nach Las Vegas und ließ sich in einer eher parodistischen Inszenierung im Dunes Hotel trauen – Vadim hatte sogar die Ringe vergessen. Als Begleitung spielte ein Damen-Streicherensemble in blau-goldenen hautengen Trikots. Anschließend besuchte die kleine Gesellschaft eine Stripteaseshow zum Thema Französische Revolution, in der eine nackte Frau zu den Rhythmen von Ravels Bolero »guillotiniert« wurde. Peter Fonda hatte Marihuana im Gepäck und verteilte es freigebig. Vadim muss an diesem Tag gespürt haben, dass er Glück in der Liebe *und* im Spiel hatte – im Casino gewann er abends 2000 Dollar.

Anfang 1966 engagierte sich Jane intensiver denn je für das nächste Filmprojekt ihres Mannes. Mit der Verfilmung von Emile Zolas Roman *Die Beute* wollte Vadim sein Renommee als ernsthafter Regisseur festigen, und tatsächlich wurde der Film seine ambitionierteste und überzeugendste Arbeit. Zwar verwässerte er Zolas massive Sozialkritik, verhalf Jane aber zu einer ausgereiften Rolle, in der sie nach etlichen Komödien ihr ganzes dramatisches Potenzial demonstrieren konnte. Als kommerziell denkender Filmemacher enttäuschte Vadim sein Publikum nicht und plante freizügige Sequenzen mit ein – immerhin ging es um die leidenschaftliche Beziehung zwischen der jungen Frau (Jane) eines 20 Jahre älteren Unternehmers (Michel Piccoli) und dessen Sohn aus erster Ehe (Peter McEnery). Erstmals zog sich Jane also vor der Kamera aus; das fiel ihr vor allem deswegen schwer, weil sie noch kurze Zeit davor – sie war schon mit dem Erotomanen Vadim liiert – Nacktszenen im Film pauschal abgelehnt hatte: Um ihren Ruf machte sie sich keine Sorgen, aber ihre Glaubwürdigkeit litt.

Vadim rechnet in seinen Memoiren vor, dass Jane während der 110 Filmminuten nur dreieinhalb Minuten halbnackt zu sehen sei. Und in gespielter Naivität behauptet er, die ganze Aufregung nicht zu verstehen. Damals hat er sie sicher sehr gut verstanden, berühmt wurde er ausschließlich dadurch, dass er bestehende moralische Schranken niederriss. Er provozierte bewusst – und bereitete damit öffentlichkeitswirksam die sexuelle Revolution der 60er-Jahre mit vor. Seine größten Erfolge feierte er auf dem Höhepunkt der sexuellen Befreiung im öffentlichen Raum – als die Welle verebbte, gelang es ihm nicht länger, das Publikum zu erreichen. Wenn er sich in seinem Buch wünscht, dass die Öffentlichkeit gelassener mit Sexualität umgehe, suggeriert er, dass er dann auch gelassener Filme drehen könne. Doch gerade das konnte er nicht. Seine Kunst bestand darin, Tabus zu brechen und Skandale heraufzubeschwören.

Die Beute war jedenfalls ein gefundenes Fressen für die Medien. Jane bestand darauf, dass das Filmset hermetisch abgeriegelt wurde, als sie sich nackt im Swimmingpool tummelte. Dennoch gelang es einem Fotografen, aus dem Bühnenhimmel heimlich Bilder zu schießen, die im *Playboy* erschienen. Jane verklagte Herausgeber Hugh Hefner, kurz: Die Publicity lief auf vollen Touren. Man unterstellte Vadim sogar, dass er aus PR-Gründen die Aufnahmen selbst lanciert hätte. »Anders als Brigitte Bardot, die keine Schwierigkeiten mit Nacktheit hatte, war es Jane unangenehm, sich am Drehort auszuziehen«, schrieb Vadim. »Nicht aus moralischen oder gar politischen Gründen – ihre flammenden Stellungnahmen über die Ausbeutung der Körper der Frauen in den Medien kamen später –, sondern einfach deshalb, weil sie das Gefühl hatte, nicht gut gebaut zu sein. Wer die Chance hatte, die Perfektion ihres Körpers in *Barbarella* zu bewundern, wird das kaum glauben wollen.«

Spotlight: *Barbarella*

In der Titelsequenz schwebt Barbarella auf ihrem psychedelischen Abenteuertrip durchs bonbonfarbene All schwerelos in ihrem Raumschiff und entledigt sich langsam ihres Raumanzugs – ein galaktischer Striptease, während die Schrift des Vorspanns die nicht jugendfreien Zonen ihres makellosen Körpers allerdings meist kaschiert.

Elf Sekunden. Länger bekommen wir Barbarellas nackte Brüste nicht zu sehen. Regisseur Roger Vadim verbrachte Tage im Schneideraum, um dieses Wechselspiel aus Jane Fondas Entblätterung und den darüber liegenden grafischen Feigenblättern zu choreographieren. Nur unter dieser Bedingung hatte Jane zugestimmt: »Er machte also die Titel, und ich sagte: Die bedecken mich nicht genug! Also machte er das Ganze noch mal.« Vadim schuldete seinem Publikum Nacktszenen und lieferte sie hier schon in der ersten Szene. Seine Zuschauer kannten natürlich die freizügige Comicvorlage *Barbarella* von Jean-Claude Forest, der die Space-Amazone überwiegend im Evaskostüm präsentiert. Die erste Filmszene war ein Zugeständnis an die Fans, die dann im Kino auf eine nackte Sternenkriegerin verzichten mussten: Der Rest des Films besteht vor allem aus behaupteter Erotik – sie ist in die Plastikkostüme des 41. Jahrhunderts verpackt.

Das einzig Fantasievolle an dieser Kombination aus Sex und Science-Fiction sind tatsächlich die Kostüme – die Standfotos von Jane in den hautengen Trikots gewährten tiefe Einblicke und machten sie als Poster zur Popikone der 60er-Jahre. Noch heute greifen Bildredakteure gern zu diesen »Hinguckern«, wenn es gilt, Jane Fondas Karriere auf ein Foto zu reduzieren – nicht ihre Oscar-Rollen liefern die visuellen Metaphern, sondern die lustvolle Unschuld aus dem All.

Vadim wollte Jane als eine Art »Alice im Futureland« durch die Galaxis schicken, ihm schwebte eine Parodie auf die Sexualmoral der damaligen Gegenwart vor. Gleichzeitig konnte er seine Gattin höchst vorteilhaft in Szene setzen. Dass ihm das hervorragend gelang, hatte er gerade mit *Die Beute* bewiesen. Jane lehnte das Etikett »Sexsymbol« zwar rundweg ab, doch in Zusammenarbeit mit Vadim tat sie nichts, um dem entgegenzuwirken – im Gegenteil.

Die Parodie bezog sich nicht auf die Titelfigur selbst: Jane spielte Barbarella, als ob sie ihre abstrusen Begegnungen mit Erotomanen unterschiedlicher Coleur ernst nahm: Als erfrischend amerikanischer Blondschopf überstand sie Orgasmuspillen, Genussorgeln und altmodisch-irdischen Geschlechtsverkehr unbeschadet – quasi als Jungfrau, als Fiktion innerhalb der Künstlichkeit im fünften Jahrtausend.

Das SF-Genre war in den 60er-Jahren durchaus nicht populär: In Frankreich ignorierte das Publikum den Film bei seiner Uraufführung – erst im Ausland trat *Barbarella* ihren Siegeszug durch die Kinos der Welt an. Vadim warf seinen Produzenten Paramount und Dino de Laurentiis vor, bei der Vermarktung nur die erotische Komponente des Films zu betonen, was die Zuschauer irritierte. Später nahm auch Jane dies zum Anlass, gegen ihre Ausbeutung als »Sexualobjekt« zu wettern.

Barbarella-World: Pose, Plastik, Parodie. Wie immer in der Popkultur zählt das Bild mehr als die Geschichte dahinter; das Poster ist wichtiger als der Film.

Es ist zwar Vadims Verdienst, aus dem Comicstrip eine Kultfigur für die große Leinwand geschaffen zu haben. Doch der Film selbst war keine Meisterleistung. Vadim interessierte sich wie die Produzenten mehr für seine Frau als für die SF-Elemente seiner Story, die er episodenhaft und fast ohne Dramaturgie abspulte. Nie hat der Zuschauer das Gefühl, die Cinecittà-Studiohalle zu verlassen, in der man den fernen Planeten Lytheon aus Pappmaschee, Plexiglas und Blech zusammenzimmerte. 1967 stand den Filmtricktechnikern noch keine Computergrafik zur Verfügung. Doch wie atemberaubend schon damals ein gelungener filmischer Sternentrip aussehen konnte, bewies zur selben Zeit Stanley Kubrick mit *2001 – Odyssee im Weltraum*. Dagegen wirkt Vadims psychedelischer Bilderbogen zwar wie ein legitimes Kondensat zeitgenössischer Popkultur, ist aber schlampig inszeniert und verwendet Special Effects, die einen Kritiker an das »Trickniveau des

ARD-Sandmännchens« erinnerten. Ein anderer schlug vor: »Ein passender Untertitel wäre *2001 – Idiotie im Weltraum.*« Wenn man sich vorstellt, dass Jane für dieses Projekt auf die Hauptrollen in *Rosemaries Baby* und in *Bonnie & Clyde* verzichtete …

Spotlight: *Spiel mir das Lied vom Tod*

Vor seinem Farmhaus in der Wüste von Arizona bereitet Red McBain mit seinen Kindern eine Hochzeitsfeier vor. Plötzlich erstirbt jedes Geräusch – sogar die Grillen hören auf zu zirpen. Doch nichts ist zu sehen. Dann ein Schuss: Tochter Maureen stürzt zu Boden. Sohn Patrick wird von einer weiteren Kugel getroffen. McBain will Maureen zu Hilfe eilen, zwei Schüsse strecken ihn nieder. Da kommt der kleine Timmy aus dem Haus gerannt und sieht, wie fünf Männer mit Gewehren und langen Staubmänteln aus den Büschen treten. »Haben wir den Richtigen erwischt, Frank?«, fragt der eine. Franks Miene verfinstert sich. Er spuckt Kautabak aus und sagt: »Du sollst nicht meinen Namen nennen!« Er blickt dem kleinen Jungen in die Augen, zieht seinen Colt, lächelt – und schießt.

Regisseur Sergio Leone jongliert in *Spiel mir das Lied vom Tod* nicht nur bravourös mit den Mythen des amerikanischen Westens, er liefert mit zahlreichen Zitaten aus US-Vorbildern auch einen augenzwinkernden Kommentar zur Filmgeschichte. Henry Fonda heißt hier Frank – wie 30 Jahre zuvor in *Jesse James*, doch die Rollen unterscheiden sich radikal. Nie wurde Henry deutlicher gegen sein Image besetzt als in diesem Epos, das den klassischen Western mit dem jungen Genre des Italowestern vereinte. Einen so sadistischen Schurken wie Frank hat es im Kino selten gegeben – Henry spielt ihn mit sichtlicher Wonne.

Ursprünglich hielt er nicht viel von dem Angebot aus Italien. Erst als sein Freund Eli Wallach ihm enthusiastisch von seinen Erfahrungen mit Leone berichtete, ließ Henry sich dessen bisherige drei Western, die so genannte Dollar-Trilogie, in Los Angeles an einem Tag hintereinander vorführen: *Für eine Handvoll Dollar, Für ein paar Dollars*

Kein Mr. Roberts – und auch kein anderer aufrechter Fonda-Held. Henry Fonda (hier mit Charles Bronson) spielt das Böse, und Spiel mir das Lied vom Tod *wird vor allem in Europa zum Kultfilm.*

mehr und *Zwei glorreiche Halunken*. Er amüsierte sich prächtig und unterschrieb den Vertrag. Als Vorbereitung auf den ultrabrutalen Bösewicht Frank ließ er sich einen Schnurrbart wachsen und dunkle Kontaktlinsen anfertigen. Doch als er dann am Drehort in Spanien ankam, war Leone von der Schurkenmaske gar nicht erbaut – er wollte Henry genau so, wie man ihn aus seinen Heldenrollen kannte. Denn Leones Besetzung des Frank bereitete zielgerichtet den Schockeffekt in der einen entscheidenden Einstellung vor: Als der kleine Timmy vor den Mördern seiner Familie steht, schwenkt die Kamera vom Rücken der Männer herum auf das Gesicht des Anführers – der eiskalt lächelnde Kinderkiller trägt die Züge von Henry Fonda!

Leones Dollar-Filme machten aus Clint Eastwood einen Weltstar, und sie waren in den USA – für europäische Produktionen – recht erfolgreich. Doch *Spiel mir das Lied vom Tod* lockte nur wenige Amerikaner ins Kino. Sie konnten dem perfiden »Missbrauch« ihres Nationalheiligtums Henry Fonda nichts abgewinnen. Die Europäer sahen das buchstäblich anders. Beim ersten Kinoeinsatz 1969 langweilten sich die Kritiker noch angesichts des zweieinhalbstündigen Monumentalpanoramas. Aber dann entdeckte das Publikum das Juwel durch Mundpropaganda: Viele Zuschauer sahen sich den Film vier-, fünfmal an, zunächst um die verschachtelt erzählte Story überhaupt zu begreifen, dann um das grandiose Handwerk des italienischen Gurus und seiner hervorragenden Stars immer wieder zu bewundern, in der naturalistischen Atmosphäre des opulenten Märchens zu schwelgen, Ennio Morricones unsterblichem Soundtrack zu lauschen und immer neue Details in der visionären Kunst des Perfektionisten Leone zu entdecken. *Spiel mir das Lied vom Tod* wurde zum Kultfilm der frühen 70er-Jahre – in manchen Großstadtkinos lief er ununterbrochen über vier Jahre lang. Heute sind Spielfilme in der Regel ein Jahr nach dem Kinoeinsatz auf dem häuslichen Bildschirm zu sehen, auf *Spiel mir das Lied vom Tod* musste das Fernsehen 22 Jahre lang warten.

* * *

Pot, Gras, Bhang, Shit? Peter hatte keine Ahnung, wovon sein Freund Jim Mitchum redete, als der ihm einen Joint versprach. Das war 1962, während der Dreharbeiten zu *Die Sieger*, in dem auch der Sohn des großen Robert Mitchum mitspielte, der seinem Vater wie aus dem Gesicht geschnitten war. Er und Peter stammten beide aus Hollywood-Familien und kannten sich seit Jahren, doch bei den Mitchums ging es nicht so bürgerlich zu wie im Hause Fonda. Robert Mitchum hatte schon 1948 wegen Besitzes von Marihuana im Gefängnis gesessen, was seinem Status als Filmstar aber nicht geschadet, sondern eher genützt hatte.

Marihuana – davon hatte Peter zwar gehört, aber er hatte es noch nie geraucht. Jetzt war er also zum ersten Mal high – und glücklich. Er spürte den nach Haschischkonsum typischen unbändigen Hunger und schlug sich den Wanst voll – endlich hatte er eine Methode entdeckt, mit der er vielleicht zunehmen konnte. Denn immer noch fühlte er Henrys leisen Vorwurf, für einen Mann zu dünn zu sein. Susan musste wohl oder übel auch inhalieren, sie hielt aber gar nichts davon – weil es verboten war und weil sich bei ihr außer einem Hustenanfall keine Reaktion einstellte.

Die Drogen sollten bei Peter einen therapeutischen Effekt haben. 1965, nach Stormys Selbstmord, durchlebte er eine ernsthafte Depression. Seit Monaten hatte man ihm keine Rolle mehr angeboten. Vater Henry lehnte Peters Bitte um ein Darlehen ab, und das Einzige, was Peter in diesen Tagen vom Selbstmord abhielt, war die Verantwortung, die er für seine kleine Tochter Bridget spürte. Auch Susan muss angesichts seiner Krise schwere Zeiten durchgemacht haben, aber sie konnte ihm nicht helfen.

Halbschwester Pan lud Peter zu ihrer Hochzeit nach Rom ein, und dort lernte er das deutsche Topmodel Veruschka von Lehndorff kennen. Die Affäre war heiß und kurz – Peter litt zwar nicht unter Schuldgefühlen, wollte aber die Fehler seines Vaters nicht wiederholen. Susan und Bridget warteten zu Hause, sie waren der Hort, zu dem er zurückkehren und in dem er sich sicher fühlen wollte. Doch die Leidenschaft, die die mitreißende Veruschka in ihm entfesselt hatte, kannte er in seiner Ehe nicht. Mit der schnellen Entscheidung war die stürmische Affäre jedoch nicht ganz vorbei – er und Veruschka schrieben sich lange Briefe, aber sie sollten sich in den folgenden sechs Jahren nur dreimal treffen.

1963 hatte Peter von einem Londoner Arzt den Tipp erhalten, er solle die Droge LSD ausprobieren, um seine psychischen Krisen zu bekämpfen. Im Herbst 1965 erinnerte er sich daran und fühlte sich nun bereit dazu. In diesen Tagen wurde auch die Flower-Power-Ära eingeläutet; in Watts, einem schwarzen Stadtteil von Los Angeles, brachen Rassenunruhen aus; die Beatles kamen auf ihrer legendären zweiten US-Tournee an die Westküste und luden Peter in ihr Haus, das von Fans umlagert und nur mit Passwort betreten werden konnte. Peter hatte LSD gerade erstmals ausprobiert, und er spürte, wie die schrillen, farbenprächtigen Halluzinationen ihn bereicherten und dabei halfen, mit dem Leben fertig zu werden. Die Jungs aus Liverpool boten ihm einen weiteren Trip an, während George Harrison noch an den Nachwirkungen eines vorangegangenen LSD-Rausches litt, bei dem er Todesängste ausgestanden hatte. Peter beruhigte ihn, erklärte ihm die Funktion der Drogen und erzählte von seiner Schussverletzung als Zehnjähriger, als er klinisch tot auf dem OP-Tisch gelegen hatte. »Ich weiß, wie es ist, wenn man tot ist«, sagte er. John Lennon fand das völlig überdreht, in seinen Augen spielte sich Peter als »Trip-Führer« auf; dennoch: In diesem Moment wurde der Beatles-Song »She Said She Said« für die LP »Revolver« geboren, in dem Peters Satz »I know what it's like to be dead« verewigt ist.

Peter merkte, dass er nicht länger auf spießige Rollen aus Hollywood warten durfte. Seine Sandkastenfreundin Brooke Hayward war damals mit dem Schauspieler Dennis Hopper verheiratet, der schon 15 Jahre zuvor erste Drogenerfahrungen mit seinem Freund James Dean gesammelt hatte, bald mit Hollywoods starren Hierarchien in Konflikt geraten war und jahrelang keine Rollen mehr bekommen hatte. Peter Fonda und Dennis Hopper taten sich zusammen und beschlossen, selbst einen Film zu schreiben. Zu diesem Zweck gründete Peter seine eigene Produktionsfirma Pando – das lateinische Verb bedeutet »ausbreiten, ausstrecken, sich öffnen, gangbar machen« – und in Verbindung mit Haaren kann es auch »verwirren« heißen. Der Name gefiel Peter. Die beiden schrieben das Skript zu einer Komödie namens *The Yin(g) and the Yang*, konnten jedoch keinen Produzenten finden. Durch die Freundschaft mit Hopper kam Peter aber der New Yorker Kunstszene näher, er nahm zum Beispiel an einem von Dalí inszenierten Happening teil. Bei seinen Ausflügen in den Osten stellte er außerdem fest, dass die Columbia School of Art mittlerweile in ebenjener Villa untergebracht worden war, in der seine Mutter Frances unter ihrem ersten Mann George Brokaw gelitten hatte.

Je mehr sich Peter seinen drogenseligen Freunden zuwandte, desto weniger zeigte Susan Verständnis für ihn. Seine neue innere Befreiung konnte sie nicht teilen, und sie empfand seine Veränderung als Gefahr für ihr trautes Familienleben. Er forderte bedingungslose Liebe, war aber selbst nicht in der Lage, sie zu geben, wie er später zugab. Er war Susan auch weiterhin gelegentlich untreu – nicht nur mit Veruschka. Als Susan im Oktober 1965 wieder schwanger wurde, unterstellte Peter ihr, sie habe es bewusst darauf angelegt, ohne ihn einzuweihen. Es kam zu einem großen Krach. Peters und Susans Sohn Justin wurde im Juli 1966 geboren.

Der mit billig und schnell produzierten Filmen sehr erfolgreiche Regisseur und Produzent Roger Corman bat Peter, in seinem Spielfilm über die legendären Motorradgangs Hell's Angels mitzuwirken. Zunächst war George Chakiris (*West Side Story*) für die Hauptrolle von *Die wilden Engel* vorgesehen, aber er konnte nicht Motorrad fahren, und so übernahm Peter die Hauptrolle des Bandenführers Heavenly Blues – ein Name, den er sich selbst ausgedacht hatte. Ein Drehtag war im Krankenhaus von Culver City vorgesehen, jenem Hospital, in dem drei Wochen zuvor Peters Großvater Eugene Ford Seymour gestorben war. Als Corman das erfuhr, fragte er Peter, ob er einen anderen Drehort vorziehen würde. Peter bedankte sich für die Geste, aber es machte ihm nichts aus.

Als der Film anlief, sorgte ein Ereignis für hervorragende Publicity, das wahrlich nicht geplant war: Das Haus von Peters Mitarbeiter und Freund John Haeberlin in Tarzana bei Los Angeles wurde bei einer Polizeirazzia durchsucht, man beschlagnahmte einige Gläser voller Marihuanasamen. Weil Haeberlins Telefonanschluss auf Peters Namen angemeldet war, heizten Schlagzeilen wie »Fonda wegen Drogenanklage verhaftet« die Stimmung an. Der Richter wollte ein Exempel statuieren, aber es gab keine Beweise gegen Peter – er war überhaupt nur wenige Male in dem Haus gewesen. Der Prozess zog sich über mehrere Wochen hin, Peter wehrte sich vor Gericht lautstark gegen die Unterstellungen, auch Henry trat in den Zeugenstand und sagte für seinen Sohn aus. Schließlich wurde Peter freigesprochen.

In Henrys Autobiografie ist zu lesen, dass der Vater seinen Sohn ermahnt habe, sich nicht mit dem Richter anzulegen und weniger provokante Kleidung zu tragen. Peter bezeichnete dies später als reines »Wunschdenken« seines Vaters – Peter trug bereits seinen förmlichsten und elegantesten Anzug, und was immer Henry ihm riet – Peter ließ sich in seiner Haltung dem Gericht gegenüber in keiner Weise beirren.

Die wilden Engel entpuppten sich als Riesenhit, und urplötzlich stieg Peter zur Galionsfigur der gegen das Establishment aufbegehrenden Hippiegeneration auf. Ein Standfoto mit ihm auf dem Motorrad wurde zum Fanal – als Poster ging es 30 Millionen Mal über den Ladentisch. Er nahm jetzt auch an Demos teil, wurde erneut verhaftet, schrieb eigene Songs und bekam von seinen Musikerkollegen so viel Zuspruch, dass er ein ganzes Album aufnahm. Dann entschied er sich zwar, das Album doch nicht zu veröffentlichen, aber zumindest eine Fonda-Single erschien auf dem Markt.

Roger Corman schmiedete derweil das Eisen, solange es heiß war: Er drehte mit Peter *The Trip* – die Erfahrungen eines jungen Mannes, der zum ersten Mal LSD schluckt. Während sich Peter auf Werbetour für diesen Film in Toronto aufhielt, nahm er sich im Hotelzimmer Zeit, Dutzende von Autogrammwünschen zu erfüllen, die in Form von zu signierenden Fotos aus *Die wilden Engel* vor ihm lagen. Als er ein PR-Foto von sich und Partner Bruce Dern auf dem Motorrad vor sich sah und über die ikonenhafte Wirkung der Biker-Helden nachdachte, hatte er eine plötzlich eine genaue Vorstellung von jenem Film, den er selbst machen wollte: *Easy Rider*.

Spotlight: *Easy Rider*

Oh Mutter, warum hast du mir nichts gesagt? Warum hat mir keiner was gesagt? Was machst du, was machst du? Halt's Maul! Warum hast du mir das angetan? Warum hast du mir das angetan? Wie konntest du? Wie konntest du? Wie konntest du mich dazu bringen, dich so zu hassen? Oh Gott, wie ich dich hasse! Halt meinen Kopf. Ich will, dass du meine Hand hältst, ich will, dass du mich liebst. Ich will, dass du meine Hand hältst. Ich hasse dich so sehr. Was weißt du denn von mir? Warum hast du mich allein gelassen? Jeder andere, nur du nicht. Und ich auch nicht. Und ich auch nicht. Ich habe dich geliebt, oh Gott, wie ich dich geliebt habe, Mutter. Und du bist, du bist eine so blöde Mutter! Wie ich dich hasse …

Während Peter Fonda sich mit dieser wütenden Tirade gegen seine tote Mutter Luft machte, umarmte er dabei eine marmorne Freiheitsstatue an einem Mausoleum mitten auf dem Friedhof von New Orleans. In *Easy Rider* fährt er als Drogendealer Wyatt mit seinem Freund Billy (Dennis Hopper) per Motorrad von West nach Ost durch die USA – auf der Suche nach einem besseren Amerika. Sie wollen sich in Florida »zur Ruhe setzen«. In New Orleans schlucken sie zwischen den Gräbern zusammen mit zwei Prostituierten LSD.

Dennis Hopper verantwortete den Film auch als Regisseur. Beim Dreh auf dem Friedhof forderte er Peter plötzlich auf, seine Mutter zu fragen, warum sie ihn im Stich gelassen und sich umgebracht habe. Peter war konsterniert: »Bloß weil du von unserer Familientragödie weißt, hast du noch nicht das Recht, mich aufzufordern, das in alle Öffentlichkeit hinauszuposaunen!« Doch Hopper insistierte. »Aber warum?«, wollte Peter wissen. »Wyatt ist der Captain America, eine Kunstfigur, er ist einfach da, er hat keine Eltern. Nenn mir einen guten Grund, warum ich das tun sollte.« – »Weil ich der Regisseur bin!«, schrie Hopper.

Peter gab nach und konzentrierte sich auf diesen improvisierten Höllentrip. Während er sich in seine traumatische Anklage hineinsteigerte, hörte er, wie Hopper den Kameramann anwies, die Position zu wechseln. Peter ließ sich nicht beirren, flocht aber ein knappes »Halt's Maul!« in seinen Monolog mit ein – dieser Zwischenruf wurde nicht rausgeschnitten, er ist im fertigen Film verewigt.

Auf dem Plakat des Roadmovies sollte später stehen: »Ein Mann suchte Amerika und konnte es nirgends finden.« Peter entwickelte seine Idee von der Odyssee durch die amerikanische Befindlichkeit ausgerechnet in Frankreich, während der Dreharbeiten im bretonischen Roskoff, denn sein Schwager Roger Vadim hatte ihn gebeten, eine Filmrolle zu übernehmen: Das erste und einzige Mal stand Peter mit Schwester Jane gemeinsam vor der Kamera. Es handelte sich um eine Episodenfilm der Regisseure Roger Vadim, Louis Malle und Federico Fellini, die unter dem Titel *Außergewöhnliche Geschichten* jeweils eine Schauermär von Edgar Allan Poe verfilmten. Vadim entschied sich für die Kurzgeschichte *Metzengerstein*: Frederica (Jane) verliebt sich in ihren Cousin Wilhelm (Peter), der sie zurückweist und in dem von ihr gelegten Feuer umkommt.

Peter arbeitete anschließend in New York mit Dennis Hopper und Autor Terry Southern das Drehbuch zu *Easy Rider* weiter aus und bot es potenziellen Geldgebern an. Die meisten lehnten ab, weil die Filmhelden laut Skript mit harten Drogen handelten: Das erwies sich in Bezug auf die Durchsetzung des Projekts bei den großen Filmverleihen als äußerst heikle Sache – denn niemand konnte ahnen, welchen Erfolg der Film haben würde. Endlich stellten Bert Schneider und Bob Rafelson 350 000 Dollar zur Verfügung. Sie waren durch die Produktion der TV-Serie *Die Monkees* reich geworden.

Drogen waren inzwischen zum Markenzeichen der rebellierenden Generation geworden – und sie spielen in *Easy Rider* eine wesentliche Rolle. Bei den Dreharbeiten schluckten die vier auf dem Friedhof allerdings kein echtes LSD, sondern harmloses Aspirin. Anders verhielt es sich jedoch bei der Lagerfeuerszene, in der Anwalt George Hanson (Jack Nicholson) mit Wyatt und Billy Gras raucht. Die drei teilten echte Joints, und Hopper drehte absichtlich etliche Wiederholungen der Szene aus verschiedenen Kamerawinkeln, um sicherzustellen, dass Nicholson richtig high war, als er seinen absurden Monolog über UFOs von der Venus von sich gab. Wie Hopper insgeheim gehofft hatte, kam Nicholson dabei aus dem Konzept und verlor den Faden – genau das macht die Authentizität der Szene aus.

Jack Nicholson war damals ein unbekannter Schauspieler, der seit über zehn Jahren in Roger Cormans Billigproduktionen auftrat, ohne dass sich seine Karriere spürbar entwickelt hätte. Er hatte das Drehbuch zu Cormans *The Trip* geschrieben, in dem Peter die Hauptrolle spielte. Dennis Hopper wollte ursprünglich den Schauspieler Rip Torn in der Rolle des Anwalts besetzen, doch der war nicht bereit, für das Minimalhonorar anzutreten, mit dem sich bei *Easy Rider* alle Mitwirkenden zufrieden geben mussten. Peter musste Hopper erst überreden, Nicholson als Ersatz zu akzeptieren, denn der sprach nicht wie Torn mit dem von Hopper geforderten texanischen Akzent. Endlich stimmte Hopper zu, und damit war ein Superstar geboren: Nicholson stahl allen Kollegen die Schau, er wurde für den Oscar nominiert und spielte sich im Kielwasser von *Easy Rider* während der 70er-Jahre in den Olymp von Hollywood.

Ironischerweise hatte die Produktion die berühmten Motorräder gebraucht vom Los Angeles Police Department erworben – ausgerechnet. Sie wurden dann umgerüstet und erhielten jenen unverwechselbaren Look, der eine ganze Generation von Biker-Filmen prägen sollte. Das US-Flaggendesign auf Benzintank und Motorradhelm war Peters Idee, und er ließ sich die *Stars and Stripes* auch auf den Rücken seiner Lederjacke nähen. Sobald das erste Motorrad einsatzbereit war, begann er, es auf den Freeways um Los Angeles zu testen, denn durch die extreme Verlängerung und Neigung der vorderen Gabel brauchte er einige Übung, bis er das Gefährt im Griff hatte. Bei diesen Ausflügen wurde er jedes Mal von Polizeistreifen angehalten, die argwöhnisch die ungewöhnlichen Maße des Motorrads auf Einhaltung der Verkehrsvorschriften prüften. Peter war seit seinem Drogenprozess bei der Polizei nicht gerade beliebt, und einmal wurde er sogar verhaftet, in Handschellen auf die Wache gebracht und einer Leibesvisitation unterzogen, nur weil er kein Bargeld bei sich hatte, was man offiziell als Landstreicherei einstufte. Peter wusste genau, dass im Grunde nur das provokante Flaggendesign auf seinem Tank ein Dorn im Auge der Cops war. Er konnte sich dann über einen späten Sieg freuen: Ein Jahr nach Anlaufen des Films hatten *alle* amerikanischen Polizisten Peters patriotische Geste verstanden und übernommen – die US-Flagge leuchtete auf ihren Uniformen und Fahrzeugen.

Während das Filmteam durch Texas reiste, hielten Peter und Jack Nicholson in einem Provinznest, um das Wohnmobil aufzutanken. Der Zufall wollte es, dass im dortigen Autokino drei Biker-Filme gleichzeitig liefen: *Die teuflischen Engel* mit Dennis Hopper, *Die wilden Schläger von San Francisco* mit Jack Nicholson und *Die wilden Engel.* Als die beiden noch über diesen unglaublichen Zufall lachten, wurden sie von einem Schwarm Teeniemädchen umringt, die die Stars erkannten, völlig ausflippten und hysterisch begannen, durch die Fenster des Wohnmobils alle nicht niet- und nagelfesten »Souvenirs« abzugreifen. Peter und seine Gefährten flüchteten so schnell wie möglich – erstmals bekamen sie eine Ahnung davon, was ihnen im Zuge des Welterfolgs *Easy Rider* noch bevorstehen sollte. Dabei standen die Zeichen anfangs gar nicht so günstig, denn schon nach den ersten Drehtagen in New

Orleans hatte Peter der Mut verlassen: Er wusste natürlich, dass sein Regisseur Hopper kein einfacher Charakter war. Doch als die Kamera dann lief, verwandelte sich Hopper endgültig in einen größenwahnsinnigen Tyrannen, der alle Klischees menschenverachtender Egozentriker auf sich vereinte. Wenn er auf Widerstand stieß, führte er stundenlange Beschwörungstänze auf und schrie: »Das ist *mein* Film, und keiner nimmt ihn mir weg!« – bis er heiser war. Peter erlebte ihn als »faschistischen Freak«, der sich weder um Termine noch um seine Mitarbeiter scherte und die Darsteller wie Dreck behandelte. Bald war die Crew so entnervt, dass der Kameramann Barry Feinstein gestand, er mache nur Peter zuliebe weiter. Verzögerungen waren bei dem engen Budget nicht eingeplant, und wirklich brenzlig wurde es, als Peter während des Drehs in New Mexico mit Lungenentzündung ins Krankenhaus eingeliefert werden musste. Die Badeszenen mit den nackten Mädchen mussten ohne ihn gedreht werden – seine Einstellungen in der Szene entstanden erst Wochen später nach dem eigentlichen Ende der Dreharbeiten.

Nach Los Angeles zurückgekehrt, erstellte Hopper in 22 Wochen eine Schnittfassung des Films, die drei Stunden dauerte, von denen er auf keine einzige Minute verzichten wollte. Eine solche Filmlänge hätte in kommerziellen Kinos keine Chance gehabt. Also baten die Produzenten und Peter Hopper aus dem Schneideraum hinaus und schnitten den Film selbst auf 94 Minuten runter. Hoppers Reaktion: Man habe seinen Film ruiniert. Ebenso behauptete er später, Peter habe ihn um Millionen betrogen. Peter besteht nach wie vor darauf, dass er den Film selbst konzipiert und produziert habe – Hopper sei lediglich als bezahlter Regisseur dazugekommen.

Der berühmte Filmsoundtrack, darunter Steppenwolfs »Born to Be Wild« und Bob Dylans »It's Alright Ma«, war erstaunlicherweise ein Produkt des Zufalls. Peter hatte ursprünglich seine Freunde von Crosby, Stills & Nash gebeten, die Filmmusik zu schreiben. In der Schnittphase verwendeten Hopper und Peter zunächst bekannte Songs, die sie selbst schätzten, um die Highwaysequenzen mit vorläufiger Musik zu unterlegen. Doch sie merkten sofort, dass diese Lieder wie für den Film geschaffen waren, und entschieden sich, dieses Konzept

»Ein Mann suchte Amerika und konnte es nirgends finden.« Dafür trafen Dennis Hopper, Peter Fonda und Jack Nicholson mit Easy Rider *den Nerv einer ganzen Generation.*

durchzuziehen – es war das erste Mal, dass eine Filmmusik ausschließlich aus schon veröffentlichten Popsongs bestand. Kompliziert wurde es, als es darum ging, von den Musikern die Rechte zu beschaffen. Die meisten erklärten sich mit einer Minimalgebühr einverstanden, denn alle reagierten bei der Vorführung begeistert auf den Film. Einzig Bob Dylan zierte sich und ließ sich »It's Alright Ma« nur strophenweise abhandeln, untersagte aber die Verwendung der letzten Strophe, obwohl auch er von dem Film sehr angetan war. Peter vermutete später, Dylan habe sofort gespürt, dass hier ein Kultfilm geboren wurde, und er fürchtete vor allem, er würde deshalb das populäre Lied in Konzerten bis zum Überdruss singen müssen. Spontan warf er ein paar Songzeilen aufs Papier, die er Peter schenkte – Roger McGuinn schrieb den Song zu Ende und vertonte ihn – »The Ballad of Easy Rider« ist im Abspann zu hören.

Henry sah sich den fertigen Film an und äußerte, er sorge sich sehr um Peter, der all sein Geld darin investiert hatte. Der Vater war überzeugt, dass niemand den Film verstehen würde. Ein klassisches Generationen-Missverständnis: *Easy Rider* wurde zum Filmfest nach Cannes eingeladen und enthusiastisch aufgenommen. Dort war ein Jahr zuvor im Zuge der 68er-Demonstrationen erstmals ein Anti-Festival-Preis vergeben worden. 1969 gewann Peters Film diesen Preis. Auch die offizielle Jury ehrte ihn, indem sie einen neuen Preis für den »Besten Nachwuchsregisseur« kreierte und ihn an Dennis Hopper verlieh.

Praktisch ohne Werbeaufwand zog *Easy Rider* die Jugendlichen von Anfang an scharenweise in die Kinos, spielte allein in den USA das Hundertfache seiner Produktionskosten ein und stellte damit die Marketinggesetze Hollywoods auf den Kopf. Er hatte schlicht den Nerv der Zeit getroffen. Der Tod der Helden im Finale und die fehlende Rache für diesen sinnlosen Gewaltakt wühlten das Publikum stärker auf und regten es mehr zum Nachdenken an, als es ein Happy End jemals gekonnt hätte. Peter formulierte damit seine Kritik an der bis dahin wie selbstverständlich durchgesetzten Autorität des Establishments, das zwar längst infrage gestellt, aber noch nie in so pointierter Formulierung attackiert worden war. Sein Captain America fand ein ähnliches Echo in seiner Epoche wie Henry Fondas Tom Joad, der die Depressionszeit der 30er-Jahre auf den Punkt gebracht hatte: »Viele Leute überall auf der Welt sprechen mich an und erzählen, wie *Easy Rider* ihr Leben verändert hat«, schreibt Peter in seiner Autobiografie. »Wenn ich über Land fahrende Biker treffe, erzählen sie mir meistens, dass mit mir alles angefangen habe. Aber ich habe damit nicht angefangen. Ich habe einen Film daraus gemacht.«

3. Zwischen Vietnam und Hawaii: Wege des Ruhms, Wege der Versöhnung

Die Katze aus dem Sack zu lassen ist viel einfacher,
als sie wieder hineinzubekommen.

Will Rogers

Anfang des Jahres 1968 stellte Jane fest, dass sie schwanger war, und Roger Vadim meinte sogar, sich genau an den Tag erinnern zu können, an dem ihre Tochter gezeugt wurde: drei Tage nach Weihnachten während eines Skiurlaubs. Jane sagte zwei Hollywood-Projekte ab und hatte nun mehr Zeit, sich mit der politischen Situation auseinander zu setzen, insbesondere mit der in Frankreich aufkommendem Protest- und Friedensbewegung. Beides – das in ihr wachsende Baby und ihr wachsendes politisches Bewusstsein – schuf eine neue Jane Fonda: »Ich hatte mir dieses Kind schon so lange gewünscht, und während der Schwangerschaft geschah etwas mit mir. Erstmals in meinem Leben spürte ich Selbstsicherheit als Mensch und als Frau – sicherlich weil ich jetzt Mutter wurde. Ich fühlte mich eins mit den Menschen. Ich fühlte mit ihnen, ich verstand, dass wir sie nicht hervorbringen, um sie dann von B-52-Bombern umbringen oder von Faschisten ins Gefängnis werfen oder durch soziale Ungerechtigkeit vor die Hunde gehen zu lassen. Als mein Baby geboren wurde, war es, als ob die Sonne für mich aufging. Ich fühlte mich vollkommen. Ich war frei.«

Vadim vermutete, dass Jane über lange Jahre nicht in der Lage gewesen sei, sich zu ihrer Weiblichkeit zu bekennen, da sie das schreckliche Schicksal ihrer Mutter vor Augen gehabt habe – Frances' Los wollte sie sicherlich vermeiden, obwohl sich auch Jane ein Kind wünschte. Erst die Schwangerschaft half dieses Trauma überwinden, wie sie ihm gestand: »Plötzlich war ich stolz darauf, eine Frau zu sein. Meine Ängste, meine Komplexe ... sie waren einfach weg!«

Brigitte Bardot, die weiterhin eng mit Vadim und Jane befreundet blieb, sagte die Geburt des Kindes für ihren eigenen Geburtstag voraus, und tatsächlich kam Vanessa am 28. September zur Welt. Alles war vorbereitet, auch Susan Blanchard, Janes Stiefmutter und »Mom2«, stand ihr im Kreißsaal zur Seite. Allerdings hatte Vadim zuvor vergessen, den Wagen aufzutanken – er musste seine Frau die letzten 50 Meter zum Krankenhaus tragen, während sie bereits in den Wehen lag.

Das Kind erhielt seinen Namen von der britischen Schauspielerin Vanessa Redgrave, mit der Jane befreundet war und die damals schon als politische Aktivistin tätig war. Vadim freute sich, weil Vanessa in allen Sprachen gleich ausgesprochen werden konnte. Beide Eltern waren auch den Kennedys schon mehrfach begegnet, und so kannten sie auch Johns und Roberts Schwager Sargent Shriver, damals amerikanischer Botschafter in Paris – er wurde Vanessas Pate.

Vadim hatte Janes politisches Bewusstsein geweckt, obwohl er sich selbst im Grunde als apolitisch bezeichnete. Durch ihn lernte sie illustre Vertreter der französischen Progressiven kennen: den Resistancekämpfer, Exkommunisten und immer noch entschiedenen Linken Roger Vailland und seine Frau Elisabeth, auch Yves Montand und Simone Signoret, die ihren Filmruhm bewusst in die politische Waagschale warfen. Vadim initiierte zwar Janes politische Schnellsozialisation, doch bald zog sie an ihm vorbei – statt sich näher zu kommen, entfremdeten sie sich durch ihre zunehmende Radikalisierung. In Frankreich entwickelte Jane ein ganz anderes Weltbild, als das in ihrer Heimat möglich gewesen wäre: Die französischen Linke erinnerte sich noch sehr gut an die Kolonialkriege der *Grande Nation* in Indochina und Algerien, und sie empfand den Krieg in Vietnam als weiteres Glied in dieser blutigen Kette – während in Amerika kaum jemand den Vietnamkonflikt als Kolonialkrieg bezeichnet hätte. Zunächst versuchte Jane noch, gegen den latenten Antiamerikanismus ihrer neuen Freunde zu argumentieren. Doch ihre zunehmende Beschäftigung mit dem Schicksal der Nordvietnamesen ließ den Krieg in einem neuen Licht erscheinen. Während ihrer Schwangerschaft unterstützte sie Organisationen, die amerikanischen Deserteuren halfen. Diese berichteten von den Gräueln, die GIs an vietnamesischen Zivilisten begingen, von Geheimwaffen, die im Dschungelkrieg eingesetzt wurden, über die man aber in der offiziellen Kriegsberichterstattung nichts erfuhr. Jane merkte, dass die Öffentlichkeit von der US-Regierung belogen wurde. Ihr Blick auf ihre Heimat änderte sich allmählich – Entfremdung trat ein.

Schon 1966 hatte sie die Bigotterie des amerikanischen Südens während der Dreharbeiten zu *Morgen ist ein neuer Tag* in Louisiana kennen gelernt: Weil einige Hauptrollen mit schwarzen Darstellern besetzt worden waren, boykottierten die einheimischen Weißen das Filmprojekt. Und als Jane beim Dreh auf der Straße einen kleinen schwarzen Jungen in den Arm nahm und küsste, vertrieb der Sheriff daraufhin das gesamte Filmteam aus der Stadt.

1967 reiste der 62-jährige Henry Fonda nach Vietnam, besuchte Lazarette und Flugzeugträger. Er trug eine Polaroid-Kamera bei sich, mit der er Bilder von sich und den GIs machen ließ, um sie ihnen zu schenken. Henry betonte, dass er nicht aus politischen Gründen kam, sondern zur Unterstützung der GIs, die gezwungen waren, in diesem Krieg zu kämpfen. Doch bei seiner Rückkehr sagte er: »Ich bin zwar nicht dafür, dass wir den Gegner in Grund und Boden bomben. Aber man kann von dort nicht ohne das Gefühl zurückkommen, dass es richtig und gut ist, was wir dort tun.« Jane regte sich über die Äußerungen heftig auf. Schon vorher hatte sie mit ihm über Vietnam diskutiert, ohne dass es zu einer Verständigung hatte kommen können. Ein paar Jahre später konfrontierte sie ihn schließlich mit den Kriegsverbrechen, die von Amerikanern in Vietnam begangen worden waren. »Wenn du das beweisen kannst, marschiere ich selbst an der Spitze der Demonstration gegen Nixon«, meinte Henry ungläubig dazu. Jane konnte es beweisen. Sie lud zwei Ex-GIs in das Haus ihres Vaters ein – diese erzählten als Augenzeugen, dass US-Soldaten getöteten Feinden Ohren und Genitalien abgeschnitten hatten, und von Vietcong, die aus fliegenden Helikoptern gestoßen worden waren. Henry war sichtlich erschüttert, und obwohl er nicht mitmarschierte, wurde er schließlich doch zum überzeugten Kriegsgegner.

1965 hatte Jane das Angebot erhalten, die Lara in *Doktor Schiwago* zu spielen. So gern sie diese wunderbare Rolle angenommen hätte, lehnte sie damals ab – aus Liebe zu Vadim: Sie wollte nicht sieben Monate getrennt von ihm in Spanien drehen. Solch ein Opfer zugunsten ihres Mannes schien 1969 nicht mehr vorstellbar. Mit Begeisterung wandte sie sich ihrem nächsten Filmprojekt zu, der Leinwandfassung des Romans *Nur Pferden gibt man den Gnadenschuss* von Horace McCoy, damals ein Kultbuch in linksintellektuellen Kreisen: Es schildert das Schicksal von Marathontänzern auf dem Höhepunkt der Depressionsjahre in den USA und wirft ein verstörendes Schlaglicht auf die Schattenseiten des amerikanischen Traums.

Jane war zwar eine begeisterte Mutter, aber immer öfter erwies es sich als praktisch, dass sie Vanessa und Vadims ebenfalls im Haushalt lebende Tochter Nathalie in seiner Obhut zurücklassen konnte. Noch energischer als sonst vertiefte sie sich in die Rolle der Gloria, die ihr große dramatische Möglichkeiten bot und eine klare Abkehr von ihren Hollywood-Komödien und den lasziven Rollen darstellte, die sie für Vadim gespielt hatte. Wie in ihren besten Theatertagen bereitete sie sich intensiv in *method*-Manier vor, identifizierte sich mit der hoffnungslosen Marathontänzerin, zog schließlich ganz ins Filmstudio und spürte zunehmend, wie Glorias deprimierende Grundstimmung auf sie abfärbte. Jane wirkte wie besessen, nahm sichtbar ab, ihre Freunde machte sich Sorgen um sie. »Wie Vadim das ausgehalten hat, weiß ich nicht«, sagte sie. »Ich entdeckte eine dunkle Seite in mir, die ich nicht kannte. Gloria kennt keine Hoffnung, ist selbstmordgefährdet, am Ende stirbt sie. In meiner Darstellung durfte es nicht einen Hoffnungsschimmer geben. Das musste so sein; sonst hätte das Ende nicht funktioniert.«

Vadim fühlte schon länger, wie seine Frau von ihm fortdriftete. Jetzt erlebte er blitzartig eine Vision der bevorstehenden Trennung, als Jane sich für den neuen Film die blonde Barbarella-Mähne kurz schneiden ließ. In *Die Beute* hatte er dieses Symbol für die Veränderung der Heldin selbst eingesetzt – damals mithilfe einer Perücke. Jetzt machte Jane ernst, sie wuchs über das Puppendasein in seinen Filmstoffe hinaus. *Nur Pferden gibt man den Gnadenschuss* wurde von der Kritik als ihre mit Abstand beste Leistung gefeiert und mit einer Oscar-Nominierung honoriert.

Im Sommer 1969 regierte Flower Power auch in Hollywood. Peter Fonda stieg mit *Easy Rider* zum Superstar auf. Im Zentrum der VIP-Szene dominierte der notorische Frauenheld Roman Polanski, der sich mit *Tanz der Vampire* und *Rosemaries Baby* als Topregisseur profiliert hatte. Der Hit des Sommers war *Sympathy for the Devil* von den Rolling Stones – sie nahmen die satanischen Motive aus *Rosemaries Baby* auf. Polanski war mit dem Starlet Sharon Tate verheiratet, die ein Kind von ihm erwartete. Partys feierte man in Jane und Vadims Stranddomizil in Malibu oder in Polanskis Haus im Benedict Canyon, das Henry und Shirlee 1964 einige Monate gemietet hatten. Auf einer Fete in Polanskis Haus beobachtete Vadim, wie Jane sich mit einem attraktiven Gast zu einem flüchtigen Abenteuer ins Badezimmer zurückzog, dort aber von der entrüsteten Haushälterin gestört wurde. Vadim spürte ein »plötzliches Schaudern«. Warum? Weil seine Eliza Doolittle ihm entglitt? Er hatte ihr die offene Ehe doch als etwas ganz Normales vorgelebt ...

Wenige Tage später wurden die schwangere Sharon Tate und drei ihrer Gäste in demselben Haus brutal abgeschlachtet – auf Befehl des Satanskultführers Charles Manson. Jane war erschüttert, zumal sie erfuhr, dass der Manson-Clan auch Malibu ausgespäht hatte: Sein irrer Zorn hätte ebenso sie treffen können.

Jane wollte Abstand gewinnen, um ihren Standpunkt im Leben zu überdenken. Ihr Bruder Peter hatte sich mit dem indischen Philosophen Krishnamurti auseinander gesetzt und so eine neue innere Balance gefunden. Trips nach Indien lagen in dieser Zeit im Trend – Mia Farrow schwärmte von ihrer spirituellen Erfahrung, und Jane folgte ihren Spuren. Doch was sie dort sah, trug nicht zu ihrer Beruhigung bei: Erstmals erlebte sie hautnah die bittere Armut des Subkontinents, verhungernde Kinder, Tote, die jeden Morgen von der Straße gesammelt wurden. Sie fuhr in den Himalaja, um ihre ehemalige Kommilitonin Hope Cooke zu besuchen, die den König von Sikkim geheiratet hatte und in ihrem Palast wie in einem golden Käfig lebte. Dieses Missverhältnis war mehr, als Jane ertragen konnte. Statt in der östlichen Religion Frieden zu finden, kehrte sie noch verstörter heim und reagierte nunmehr regelrecht angewidert auf den hohlen Lebensstil und die protzige Zurschaustellung des Reichtums in Beverly Hills. Sie konnte sich nicht beim Zirpen der Sitar in einem Ashram verkriechen und vor dem Elend die Augen verschließen – sie wollte die Welt verbessern.

Und in der war einiges los: Präsident Nixon verstärkte das Bombardement auf Nordvietnam. Die Black Panthers formulierten ein neues Selbstverständnis der Schwarzen in den USA. Amerikanische Indianer besetzten im November 1969 die Insel Alcatraz in der Bucht von San Francisco und beriefen sich dabei auf ein Gesetz von 1867, nach dem Gebiete, die der Staat nicht mehr beanspruchte, automatisch an die Ureinwohner zurückgegeben werden mussten. Auf der Insel stand nach wie vor das berüchtigte Gefängnis, in dem einst Al Capone gesessen hatte, aber es war seit 1963 nicht mehr in Betrieb. Jane hatte 1965 *Ein Mann wird gejagt* mit Marlon Brando gedreht, der sich schon damals für das Los der Indianer stark machte. Seinem Engagement folgend, besuchte sie die Demonstranten auf Alcatraz – sie suchte jetzt aktiv Kontakt zur Protestszene. Ein wichtiger Freund wurde der Anwalt Mark Lane, der sich 1963 zum Verteidiger des mutmaßlichen Kennedy-Attentäters Lee Harvey Oswald aufgeschwungen und danach mehrere Bücher über die Verschwörungstheorien um die Ermordung des Präsidenten geschrieben hatte. Lane kanalisierte seine linksradikalen Ansichten in einen geschickten Marsch durch die Instanzen – er verstand es, publikumsträchtige Prozesse aufzuziehen und die Anliegen der Protestbewegung mit den Waffen des Establishment auszufechten.

Auf einer Party für den italienischen Regisseur Michelangelo Antonioni lernte Jane den charismatischen Kommunisten Fred Gardner kennen, der für Antonioni an dessen Zeitgeistfilm *Zabriskie Point* arbeitete. Gardner hatte sich auf Aufklärungsarbeit unter den amerikanischen Soldaten spezialisiert: Gezielt richtete man in den Garnisonsstädten Kaffeestuben nahe den Kasernen ein, um die GIs direkt vor Ort anzusprechen und über die Realität des Vietnamkriegs zu informieren.

Zum Jahreswechsel 1970 interviewte der Journalist Rex Reed die frisch ausgezeichnete Preisträgerin des New York Critics Circle Award für die *New York Times*, und er beschrieb in seinem Text ausführlich, wie sich Jane während des Gesprächs einen Joint drehte und dann tief inhalierte. Das führte zu heftigen Leserprotesten. In dem Interview deutete Jane die Trennung von Vadim bereits an – wenige Tage später teilte sie ihrem Mann ihre Entscheidung mit. Er war nicht überrascht und konnte sie auch mit seiner Trauer nicht mehr beeindrucken.

Wie für sie typisch, widmete sich die frisch gebackene Kämpferin für soziale Gerechtigkeit hundertprozentig der neuen Aufgabe. Die nächsten Jahre jettete sie als Nomadin kreuz und quer über den amerikanischen Kontinent – unermüdlich nahm sie an Demonstrationen und Aktionen teil. Sie spürte das Handicap, dass sie den Anschein der Salonsozialistin erst abstreifen, den Respekt der Bewegung erst verdie-

Während Bruder Peter mit Easy Rider *eher unfreiwillig zum Idol der revoltierenden Jugend wurde, suchte Jane Fonda zunehmend offensiv die Konfrontation mit dem Establishment – hier 1970 mit Angela Davis in Los Angeles.*

nen musste. Auch politisches Handeln aus Überzeugung will gelernt sein: Mit einer indianischen Aktivistin trat sie in Dick Cavetts quotenstarker Talkshow auf und äußerte sich leidenschaftlich, wenn auch schlecht informiert zur Sache der Indianer. Plötzlich sah sie sich von zwei Seiten angegriffen. Nicht nur, dass ein Mann im Publikum auf sie spuckte – auch die Indianer selbst äußersten Unmut über die selbst ernannte Anwältin der unterdrückten Minderheit: Sie wollten keine Weiße, die sich ohne Absprache über Dinge äußerte, von denen sie wenig verstand, nur um selbst von der Publicity zu profitieren. Jane beeilte sich zu versichern, dass ihr an persönlichem Vorteil überhaupt nicht gelegen war – ihr ging es ausschließlich um die Unterstützung der Sache.

Das musste sie jedoch erst noch beweisen. Ihre erste Konfrontation mit der Staatsgewalt erlebte sie in Seattle, wo eine Gruppe von Indianern unter Mark Lanes Führung versuchte, die wenig genutzte Kaserne Fort Lawton zu besetzen. Soldaten knüppelten sie nieder, fast 100 Demonstranten wurden verhaftet. Nachdem Lane freigelassen wurde, führte er eine Auto-Armada ins nahe Fort Lewis, um die Misshandlung der Indianer anzuprangern. Wieder wurden die Aktivisten verhaftet, diesmal auch Jane. Ihretwegen machte die Demonstration landesweit Schlagzeilen. Bei der Pressekonferenz am nächsten Tag gab es erneut böses Blut unter den Indianern, als sich das Interesse eindeutig auf den Hollywood-Star verlagerte, ohne dass Jane dies gewollt hätte.

Inzwischen war ihre Freundin Elisabeth Vailland aus Frankreich zu ihr gestoßen, und gemeinsam fuhren die beiden Frauen per Auto eine Zickzackroute durch die USA, um Indianerreservate und Garnisonen zu besuchen und sich selbst ein Bild zu machen. In Denver nahm Jane an einem Hungerstreik teil. Im benachbarten Colorado Springs verschaffte sie sich heimlich Zutritt zum Fort Carson, hielt dort eine Rede vor den GIs und wurde von der Militärpolizei zeitweilig festgehalten, wenn auch nicht verhaftet – dennoch war das Presseecho gewaltig. Wenn sie auch die Bewegung noch nicht für sich eingenommen hatte, so war sie mittlerweile doch die exponierteste und prominenteste Hollywood-Vertreterin des *Peace-and-Freedom-Movement*, und ihre Mitstreiter legten Jane nahe, ihre Energie im eigenen Lager einzusetzen: zur Überzeugung und Rekrutierung von Schauspielerkollegen. Jane hingegen wünschte sich sehnlichst, ihr Starimage abschütteln zu können. Aber sie sah ein, dass sie mit ihrem Namen viel bewegen konnte. Also begann sie, ihre Kollegen und andere VIPs systematisch um Geld für die gute Sache anzugehen. Noch vor kurzem hatte sie Vadim vorgeschickt, wenn es um Telefonate ging – jetzt erledigte sie bis zu 40 Bettelanrufe am Tag. Im Mai 1970 nahm sie an einer gewaltigen Protestkundgebung in Washington, D.C. teil, und mit Dutzenden von berühmten Kollegen, darunter Shirley MacLaine, führte sie den anschließenden Demonstrationsmarsch an.

Jane lernte schnell. Sie verstand es inzwischen, Statistiken in ihren Reden wirkungsvoll einzusetzen. Und sie entdeckte eine neue unterdrückte Bevölkerungsgruppe, die weitaus größer war: die Frauen. Äußerer Anlass war die Diskussion über die Rolle der Frau in der Armee, die unter den GIs heftig geführt wurde. Jane versprach, auch für ihr Geschlecht eine Lanze zu brechen. Bei den Aktionen in oder vor Kasernen war es jetzt praktisch die Regel, dass sie verhaftet wurde. Und sie musste Prügel einstecken. Als sie in Fort Meade/Maryland nach einer Stunde aus dem Militärgewahrsam entlassen wurde, zeigte sie den Reportern stolz ihre blauen Flecken.

»In unserem System muss man gierig und neidisch sein. Das System hetzt die Menschen gegeneinander auf.« Die Lösung lag in einer wahrhaftigen Revolution, an deren Spitze sie kämpfte: »Solange Menschen ausgebeutet und unterdrückt werden, solange Investitionen und Effektivität das Wichtigste sind, werde ich versuchen, das zu ändern. Das System hat keine Achtung vor Menschenleben, es versklavt uns, es ist grundfalsch!« In ihrem zunehmend radikalen Engagement war das Ziel so wichtig, dass sie die Mittel häufig nicht unter Kontrolle hatte. Es gab Befürworter ihres Feldzugs, die aber an der Nützlichkeit ihrer Vorgehensweise zweifelten. Der Frust über die bestehenden Verhältnisse führte zu einer Haltung, die ähnlich kompromisslos war wie die der Verteidiger des Systems. Jane kämpfte für eine gute Sache, wirkte sympathisch, aufrichtig und überzeugend, führte aber eher ihre Emotionen als eine fundierte Bildung ins Feld. Häufig blamierte sie sich und wurde von den Gegnern ausgezählt. Vielleicht war ihre Radikalität eine Überkompensation – sie wollte sich um jeden Preis bei den Mitstreitern in der Bewegung beliebt machen. Durch ihre Militanz büßte sie natürlich an Überzeugungskraft ein. »Sie schadet ihrem Anliegen mehr als sie nützt«, meldete sich Vater Henry zu Wort. »Sie stößt die Leute ab, die sie doch überzeugen will. Und sie spricht nur Leute an, die bereits Revolutionäre sind. Leute, deren Meinung verändert werden müsste – die erreicht sie nicht.« Einer ihrer Mitstreiter beschrieb sie als integer, aber obsessiv, getrieben, ungeduldig und unfähig, die größere Perspektive zu erkennen oder innerhalb der Regeln zu arbeiten. Ganz bewusst zerstörte Jane Fonda das Image, das die Öffentlichkeit bisher von ihr gehabt hatte. Sicherlich hätte sie in der Öffentlichkeit mehr Erfolg gehabt, wenn sie nett und brav geblieben wäre und die Gesellschaft von innen, gewissermaßen als Fünfte Kolonne, aufgerollt hätte.

Henry äußerte unmissverständlich, dass er mit seiner »ehemaligen« und »angeblichen Tochter« und ihren Aktivitäten durchaus nicht konform ging: »Dummerweise glauben die Leute, dass ich als ihr Vater ihrer Meinung bin. Briefschreiber bezeichnen mich als Kommunisten, weil ich Fonda heiße.« Dennoch brachte er es nicht übers Herz abzulehnen, als sie anrief und ihn bat, einige ihrer politischen Freunde mehrere Tage in seinem New Yorker Haus zu beherbergen. Jane selbst hatte ihrem Exmann das Haus in Malibu überlassen und hatte ein Haus in Los Angeles gemietet. Wegen Janes übervollen Terminkalenders wohnte Vanessa meist bei Vadim, der sich über das Ende seiner Ehe mit einer Reihe von Hollywood-Starlets hinwegtröstete.

Im Sommer 1970 begann Jane eine intime Beziehung zu ihrem Kollegen Donald Sutherland, der Anfang des Jahres mit Robert Altmans satirischem Kriegsfilm *M*A*S*H* zum Weltstar aufgestiegen war. Er und seine Frau Shirley waren ebenfalls politisch sehr engagiert, hatten sich aber kürzlich getrennt. Shirley gab sogar ihr Plazet zu der Affäre, die zunächst geheim gehalten wurde und auch durchaus nicht die große Liebe war. Immerhin hatten die Stars in Richard Nixon einen gemeinsamen Feind, und obwohl ihr Beruf als Schauspieler in diesen kämpferischen Tagen eindeutig nicht die erste Geige spielte, akzeptierten sie doch gemeinsam ein neues Filmangebot, den Thriller *Klute*: Sutherland übernahm die Titelrolle eines Polizisten, der auf der Suche nach einem psychopathischen Mörder eine Prostituierte trifft und sich in sie verliebt.

Die Handlung las sich eher banal und konventionell, aber Jane fand die Rolle des Straßenmädchens Bree Daniels dennoch akzeptabel, weil sie damit für die Sache ausgebeuteter Frauen eintreten wollte: »Prostituierte sind das notwendige Produkt einer Gesellschaft, deren höchste Werte Geld, Besitz und Wettbewerb sind.« Gedreht wurde ab August in New York, und sie zog mit Sutherland und Vanessa in ein Apartment nahe dem Haus ihres Vaters. Wie schon bei *Nur Pferden gibt man den Gnadenschuss* wandte Jane auch hier die *method* sehr akribisch an, begleitete echte Prostituierte auf den Strich, adaptierte den

Gossenjargon und schlief am Set, an den Originalschauplätzen im New Yorker Stadtteil Spanish Harlem. Noch Monate später sollte sie Probleme haben, sich wieder von dem so intensiv nachempfundenen Charakter der Bree zu befreien.

Nach den Dreharbeiten war sie unterwegs, um Geld aufzutreiben für eine öffentliche Anhörung von GIs, die unter dem Titel »Winter Soldier« über amerikanische Armeebrutalitäten in Vietnam berichten sollten. Aus Kanada kommend landete sie am 3. November 1970 kurz nach Mitternacht auf dem Flughafen in Cleveland/Ohio. Der Zollbeamte hielt sie fest, konfiszierte ihr Adressbuch und ihre Pillendosen, auf denen die Buchstaben B (breakfast), L (lunch) und D (dinner) zu lesen waren. Er rief seinen Vorgesetzten namens Matuszak in der Stadt an. Jane beteuerte, es handele sich weder um LSD noch um sonstige Drogen, sondern um Vitaminpillen, von denen sie sich damals hauptsächlich ernährte. Matuszak kam eine halbe Stunde später und eröffnete ihr, dass er seinerseits auf seinen Vorgesetzten warten müsste. Obwohl Jane ihre monatliche Regelblutung hatte, wurde ihr das Aufsuchen der Toilette verweigert, »damit sie keine Drogen verschwinden ließ«. Sie musste die Ankunft weiblicher Untersuchungsbeamten abwarten.

Anderthalb Stunden später versuchte sie erneut die Toilette aufzusuchen. Wieder hielt Matuszak sie zurück. Als sie in dieser Situation angeblich versuchte, ihn zu schlagen, verhaftete er sie auf der Stelle. Jetzt wehrte Jane sich mit Händen und Füßen, wurde von mehreren Soldaten abgeführt und mit Handschellen an einen Stuhl gefesselt. Später unterzog man sie einer Leibesvisitation, die Beamtinnen übergaben Matuszak Medikamente aus Janes Handtasche, woraufhin er den Vorwurf »betrügerisches und gesetzwidriges Einführen von Waren in die Vereinigten Staaten« formulierte.

Nachdem Jane eine schlaflose Nacht im Frauengefängnis verbracht hatte, eilten der örtliche Anwalt Barnett und Mark Lane an ihre Seite. Lautstark prangerten sie die Brutalität dieser Behandlung an. Tatsächlich war unabhängig von Lanes ideologischer Motivation festzustellen, dass Jane bei ihrer Einreise belästigt und eingeschüchtert worden war. Dieses Vorgehen der Beamten hatte Methode: Jahre später, im Zuge des Watergate-Skandals, stellte sich heraus, dass Jane neben vielen anderen auf Nixons schwarzer Liste stand – es ging darum, vor allem prominenten politischen Gegnern der Regierung das Leben zu erschweren, ihre Handlungsfähigkeit zu beschränken und sie öffentlich zu verunglimpfen. 1975 gab die CIA zu, Janes Post abgefangen zu haben; das FBI hatte ihre Telefonate abgehört. Eine geheime Kampagne der Nixon-Helfershelfer hatte fingierte Berichte an die Öffentlichkeit lanciert, die sie als unglaubwürdig darstellen sollten.

Diese Absicht war in Cleveland nicht zu beweisen. Jane und Mark Lane bezeichneten die Verhaftung auf einer Pressekonferenz zwar als politisch, aber aufgrund der ihr zur Last gelegten Vergehen musste sie mit bis zu zehn Jahren Haft rechnen. Der Richter war ganz offensichtlich regierungsfreundlich eingestellt. Der angeblich von Jane angegriffene Beamte Matuszak gab sogar zu, Instruktionen direkt aus Washington bekommen zu haben. Anwalt Barnett erwies sich glücklicherweise als sehr geschickt darin, das Vorgehen der Anklage zu Janes Gunsten zu nutzen. Ein halbes Jahr später wurde das Verfahren eingestellt, unter anderem deswegen, weil Fragen der Verteidigung nach der berühmt-berüchtigten schwarzen Liste nicht in Nixons Interesse sein konnten.

Dennoch nahm die Negativpresse gegen Jane während dieser Affäre zu – das Schlagwort »Drogenanklage« machte trotz fehlender Substanz einen schlechten Eindruck auf die Öffentlichkeit. Neben Henrys kritischen Äußerungen fühlte sich Jane vor allem durch sarkastische Kommentare ihres Bruders Peter getroffen. »Es tut weh, wenn er einem Reporter erzählt, dass ich mich für Themen engagiere, ohne sie überhaupt zu verstehen«, sagte sie. »Peter hat mich doch überhaupt erst darauf gebracht, mich um andere zu kümmern. Jetzt erzählt er jedem, der es hören will, ich solle erwachsen werden und mein Spektrum erweitern.« In der Bewegung selbst gab es allerdings spätestens jetzt keinerlei Zweifel mehr, dass Jane Fonda es ernst meinte mit ihrem Engagement.

Nicht nur ihre Zeit und Energie investierte sie in den Kampf für eine bessere Welt, sondern auch ihr Vermögen. Alles, was sie noch mit dem Lebensstil verwöhnter Hollywood-Kinder in Verbindung bringen konnte, musste verschwinden. Sie sparte sich die teure Miete für ihr Haus, zog in ein verslumtes Viertel von Los Angeles und stattete die kleine Wohnung mit Sperrmüll aus – Matratzen auf dem Fußboden: Das war von jetzt an ihr Schlafzimmer. Ihre Gagen flossen in die verschiedenen radikalen Organisationen, und als sie kein Geld mehr hatte, verkaufte sie ihren einst so liebevoll eingerichteten Landsitz in Frankreich. Darüber vergoss sie keine Träne: »In Frankreich will ich sowieso nicht mehr wohnen. Der Kampf findet hier statt.«

Trotz der berechtigten Angst vor der Regierung lief Jane ihren Häschern auch jetzt noch naiv ins Netz: Um einer militanten Hausbesetzergruppe aus New Orleans, die zu den Black Panthers gehörten, die Teilnahme an einem Kongress in Washington zu ermöglichen, mietete Jane vier Autos unter ihrem eigenen Namen. Die als geheim eingestufte Aktion flog auf, die Black Panthers gerieten in eine Straßensperre und wurden festgenommen. Anschließend bedankte sich die Polizei höhnisch bei Jane Fonda »für die Informationen, die zur Verhaftung führten«.

Langsam, aber sicher wurde die Nation kriegsmüde, und als Nixon begann, die Truppen massenweise aus den Kriegsgebieten abzuziehen, bot er plötzlich weniger Angriffsfläche – auch die Protestbewegung lebte von starken Gegnern. Jane Fonda und Donald Sutherland fanden einen neuen Ansatz: Der Komiker und Filmstar Bob Hope war seit dem Zweiten Weltkrieg zur Symbolfigur amerikanischer Truppenbetreuung geworden – mit derben Scherzen und Bikinimädchen gestaltete er überall dort Shows, wo GIs zum Kriegseinsatz kamen. Hope gehörte zu den bekennenden Rechten im politischen Spektrum, aus vollem Herzen unterstützte er die Politik der Regierung. Mit diesem Vorbild vor Augen stellten Jane und ihre Kollegen nun eine Antikriegsshow zusammen, schrieben ihre eigenen Sketche und traten in amerikanischen Garnisonsstädten auf, Stars wie Peter Boyle und Sutherlands *M*A*S*H*-Mitstreiter Elliott Gould gehörten dazu. Die Show lief unter dem Namen F.T.A., was auf einen gängigen Slangausdruck der GIs anspielte: Fuck the Army.

Wieder erhoben sich kritische Stimmen aus den eigenen Reihen – der Vorwurf: Die Stars wollten sich eigentlich nur selbst profilieren und die eigene Karriere fördern. Nach einem F.T.A.-Auftritt in Tacoma/Washington wurde Jane zur Ehre eine Party ausgerichtet – aber die GIs, um die es eigentlich ging, blieben davon ausgeschlossen. Country-Plattenstar Joe McDonald, überzeugter Vertreter der linken Szene, nannte Jane »totalitär«. Es kam zum Bruch mit der Organisation zur Aufklärung der GIs. Jane und Sutherland machten auf eigene Faust weiter und nannten die Show jetzt Free Theater Associates. In einer groß angelegten Aktion mobilisierten sie weitere Stars in Hollywood, darunter Burt Lancaster und Barbra Streisand, die sich unter dem Dach der Vereinigung Entertainment Industry for Peace and Justice für das Ende des Vietnamkriegs einsetzten.

Der Erfolg war mäßig. Im Dezember 1971 tourte die neue F.T.A.-Gruppe durch Militärstützpunkte im pazifischen Raum. Die GIs kamen, um Jane Fonda zu sehen – aber nicht, weil sie gegen den Krieg kämpfte, sondern weil sie ein Superstar war.

Eine weitere ernüchternde Erfahrung machte Jane im Januar 1972 in Paris. Die *Nouvelle-Vague*-Ikone Jean-Luc Godard schlug Jane ein gemeinsames Filmprojekt namens *Tout va bien* vor. Theoretisch wären die beiden ideale Partner im Kampf für die gute Sache gewesen, doch praktisch hatte Jane einiges an der Tendenz des Drehbuchs auszusetzen. Godard hörte von ihren Zweifeln und schickte seinen Koregisseur Jean-Pierre Gorin zu Jane, um sie zur Zusammenarbeit zu bewegen – oder massiv zu erpressen, wie Vadim es formulierte, in dessen Wohnung das Gespräch stattfand. Gorin drohte, Janes politisches Image öffentlich zu demontieren, falls sie nicht mitmachte. Sie gab nach und spielte im Film beinahe eine Selbstparodie, eine amerikanische Reporterin, die mit ihrem Mann, einem abgehalfterten französischen Regisseur (Yves Montand), in einen militanten Fabrikarbeiterstreik gerät. Auch bei den Dreharbeiten verhielt sich Godard sehr autoritär, was die vehemente Feministin Jane kaum ertragen konnte.

Ihr nächster Film *Nora*, nach Ibsens Schauspiel, sollte deshalb für mehrere Jahre ihr letzter sein, denn sie war nicht länger bereit, sich in ein Filmteam einzuordnen, zumal wieder ein Mann, der renommierte Joseph Losey, Regie führen sollte. Das Thema Emanzipation empfand sie natürlich als höchst relevant, doch Jane schreckte immer mehr davor zurück, sich unterzuordnen, wie sie es in der Zusammenarbeit mit Vadim ständig getan hatte. Auch Losey musste mit dem Abbruch der Dreharbeiten drohen, um sie zu Effektivität und Konzentration zu zwingen, denn im Gegensatz zu früher führte sie nun ihre politische Arbeit während des Drehs am Telefon weiter. Losey bezeichnete sie als arrogant, anmaßend, unprofessionell und humorlos. »Die Arbeit mit ihr ist eine Erfahrung, die ich nicht noch einmal durchmachen möchte«, sagte er.

Anfang 1972 gewann Jane den Golden Globe für ihre Leistung als Prostituierte in *Klute*. Obwohl die Hollywood-Gemeinde nicht gerade als progressiv einzustufen war, ehrte man ihre hervorragende Darstellung – trotz ihrer wachsenden Unbeliebtheit. Statt den Preis selbst in Empfang zu nehmen, schickte Jane einen Vietnamveteranen zur Preisverleihung. Wie immer hatte der Golden Globe Signalwirkung auf die Oscar-Verleihung im März – überraschend würde ihr Sieg nicht sein, die Spannung bezog sich vielmehr auf die Dankesrede, mit der Jane den Preis live vor Hunderten von Millionen Fernsehzuschauern akzeptieren würde.

Vater Henry bekniete sie, den Moment nicht für die Politik zu missbrauchen. Jane ließ sich überzeugen. Als sie den Oscar entgegennahm, sprach sie die Worte, die ihr Anwalt Richard Rosenthal vorsorglich für sie formuliert hatte: »Es gäbe heute Abend viel zu sagen. Doch dafür ist hier weder die Zeit noch der Ort. Und so sage ich Ihnen nur ›Danke‹.« Der mit ihr befreundete Filmemacher Henry Jaglom erkannte in Janes Zurückhaltung kluge Berechnung: »Auch der Verzicht auf Politik war ein politischer Akt: So konnte sie mehr Geld aus Hollywood herausholen.«

Henry Fonda formulierte die vielleicht schönste Kritik zur Oscar-Rolle seiner Tochter: »Sie kann Szenen spielen, die mir nicht gegeben sind. Die Szene beim Psychiater hat ihr den Oscar gebracht. Sie stand nicht im Drehbuch, es gab keinen Text. Das war pures Actors Studio, Improvisation. In einer Million Jahre wäre ich dazu nicht imstande! Die könnten mich ins Actors Studio schleifen und in Ketten legen – würde nichts nützen. Aber Jane improvisiert die gesamte Szene – atemberaubend.«

Kurz vor der Oscar-Verleihung hatte sich Jane mit Tom Hayden angefreundet. Die beiden hatten sich bereits ein Jahr zuvor in Detroit kennen gelernt. Hayden war einer der markantesten Köpfe der Neuen Linken in den USA. Anfang der 60er-Jahre hatte er den von ihm mitbegründeten Studentenverband Students for a Democratic Society geleitet, bei vielen Demos hatte er Prügel eingesteckt. 1968 musste er sich als einer der so genannten Chicago Seven vor Gericht verantworten, nachdem er bei den blutigen Unruhen auf dem Parteitag der Demokratischen Partei in der vordersten Reihe gestanden hatte. Hayden galt als Hanois Sprachrohr in Amerika: Im selben Jahr holte er aufgrund seiner Kontakte amerikanische Kriegsgefangene aus Nordvietnam nach Hause, und er propagierte die »Reis-Demokratie« des kommunistischen Vietnam. Trotz seiner revolutionären Ideale und im Gegensatz zu vielen seiner Gefährten bewahrte er bei seinen Aktivitäten immer ruhig Blut, er war ein guter Organisator und wurde als einziger Sprecher der Linken vom Establishment ernst genommen.

Durch seine Beziehungen vermittelte er Jane ihren spektakulärsten Coup: Mitte Juli reiste sie nach Nordvietnam, besuchte Dörfer, die von amerikanischen Bomben verwüstet waren, ließ sich mit Stahlhelm auf einer Flugabwehrkanone fotografieren und sprach über Radio Hanoi zu den amerikanischen Soldaten. Was ihr anschließend als Aufforderung zum Desertieren ausgelegt wurde, hörte sich im Original so an: »Überlegt, was ihr tut! Was werdet ihr in einigen Jahren euren Kindern sagen, wenn sie fragen, warum ihr an diesem Krieg teilgenommen habt? Die Waffen, die ihr benutzt, sind nach internationalem Kriegsrecht illegal. Wer sie benutzt oder ihre Benutzung duldet, wird zum Kriegsverbrecher.«

Bei ihrer Rückkehr kam es zu Tumulten. Jane sagte, sie trete mit ihrer Aktion für Amerika ein: »Das Bombardement ist umso schrecklicher, wenn man die kleinen Gesichter sieht, wenn man erlebt, wie die Frauen sagen: ›Danke, amerikanisches Volk, dass ihr euch gegen den Krieg stark macht.‹ Ich glaube, die wahren Patrioten in diesem Land sind diejenigen, die sich gegen den Krieg aussprechen.« Sie bezeichnete Nixon als Lügner, Zyniker, Mörder und Kriegsverbrecher. Viele Zuhörer waren beeindruckt vom ehrlichen Aufschrei der offensichtlich

Im Gespräch mit gefangenen US-Soldaten in Nordvietnam – Jane Fondas Reise in das Kriegsgebiet 1972 rückte sie noch stärker ins Visier des FBI, empörte einen Großteil der amerikanischen Öffentlichkeit und bescherte ihr den Beinamen »Hanoi-Jane«. Später sagten zwei GIs aus, sie seien durch Folter zu dem Treffen gezwungen worden.

überzeugten Jane Fonda. Doch ein Großteil der Öffentlichkeit reagierte wütend. »Hanoi-Jane« war der Schimpfname, mit dem sie von nun an leben musste. Auf einem Hochhaus in Manhattan verbrannten Bauarbeiter eine Jane-Puppe. Abgeordnete in Maryland forderten (nicht ganz ernsthaft), man müsste ihr die Zunge herausschneiden. In Colorado fand eine Eingabe mit dem Ziel statt, ihr das Betreten des Staates zu verbieten. Zwei Abgeordnete im Parlament in Washington forderten, sie solle als Verräterin verurteilt werden. Das Justizministerium stellte jedoch fest, dass Jane kein Gesetz gebrochen hatte. Beim FBI machte allerdings eine neues Geheimdossier über sie die Runde – auf dem Aktendeckel stand: »Jane Fonda, Anarchistin«.

Seit dem Sommer 1972 lebte Jane mit Tom Hayden zusammen. Er wurde gewissermaßen ihr politischer Vadim: Die Fragen und Themen, die Jane emotional bewegten und antrieben, hatte Hayden meist schon zehn Jahre länger reflektiert. Er verfolgte ein politisches Konzept, gab ihrem Aktivismus eine Richtung, bot ihr Geborgenheit. Und er machte ihr klar, dass die Revolution nicht über Nacht zu erreichen war. Erstmals hörte sie zu.

Im September wurde Jane erneut schwanger. Sie wünschte sich ein weiteres Kind, doch weder sie noch Hayden wollten unbedingt heiraten – es war seine Mutter, die sich für eine Eheschließung aussprach. Nachdem die Scheidung von Vadim im Dezember rechtskräftig geworden war, heirateten Jane und Tom Hayden im Januar 1973; sie war im vierten Monat. Unter den 100 Gästen nahmen auch Vater Henry und Bruder Peter an der Zeremonie in Janes Haus teil. Der Pfarrer, ein progressiver Vertreter der Episkopalkirche, fragte: »Willst du, Jane, Tom zum Mann nehmen, und werdet ihr versuchen, in der Ehe gemeinsam zu wachsen, ehrlich zu sein, die Verantwortung für eure Kinder zu teilen und euren Sinn für Humor zu bewahren?« Drei Tage später wurde der Pfarrer vom Dienst suspendiert, weil er ohne Einwilligung des Bischofs eine geschiedene Frau getraut hatte.

***

Zwei Mädchen schauen aus dem Zimmerfenster und beobachten das vorbeiziehende Gewitter. Fragt das eine: »Glaubst du, dass es auch auf Peter Fonda regnet?«

Peter fand diesen Cartoon 1969 in einer Zeitung und steckte ihn an seinen Kaminsims. Er erfreute sich nach *Easy Rider* einer immensen Popularität, und seine Gewinnbeteiligung als Produzent des Films sicherte ihm auf absehbare Zeit ein sorgenfreies Leben. In einer solchen Situation zieht man Bilanz: Was fängt man mit der so erworbenen Freiheit an? Wie sollte es nun mit der Filmkarriere weitergehen?

Zunächst galt es, einer unangenehmen Wahrheit ins Auge zu sehen: Peters und Susans Ehe war gescheitert. Seit Peter 1965 sein Leben geändert hatte, reagierte Susan kritisch auf seine Aktivitäten. Seine Musik und seine Filmvorbereitungen nahmen sehr viel Zeit in Anspruch. Susan lehnte es ab, Peter zu Dreharbeiten zu begleiten; sie sorgte zu Hause für die Kinder. Auseinandersetzungen gab es praktisch keine, weil Peter sich weigerte zu streiten. Er hatte Affären, und obwohl er regelmäßig nach Hause zurückkehrte, vergaß er mehr und mehr jene Aufmerksamkeiten, die er seiner Frau schuldig war – ein Abendessen im Restaurant oder eine Postkarte vom Drehort.

Susans Mutter hatte schon nach Bridgets Geburt die Scheidung empfohlen, und 1968 sprach auch Susan erstmals davon. Peter suchte Rat bei Jane, die sich auf Susans Seite schlug. Sie fragte Susan, warum sie Peter überhaupt geheiratet hatte, und Susan wusste keine Antwort darauf. Nur die Angst vor der Wahrheit hielt Peter lange davon ab, die offensichtlichen Parallelen zu den unglücklichen Ehen seines Vaters einzugestehen: Auch in seinem Fall genoss der Filmemacher vor dem Familienvater Priorität. Gemeinsame Sitzungen beim Psychotherapeuten konnten die Risse jedenfalls nicht mehr kitten. Er und Susan fuhren zwar noch gemeinsam mit den Kindern in Urlaub, aber von Eheleben konnte keine Rede mehr sein – Susan empfahl Peter, sich eine Freundin zu nehmen. Das tat er zwar, aber insbesondere der bevorstehende Verlust seiner Kinder deprimierte ihn sehr. Anfang 1972 trennten sich die beiden während der Dreharbeiten zu *Zwei Menschen unterwegs*. Peter bezeichnete es als die schwerste Aufgabe seines Lebens, Bridget und Justin die Trennung zu erklären. Der fünfjährige Justin war so wütend und verzweifelt, dass er seinem Vater in den Arm biss. Ein Jahr später war die Scheidung offiziell.

Freiheit – für Peter bedeutete das ein Segelboot auf hoher See. Schon lange wünschte er sich ein eigenes Boot, jetzt konnte er es sich leisten. Der Erbe des Boeing-Flugzeugherstellers, Cranston Boeing Pascal III, wollte die Familienyacht *Tatoosh* veräußern – er machte Peter ein Angebot, das der zunächst ablehnte, weil ihm das Boot mit seinen 25 Metern Länge viel zu groß erschien. Aber als er es sich in Seattle ansah, konnte er der Schönheit des aus ausgesuchten Alaskazedern gefertigten Rumpfes und vieler in Handarbeit gefertigter Details nicht widerstehen. Der Kaufpreis belief sich auf 500 000 Dollar, und Peter nahm sich vor, diesen Preis mit etwas Hokuspokus herunterzuhandeln. Er besorgte sich 200 000 Dollar in bar – 1000- und 500-Dollar-Noten, die selbst bei der Bank schwer zu beschaffen waren, denn jedermann vermutete bei großen Scheinen einen Drogendeal. Während der Verkaufsverhandlung stellte Peter theatralisch seinen Geldkoffer auf den Tisch und zählte Pascal die 1 000-Dollar-Scheine vor: Er bot ihm die 200 000 Dollar in bar, falls ihm die Yacht bei einem Probetörn auf See gefallen sollte – falls nicht, durfte Pascal 50 000 Dollar davon behalten. Der schlug ein, und Peter kaufte sein Traumschiff für weniger als die Hälfte der zunächst geforderten Summe. In den nächsten 14 Jahren segelte er fast 100 000 Meilen über den Pazifik, vorwiegend in den Gewässern um Hawaii.

Zum Erntedankfest 1970 überredete er seinen alten Vater zu einem Törn vor der Hawaii-Insel Kaui, und er brachte Henry sogar dazu, selbst das Ruder zu übernehmen – eine Art Rückvergütung der Segelstunden, die Henry seinem kleinen Sohn einst gegeben hatte. Peter nahm es seiner Stiefmutter Shirlee an diesem Tag sehr übel, dass sie den Ausflug – und damit die Annäherung von Vater und Sohn – verhindern wollte. Sie hatte offensichtlich Angst vor dem Meer, wollte aber Henry auch nicht allein fahren lassen. Die ganze Zeit klagte sie, seekrank zu sein – erst als die *Tatoosh* wieder gen Land steuerte, hörte sie auf zu jammern.

Auf seiner Yacht beobachtete Peter ein erstaunliches Phänomen: Wenn er an Bord lebte, schlief er tief und fest – die schrecklichen Albträume, die ihn seit seinem sechsten Lebensjahr praktisch jede Nacht heimgesucht und viel zu seinen Psychokrisen beigetragen hatten, entließen ihn auf See aus ihrem Klammergriff. Kein Wunder, dass er es von nun an vorzog, monatelang auf dem Boot zu wohnen. Erst 1984 verkaufte er die *Tatoosh*, wenn auch schweren Herzens: Er musste sich eingestehen, dass auch er älter geworden war und es zudem schwieriger wurde, eine professionelle Besatzung für die seltener werdenden Törns vorzuhalten.

In mexikanischen Häfen traf sich Peter oft mit John Wayne, einem ebenso begeisterten Segler. Obwohl die beiden in politischer Hinsicht entgegengesetzte Pole bildeten, verstanden sie sich privat bestens. Wayne kam an Bord der *Tatoosh*, half bei Reparaturen, und die beiden schwelgten in Erinnerungen an die 40er-Jahre, als Wayne bei Henry und Familie auf Tigertail zu Gast gewesen war. Später hatte Wayne sich geweigert, mit Henry zu arbeiten, weil er den eher progressiv eingestellten Kollegen für einen »pinko«, einen Kommunistensympathisanten hielt. Noch Anfang der 70er-Jahre scheiterte deswegen Peter Bogdanovichs nostalgisches Western-Projekt *The Streets of Laredo*, in dem Henry Fonda, John Wayne und James Stewart die Hauptrollen spielen sollten. Dabei hatte sich Henry ebenso wie Wayne für das amerikanische Engagement in Vietnam stark gemacht. Auf den expliziten Vietnamkrieggegner Peter richtete sich Waynes Ablehnung erstaunlicherweise nicht, und auch Peter sprach immer ehrfurchtsvoll von seinen Erlebnissen mit dem alternden Superstar. Wenige Jahre später war John Wayne sogar bereit, Jane Fonda auf einer Veranstaltung einen Preis zu überreichen, obwohl sie seine politische Haltung entschieden bekämpfte.

Peter merkte natürlich, dass er in den Augen vieler als »Captain America«, als Anführer seiner Generation angesehen wurde, der er mehr oder minder automatisch vorweg marschiert. Dabei hat er diese Führungsrolle immer abgelehnt, was er auch in seiner Autobiografie mehrfach betont. In Talkshows und Interviews machte er sich zwar für die ökologische Bewegung und gegen Vietnam stark, aber er war wahrlich kein Hippie oder Sozialist. Und es ärgerte ihn, als er wegen der teuren Yacht in die Schlagzeilen geriet – nach dem Motto, er habe »den Kreuzzug verraten«. Er kaufte sich zwar ein Fahrrad, aber er hätte wohl kaum auf seine Sportwagen und die Motorräder verzichtet. Jeanshosen und -hemden trug er nicht, weil er das einfache Leben vorzog und den Luxusgütern abschwor, sondern weil sie sich auf Reisen am leichtesten waschen ließen.

Demzufolge ist es nicht verwunderlich, dass Peter bei seinem ersten Filmprojekt nach *Easy Rider* dafür sorgte, dass keine Motorräder über die Leinwand rollten: *Der weite Ritt* ist ein Familiendrama im Western-Gewand. Erstmals führte Peter auch Regie, und er spielte die Hauptrolle. In dem Drehbuch von Alan Sharp erkannte er sich selbst wieder: Ein Mann lässt seine Frau und seine kleine Tochter in der Wildnis allein und treibt sich mit einem Freund herum. Als er zurückkehrt, lehnt seine Frau die Versöhnung ab, stellt ihn aber als bezahlten Farmarbeiter ein. Die Dreharbeiten in einem Indianerreservat in New Mexico verliefen reibungslos – bis auf die Tonaufnahmen, denn die wurden bei den Nachtszenen ständig von einem Autokino in der Nähe gestört, in dem die Kids die Lautsprecher an ihren Cabrios bis zum Anschlag aufdrehten. Dort lief in dieser Woche nämlich jeden Abend *Easy Rider* – »Born to be wild« …

Der sehr subtile und zurückhaltende Western kam bei der Kritik sehr gut an, gewann auch Preise, aber das Publikum wollte ihn kaum sehen. Peters Ruhm bezog sich allein auf *Easy Rider*, auf Freiheitsideale im Motorradsattel – Amerikas Jugend schien nicht bereit, ihm bei anderen Abenteuern zu folgen. Hinzu kam, dass er nach wie vor große Schwierigkeiten hatte, Geld für eigene Filmproduktionen aufzutreiben. Und abgesehen von der Rolle in *Zwei Menschen unterwegs* hatte Peter schon lange kein Angebot der etablierten Hollywood-Studios erhalten.

Sein ständiges Aufbegehren gegen Autoritäten zeitigte natürlich Auswirkungen. »Ich habe es ihnen nicht leicht gemacht, mich zu mögen«, sagte er später. »Ich weiß, dass ich es selbst zu verantworten habe, wenn ich nicht die Rollen bekam, die ich mir wünschte. Ich war eben reichlich rebellisch, als ich kapierte, dass es in Hollywood nur um Verträge ging.«

Viel Pläne zerschlugen sich, und auch angesichts seiner gescheiterten Ehe verlegte Peter sich darauf, weniger eigene, zeitaufwändige Projekte zu verfolgen und lieber als Darsteller in B-Filmen aufzutreten, die er nicht verantwortete, die aber wenigstens moderate Gagen versprachen. Doch genau diese Gagen machten häufig ein Drittel oder gar die Hälfte der Produktionskosten aus, namhafte Regisseure waren also im Budget nicht mehr vorgesehen und für Schauwerte war kaum Geld vorhanden. Dennoch hatten einige dieser Streifen durchaus Erfolg. In *Outlaw Blues* durfte Peter als Countrysänger seine Songs sogar selbst interpretieren. Aber als Schauspieler traute er sich zu wenig zu – ihm fehlte das Selbstvertrauen, das seine Motorradgefährten Dennis Hopper und vor allem Jack Nicholson zu Stars machte. Aus dieser Scheu heraus lehnte Peter jahrelang bei vielen Filmen gestandene Darsteller als Partner ab, um nicht – so seine Befürchtung – an die Wand gespielt zu werden. Notgedrungen musste das Resultat immer etwas ärmlich aussehen.

»Ich liebe den Film, ich biete mich an wie eine Hure«, sagte er. »Ich sage praktisch immer Ja. Ich habe immer viel gearbeitet, weil ich das gern tue.« Als beispielsweise die deutsche Regisseurin Marianne Rosenbaum anrief und ihn für ihre Nachkriegsgeschichte *Peppermint Frieden* als GI engagieren wollte, konnte sie ihm keine nennenswerte Gage anbieten. Peters Antwort: »Kein Problem – kauft mir ein Motorrad!«

»Unter meinen vielen Filmen waren auch einige schlechte«, gab er zu. »Aber ich habe meine Arbeit gut gemacht. Mein Vater nahm auch jede Rolle an, die ihm angeboten wurde. Er hat sich wahrscheinlich nicht begeistert auf *Der tödliche Schwarm* gestürzt, aber er hat den Film gemacht.« Wie der Vater, so der Sohn? Fest steht: Untätigkeit scheint bei den Fondas nicht besonders beliebt zu sein.

Obwohl Peters Beziehung zu Dennis Hopper angespannt blieb, erklärte er sich bereit, in Hoppers nächstem Film *The Last Movie* einen Gastauftritt zu absolvieren, der ihn in die unwegsamen Berge von Peru versetzte. Hoppers Größenwahn nahm in dieser Zeit exzessive Züge an, seine wirre Abrechnung mit dem Hollywood-System war kaum für den kommerziellen Erfolg geeignet und es hätte wirklich leicht sein letzter Film werden können. Hopper versank in den folgenden Jahren bis zum Hals im Drogensumpf. Peter selbst hielt sich nach eigener Aussage von harten Drogen weitgehend fern, er rauchte jedoch gern und ausgiebig seine omnipräsenten Joints. Er bezeichnet sich – im Gegensatz zu vielen seiner damaligen Gefährten – als von seiner gesamten Konstitution her nicht suchtgefährdet.

1974 lernte Peter in Florida bei den Dreharbeiten zu *33 Grad im Schatten* Becky kennen, die Frau des Regisseurs und Autors Thomas McGuane. Die quirlige Person war nur 1,50 Meter groß und somit ganze 40 Zentimeter kleiner als Peter, aber sie machte sofort großen Eindruck auf ihn. Peter spürte, dass es um ihre Ehe nicht gut stehen konnte, denn McGuane bändelte mit jeder Frau am Set an. Doch erst während der Produktion seines nächsten Films *Vier im rasenden Sarg* in Texas erfuhr Peter, dass Becky sich scheiden lassen wollte. Sofort lud er sie nach San Antonio ein und empfing sie mit einem Hotelzimmer voller gelber Rosen. Becky hieß eigentlich Portia Rebecca Crockett, und sie war die Ur-Ur-Ur-Urenkelin des legendären Parlamentariers und Volkshelden Davy Crockett, der 1836 in der Schlacht um Alamo in San Antonio fiel. Becky war begütert – ihr Großvater Lou Crockett war Mitbegründer des Pharmakonzerns Upjohn. Mit Beckys Sohn Thomas, beinahe gleichaltrig mit seinem eigenen Sohn Justin, verstand sich Peter ebenfalls auf Anhieb.

Zu Peters 35. Geburtstag schenkte ihm Becky ihre abgewetzte Ausgabe des in den USA sehr beliebten Kinderbuchs *Stuart Little* – die Geschichte einer Maus, die von einer Menschenfamilie an Kindes statt adoptiert wird. Peter war extrem gerührt, denn Becky konnte nicht wissen, dass Stuart der Held seiner einsamen Kindertage gewesen war. Aber sie schien gespürt zu haben, was ihm fehlte, und an diesem Tag wurde ihm endgültig klar, dass er die Partnerin fürs Leben gefunden hatte. Er geht sogar so weit zu behaupten, dass er mit dieser Erkenntnis seine Mutter »endgültig begrub«: Frances barg von nun an keine Schrecken mehr.

Becky besaß eine Ranch in Montana, die sie aber ohne Scheidungsquerelen und Anwälte ihrem Exmann überließ. Jetzt kaufte sie die angrenzende Ranch für sich selbst – dort wollte sie mit ihrem Sohn wohnen, damit er seinen Vater so oft wie möglich besuchen konnte. Peter war erstaunt über so viel Familiensinn – in Hollywood hatte er eine derartige Rücksichtnahme selten erlebt. Er war wiederum bereit, mit Becky in Montana zu leben, obwohl ihm die raue Witterung dort zu schaffen machte – er vermisste das Meer und das milde Klima Kaliforniens.

Susan hatte inzwischen Peters früheren Agenten Bill Tennant geheiratet, und Bridget und Justin wuchsen bei ihr auf. Peter legte größten Wert darauf, möglichst viel Zeit mit seinen Kindern zu verbringen. Im Sommer besuchten sie ihn in Montana, und mehrfach begleiteten sie ihn auf Kreuzfahrten mit der *Tatoosh*. 1980 beschloss der 14-jährige Justin, der sich sehr gut mit seinem Stiefbruder Thomas verstand, bei Peter und Becky in Montana zu leben, und Susan erklärte sich einverstanden. Thomas ging wie Justin aufs College, machte seinen Abschluss in englischer Literatur, entschied sich dann aber für einen Handwerksberuf vor Ort in Montana: Er härtet heute Stahl in seiner eigenen Schmiede und stellt in Handarbeit Taschenmesser her.

1979 kam es zur lang ersehnten Zusammenarbeit zwischen Peter und seinem Vater Henry Fonda – hier mit seiner fünften Ehefrau Shirlee. Der mittlerweile 72-Jährige fand es »wunderschön«, das mitzuerleben.

Endlich hatte Peter die Familie gefunden, die er sich immer gewünscht hatte. Jetzt galt es, das letzte Bollwerk einzunehmen: seinen Vater. Oft besuchte er den mittlerweile greisen Henry in Los Angeles, der sich angesichts seiner Alterschwäche noch mehr in sich zurückgezogen hatte. Eines Tages ging Peter am Telefon in die Offensive und sagte: »Ich bin der Regisseur, du bist der Schauspieler. Hier ist dein Dialog: ›Ich liebe dich, mein Sohn!‹« Henry legte sofort auf. Doch Peter ließ sich nicht entmutigen und lieferte Henry bei jedem Telefonat unbeirrt das Stichwort, indem er sagte: »Ich liebe dich sehr, Dad.« Die körperliche Distanz am Telefon half Henry vermutlich, und mit der Zeit gelang es ihm, Peter zu antworten, ihm gar zuvorzukommen. Als das geschah, spürte Peter, wie die Jahre der Frustration von ihm abfielen.

Bei dem Western *Wanda Nevada* mit Brooke Shields übernahm Peter die zweite Hauptrolle und auch die Regie. Er bat seinen Vater um einen Gastauftritt – wenigstens einmal wollte er mit ihm arbeiten. Henry bekam 1500 Dollar für den einen Drehtag in Page/Arizona, er spielte einen knorzigen Goldsucher – hinter dem langem Vollbart und einer Art Motorradbrille kaum wiederzuerkennen. Der Bart war angeklebt, und Henry beschwerte sich darüber, dass er völlig unecht aussah. Peter gab ihm Recht, kaute Lakritz durch und spukte es auf den Bart, um das Ganze etwas realitätsnäher zu gestalten. Henry bestand darauf, echten Kautabak zu kauen, den er in der Szene ausspucken sollte – der Nikotinschub sorgte dafür, dass er in seiner Garderobe ohnmächtig wurde. Doch er überstand den heißen Tag in der Wüste, und eine Woche später erhielt Peter einen Brief:

Es bedeutet mir eine Menge, dass du mich gebeten hast mitzumachen. Du sollst wissen, wie stolz ich auf dich bin. Offensichtlich liegt dir dein gesamtes Team zu Füßen, und es ist wunderschön, das mitzuerleben. In 43 Jahren habe ich Derartiges nicht so häufig erlebt, dass es mich nicht beeindrucken würde. Und du bist ein sehr guter Regisseur … ein umsichtiger Mann, und ich liebe dich.

Dein Dad

* * *

Am 7. Juli 1973 bekam Peters Schwester Jane ihr zweites Kind, einen Sohn. Die Eltern nannten ihn Troy O'Donovan Garity – Hayden hatte diesen Namen (Garity war der Mädchenname seiner Mutter) früher im Untergrund häufig als Decknamen benutzt. Der Sprössling kam in einer schwierigen Familiensituation auf die Welt: Die Haydens lebten in einem demonstrativ einfachen Haus in Venice bei Los Angeles – Henry Fonda nannte es den »Schuppen«. Doch das revolutionäre Ambiente war aus der Not geboren – beide waren praktisch pleite. Janes Popularitätskurve hatte einen absoluten Tiefpunkt erreicht: GIs, die aus der Kriegsgefangenschaft in Nordvietnam heimgekehrt waren, berichteten von Folterungen in den Gefangenenlagern, was Jane veranlasste, sie als Lügner zu beschimpfen. Doch die Berichte wurden von immer mehr Soldaten bestätigt, und Jane versuchte nun, das Ganze mit der verständlichen Wut der Vietnamesen auf die Bomberpiloten zu erklären. Sie selbst hatte während ihres Vietnamaufenthalts mit gefangenen GIs gesprochen, und als zwei dieser Männer bei ihrer Rückkehr in die Heimat aussagten, man hätte sie gefoltert, um sie zu dem Treffen mit Jane Fonda zu zwingen, war sie sprachlos.

Zweifellos von der militanten Aktivistin Vanessa Redgrave inspiriert, widmete sich Jane daraufhin verstärkt der Sache der Palästinenser. In der traditionell Israel-freundlich eingestellten amerikanischen Öffentlichkeit wurde Jane nun als antisemitisch beschimpft, und die Hollywood-Produzenten schassten sie ostentativ. Dass ihre Ablehnung der israelischen Politik kein Antisemitismus war, bewies Jane einige Jahre später, als sie begann, jüdische Organisationen gegen antisemitische Ausschreitungen in der UdSSR zu unterstützen.

Watergate verschaffte Jane immerhin die Genugtuung, dass ihr Erzfeind Richard Nixon tatsächlich jene Opposition verdient hatte, die sie mit angeführt hatte. Aufgrund der jetzt aktenkundigen Machenschaften reichte sie offiziell Klage gegen den Präsidenten ein – doch der Feind war längst besiegt. Im August 1974 trat Nixon ab, 1975 verließen die letzten Amerikaner Vietnam. Kaum jemand zeigte noch Interesse für Janes Kreuzzug in Sachen Neues Amerika. Tom Hayden hingegen hatte die Zeichen der Zeit bereits erkannt: In Kalifornien war der als progressiv geltende Jerry Brown zum Gouverneur gewählt worden, und der versammelte Helfer von außerhalb des klassischen Establishments um sich, um einen neuen politischen Stil zu etablieren. Hayden wurde als Berater in Browns Stab berufen. Seine politischen Weggefährten warfen ihm vor, er würde sich damit an das Establishment verkaufen und den berühmten Namen seiner Frau benutzen, um seine politische Akzeptanz zu erhöhen. Zu den Kritikern gehörte auch Peter: Seinen Schwager Vadim hatte er geschätzt, aber Tom Hayden unterstellte er von Anfang an, Jane opportunistisch für seine Zwecke auszubeuten. Hayden sah das naturgemäß anders. Ihm war klar, dass er nach dem Ende des Vietnamkriegs eine andere Richtung einschlagen musste, um seine gleichgebliebenen Ziele zu erreichen. Sein Programm hieß jetzt »Campaign for Economic Democracy«, sein soziales Engagement galt nun den Minderheiten im eigenen Land. Dabei forderte er nicht Almosen für die Armen, sondern erwartete, dass die Unterprivilegierten ihr Schicksal tatkräftig selbst in die Hand nahmen. Solche Ideen konnten die Wähler nachvollziehen. Mitte 1975 kandidierte Hayden für den Posten des kalifornischen Senators in Washington. Er verlor zwar die Wahl, war danach aber als populärer Politiker etabliert.

So wie Hayden Jane für seine Karriere einzusetzen verstand, öffnete seine politische Renaissance andererseits auch ihr die Türen zurück nach Hollywood. Ihr filmisches Credo formulierte sie jetzt neu – und sehr viel moderater: »Meine Filme müssen nicht unbedingt eine Botschaft transportieren. Aber sie müssen die Wahrheit sagen. Ich will das Publikum nicht verschrecken, sondern ansprechen. Ich will es nicht unbedingt bekehren, aber zum Nachdenken anregen. Ein wahrhaftiger Film ist in meinen Augen schon deshalb ein politischer Film, weil die meisten Filme nicht an der Wahrheit interessiert sind.«

Für nur 100 000 Dollar Gage drehte Jane Ende 1975 die Komödie *Das Geld liegt auf der Straße*, eine Satire auf die Heuchelei der amerikanischen Mittelklasse. In der Hauptrolle verwandelte sie sich von einer unterwürfigen Matrone in eine aggressive Kämpferin für das Familienglück, die dem schwächlichen Ehemann das Zepter aus der Hand nimmt. So wollten die Zuschauer sie sehen, und man akzeptierte nun Janes politische Thesen in den Talkshows, solange sie bereit war, weiterhin als berühmter Filmstar aufzutreten. Es gab allerdings einen gewissen Prozentsatz von Amerikanern, die Hanoi-Jane ihren »Verrat« nie vergaben.

Jane Fonda gab also das Predigen auf, schon um ihrem Mann im Wahlkampf nicht zu schaden, sondern ihn zu unterstützen. In der Öffentlichkeit äußerte sie sich jetzt zu alltäglichen Probleme im eigenen Lande, sie wandte sich gegen die Ölkonzerne und ihre Preispolitik oder prangerte Sexismus an. Erstaunlich, wie schnell ihr Image in der Öffentlichkeit gewandelt wurde: Schon 1976 gehörte sie laut der Zeitschrift *Redbook* zu den »zehn am meisten bewunderten Frauen« der USA.

Bei dem Filmprojekt *Julia* holte Jane, die selbst die biografische Rolle der Schriftstellerin Lillian Hellman übernahm, ihre Freundin Vanessa Redgrave für die Titelrolle an Bord – und praktisch verschaffte ihr Jane damit den Oscar. Im Gegensatz zu Jane erstarrte die Redgrave allerdings zunehmend in ihren politischen Ansichten. Die beiden stellten bei den Dreharbeiten in Frankreich fest, dass ein Gespräch darüber nicht mehr möglich war, was Jane frustrierte. Wie in einem Spiegel erkannte sie in ihrer Freundin ihre eigene frühere Vehemenz.

Julia war zwar ein Frauenfilm, aber eher konventionell gemacht, und Jane beschloss, die Produktion ihrer Filme fortan selbst in die Hand zu nehmen. Sie gründete ihre eigene Produktionsfirma und nannte sie IPC Films nach ihrer mit Hayden gegründeten Antikriegsorganisation Indochina Peace Campaign. Janes Partner in der Firma wurde Bruce Gilbert, ein wohlhabender Anwalt aus Beverly Hills, der aber seit den bewegten 60er-Jahren zu Tom Haydens roter Truppe gehörte. Gilbert fand die Formel für die Filme, die Jane am Herz lagen: Es sollte im besten Fall um einen Helden oder eine Heldin gehen, die am Anfang der Geschichte noch gänzlich dem konservativen Amerika verbunden sind. Dann passiert etwas, das sie aus ihrer unpolitischen Haltung aufschreckt und zum Umdenken zwingt. Die Protagonisten fungieren jeweils als Identifikationsfiguren des Publikums, das auf diese Weise gezwungen wird, ebenfalls die eigene Haltung zu überdenken.

Das erste Projekt der IPC Films hieß *Coming Home – Sie kehren heim*. Jane gab das Drehbuch zunächst bei der Autorin Nancy Dowd in Auftrag. Diese erfand die Geschichte der Soldatenfrau Sally: Sally ist mit einem überzeugten Vietnamkämpfer verheiratet, arbeitet in einem Veteranenhospital und findet in einer lesbischen Beziehung zu sich selbst. Sogar Jane sah ein, dass dieses engagierte feministische Stück im Kommerzkino damals keine Chance gehabt hätte, und ließ das Skript von dem Drehbuchveteranen Waldo Salt umschreiben. Der stellte Sallys Liebe zu dem querschnittsgelähmten Vietnamveteranen Luke in den Mittelpunkt. Jane verhandelte mit fünf Hollywood-Stars, darunter auch Jack Nicholson, doch alle lehnten die Rolle des Krüppels ab. Jon Voight, der zunächst den Ehemann spielen sollte, sprang schließlich ein. Daraufhin fiel Autor Salt wegen einer Herzattacke aus. Um das unfertige Drehbuch voranzutreiben, improvisierten die Hauptdarsteller vor laufender Videokamera, und der Cutter Robert C. Jones schrieb die fehlenden Szenen als Extrakt dieser Kassettenaufnahmen nieder. In einer einfühlsam angelegten Schlüsselszene erlebt Luke mit Sallys Hilfe, dass er trotz seiner Lähmung sexuell empfinden und körperlich lieben kann. Diese Sequenz erwies sich als erotischer und expliziter als alles, was Roger Vadim jemals mit Jane auf die Leinwand gebracht hatte. Im Konzept einer überzeugenden Geschichte hatte Jane gegen Sex vor der Kamera durchaus nichts einzuwenden, sie ließ sich beim Dreh allerdings von einem Nacktdouble vertreten.

Coming Home gehört zu den wenigen Filmen, die sich schon in den 70er-Jahren mit dem Trauma Vietnam auseinander setzten. Und er wurde Janes persönlicher Triumph. Die Kritiker feierten ihn enthusiastisch, drei Oscars krönten den Erfolg: für die Hauptdarsteller Jane Fonda und Jon Voight sowie für das Drehbuch. Jane brillierte in der radikalen Entwicklung der unbedarften Sally zu einer verantwortungsbewussten Frau, und sie lieferte in Hollywood gleichzeitig den überzeugenden Einstand als unabhängige Filmemacherin ab.

Spotlight: *Das China-Syndrom*

Drei Monate nach Inbetriebnahme bricht in einem Kernkraftwerk das Kühlsystem zusammen. Ein Aufseher schaltet versehentlich das Ersatz-

system ab. Das Uran überhitzt sich, die Brennstäbe zerbrechen. Der Reaktor droht zu explodieren, weil sich darin radioaktiver Dampf angesammelt hat. Am nächsten Tag evakuiert man Kleinkinder und schwangere Frauen in einem Umkreis von acht Kilometern um das Kraftwerk. 1,5 Millionen Liter »leicht verseuchtes« Kühlwasser werden in den Fluss gepumpt. Obwohl der radioaktive Dampf abgelassen wird, besteht noch tagelang die Gefahr einer Explosion, weil sich eine Wasserstoffblase gebildet hat. Eine Woche später kehren jene etwa 200 000 Anwohner zurück, die vor der Katastrophe geflohen sind. Das Kraftwerk selbst ist auf Jahre verseucht.

Hier geht es nicht um eine Filmsequenz. Der Vorfall hat sich am 28. März 1979 im Kernkraftwerk Three Mile Island bei Harrisburg/Pennsylvania wirklich ereignet – es war der bis dahin schwerste Störfall in der Geschichte der zivilen Atomenergienutzung. Ironie des Schicksals: Jener Aufseher, durch dessen menschliches Versagen der Betriebsunfall eskalierte, machte Jane Fonda zu einer reichen Frau. Denn nicht einmal zwei Wochen vorher lief in den amerikanischen Kinos Janes Produktion *Das China-Syndrom* an, die einen ganz ähnlichen Fall thematisierte.

Jane hatte das Konzept mit Partner Bruce Gilbert für IPC Films selbst entwickelt, denn Tom Hayden kämpfte schon seit 1975 vehement gegen den Bau neuer Atomkraftwerke in Kalifornien. 1976 bemühte sich Jane um die Filmrechte an dem Fall Karen Silkwood: Jene junge Technikerin arbeitete in einer Wiederaufbereitungsanlage in Oklahoma und kam unter ungeklärten Umständen bei einem Autounfall ums Leben – wahrscheinlich wurde sie ermordet, weil sie die Verschleierung eines Störfalls aufdecken wollte. Aber IPC bekam die Rechte nicht, *Silkwood* wurde erst 1983 mit Meryl Streep und Cher verfilmt. So suchte Jane ein Drehbuch mit ähnlicher Thematik und fand einen überzeugenden Thriller mit realistischem Hintergrund, den der junge Autor James Bridges geschrieben hatte. Bridges erklärte sich bereit, die Hauptrolle des ursprünglich männlichen Reporters für Jane umzuschreiben, und sie war von dem Ergebnis so begeistert, dass sie Bridges auch die Regie übertrug. Weitere Hauptrollen übernahmen

Michael Douglas als ihr Fernsehkameramann und Jack Lemmon als Leiter des Kraftwerks: Er muss zwischen seinem Gewissen und seiner Loyalität dem Unternehmen gegenüber entscheiden, als durch ein Leck Radioaktivität freigesetzt wird.

Der Verleih Columbia hielt den Titel *Das China-Syndrom* für problematisch, weil Umfragen gezeigt hatten, dass ihn niemand verstand – die Befragten brachten »Syndrom« mit einer Krankheit in Verbindung. Tatsächlich wird im Expertenjargon so der größte anzunehmende Unfall in einem Atomkraftwerk bezeichnet, bei dem der Reaktorkern schmilzt und sich mit gewaltiger Hitze unaufhaltsam in das Erdreich brennt, »bis er auf der anderen Seite in China wieder zum Vorschein kommt«.

Jane bestand jedoch auf diesem Titel, und in der Werbekampagne kündigte sie den Streifen geschickt als »harten Thriller« an, »wie es ihn in Hollywood seit Jahren nicht gegeben hat. Es geht um Leben und Tod – um unser Leben, um unseren Tod.« So sahen es auch die Kritiker – zumindest, was die Thrillerqualitäten des zweifellos spannend inszenierten und hervorragend gespielten Films angeht. Doch die Realität? Nein, die konnten sie in dieser »Science-Fiction-Geschichte« nicht entdecken. Dass ein Kraftwerkbetreiber Lügen, Korruption und Gewalt einsetzen könnte, um solch einen Störfall zu vertuschen, hielt der *Time*-Rezensent dann doch für zu unglaubwürdig – ebenso wie den Störfall selbst: »Es gibt reichlich Wissenschaftler, die bestätigen, wie unwahrscheinlich eine solche Kette von Zufällen ist.« Auch die Atomindustrie selbst meldete sich zu Wort und bezeichnete den Film als »unverantwortlich – er fügt der Öffentlichkeit großen Schaden zu, indem er aufgesetzte Theatralik verwendet, um Amerikanern Angst vor einer dringend benötigten Energiequelle einzureden«.

Als dann am 28. März der Reaktor auf Three Mile Island fast explodierte und die Offiziellen des Kraftwerks und auch die Behörden die Katastrophe durch unzureichende Informationen verschleiern wollten, mobilisierte der Film Millionen von Menschen, die bis dahin entweder noch unschlüssig oder gar Befürworter der Nuklearenergie gewesen waren. *Das China-Syndrom* erwies sich nicht nur als ein solider finanzieller Erfolg (und verdoppelte Janes Marktwert auf eine Million Dollar pro Film), sondern öffnete den Weg in eine unerwartet dynamische politische Dimension: Plötzlich war Jane Fonda die Prophetin der Antiatomkraftbewegung. Mit ihrem Mann nutzte sie die Gunst der Stunde und ging auf eine landesweite Tour, um Geld für die Bewegung zu sammeln und Tom Haydens politische Karriere voranzutreiben. Darüber, dass die Fiktion auf so beängstigende Weise von der Realität eingeholt wurde, sagte Filmpartner Michael Douglas: »So etwas kann man nicht mehr als Zufall bezeichnen – da könnte man glatt religiös werden.«

* * *

»Ich bin kein religiöser Mensch«, sagte Henry Fonda, »aber ich danke Gott jeden Morgen, dass ich lange genug gelebt habe, um diese Rolle spielen zu dürfen. Wie soll ich die Erfahrung mit *Am goldenen See* beschreiben? Magie, denke ich. Es war magisch!«

Jane war als Koproduzentin bei der Verfilmung des Theaterstücks von Ernest Thompson eingestiegen, um ihrem Vater nach vielen mittelmäßigen Filmen eine Rolle zu verschaffen, die seiner würdig war. Henry war jetzt 75 Jahre alt. Die eiserne Disziplin hatte er sich bewahrt, doch sein Körper ließ ihn zunehmend im Stich. Sechs Operationen musste er in den 70er-Jahren über sich ergehen lassen, er trug einen der ersten, noch sehr unbequemen Herzschrittmacher, man hatte ihm einen gutartigen Tumor aus der Lunge geschnitten, eine Sehnenscheidenentzündung fesselte ihn lange Zeit ans Bett, dann diagnostizierten die Ärzte Prostatakrebs mit Metastasen. Aber er arbeitete weiter, und auf der Theaterbühne feierte er nach wie vor große Erfolge. Sein Freund Peter Ustinov sagte: »Wie ein großartiger Wein entwickelt er sich auf unfassbare Art immer weiter, je älter er wird. Interessanterweise erlebt Henry das Leben als Marathonlauf – und er spart sich für die letzten Kilometer immer noch eine Reserve auf.«

Als der alte Mann die Anstrengung täglicher Auftritte nicht mehr auf sich nehmen konnte, akzeptierte er dennoch weiterhin Film- und Fernsehrollen. Jane wusste, dass es an der Zeit war, endlich ein gemeinsames Projekt zu verwirklichen, das man vom Sujet her sogar autobiografisch verstehen könnte: Ein sterbenskranker alter Mann versöhnt sich mit seiner Tochter.

Die Dreharbeiten zu *Am goldenen See* fanden im Sommer 1980 am Squamsee im beliebten Urlaubsgebiet um Laconia im Staat New Hampshire statt. Weil Katharine Hepburn bereits Interesse an der Rolle der Ehefrau bekundet hatte, benötigte Jane keine besondere Überzeugungskraft, die Grand Dame des amerikanischen Films für das Projekt zu gewinnen. Katharine die Große erschien zum Vorbereitungstreffen, begrüßte Henry und sagte: »Es wird aber auch Zeit!« Denn in den 50 Jahren ihrer Karrieren waren sie nie gemeinsam aufgetreten, ja, sie kannten sich nicht einmal. »Henry schließt nicht leicht neue Freundschaften und ich auch nicht«, sagte Katharine Hepburn. »Aber wir kamen gut miteinander aus. Wir sind uns sehr ähnlich. Er vergeudet keine Zeit. Kein Small Talk. Auch ich hasse idiotische Unterhaltungen. Aber bei der gemeinsamen Arbeit verstanden wir uns sofort.«

Die Hepburn schenkte Henry den Hut ihres langjährigen Lebensgefährten Spencer Tracy und erbat sich von ihm im Gegenzug ein Ölgemälde. Er beeilte sich, dem Wunsch nachzukommen, und malte Tracys Hut zusammen mit zwei weiteren zerknautschten Hüten. Auch als Vermittlerin zwischen Vater und Tochter erwies sich die charismatische Seniorin als goldrichtig. Henry und Jane standen zum ersten Mal gemeinsam vor der Kamera – und ganz ohne Spannungen ging es nicht ab. Die rebellische Tochter war jetzt Mitte vierzig, ein Oscar-gekrönter Weltstar, »aber mein Vater konnte immer noch dasselbe Gefühl in mir hervorrufen wie in meiner Jugend.« Spitzzüngig kommentierte Henry ihre so ganz andere Schauspielmethode. Dennoch verklärten alle Beteiligten die Dreharbeiten durch eine vom Herbstlicht durchflutete Aura, wie sie auch der Film selbst in seiner unverkrampften Sentimentalität beschwört: Jedermann war klar, dass hier das letzte Kapitel in Henry Fondas außergewöhnlicher Karriere geschrieben wurde.

»Ich habe mir angesehen, wie die beiden ihre große Versöhnungsszene spielten«, sagte Katharine Hepburn. »Sie wirkt sehr bewegend, geht wirklich in die Tiefe. Natürlich verstehen sich Henry und Jane heutzutage sehr gut. Beide versuchen das nachzuholen, was sie einst versäumt haben. Versuchen wir das nicht alle?« Henry dazu: »Wir spielten also die Szene. Auf dem Bootsanleger befanden sich mindestens 30 Leute, und am Ende weinten sie alle ohne Ausnahme.«

Die Familie kommt sich (nicht nur) im Film immer näher: Im Sommer 1980 findet Jane Am goldenen See *zu ihrem Vater – und Katharine Hepburn hilft ein wenig dabei.*

Henry hat nie viel von der Institution »Oscar« gehalten. Als er 1941 für *Früchte des Zorns* das erste Mal nominiert wurde, saß er während der Oscar-Verleihung auf dem Deck von John Fords Yacht in mexikanischen Gewässern. »Eine Teilnahme an der Show wäre mir peinlich gewesen«, gestand er. »Wenn ich gewonnen hätte, wären mir die Worte im Hals stecken geblieben. Und wenn ich verloren hätte ...« James Stewart gewann an jenem Abend den Oscar, und Jahrzehnte später gestand er bei einer anderen Preisverleihung, dass er damals für seinen Freund Henry Fonda gestimmt hatte. Obwohl auch Henry Mitglied der Academy of Motion Picture Arts and Sciences war, die jedes Jahr die Oscars verleiht, nahm er sein Stimmrecht nie wahr, hat also auch nicht für Jane gestimmt. »Ich halte nichts von diesem Wettbewerb unter Künstlern«, sagte er. »Stellen Sie sich die Spitzenleistungen von Laurence Olivier, Richard Burton, Jack Lemmon, Dustin Hoffman und Woody Allen vor – und jetzt sagen Sie mir mal, wie jemand daraus die beste Darstellung auswählen soll. Das ist absolut unmöglich.«

Trotz seiner herausragenden Darstellungen hatte Henry bislang nie einen Oscar gewonnen (und befand sich dabei in illustrer Gesellschaft: Fritz Lang, Cary Grant, Marlene Dietrich ...). Im Frühjahr 1981 überreichte Robert Redford ihm den Ehren-Oscar »für seine brillanten Leistungen und bleibenden Beiträge zur Filmkunst«. Ein halbes Jahr später, im November 1981, lief *Am goldenen See* in den amerikanischen Kinos an und wurde zu dem Erfolg, den Jane sich für ihren Vater gewünscht hatte. Wieder wurde er als Darsteller für den Oscar nominiert.

Henry selbst musste sich den Film schon vor dem Start in einer Studiovorführung ansehen, zu der er auf zwei Krücken angehumpelt kam – denn sein Körper verfiel zusehends. Sicher waren die Stimmberechtigten der Academy auch von nostalgischen Gefühlen geleitet, als sie dem Todkranken im Frühjahr 1982 den Oscar als Bester Darsteller für *Am goldenen See* verliehen. Jane nahm die Statuette in seinem Namen entgegen, während er die Show vom Krankenlager aus auf dem Bildschirm verfolgte. Direkt in die Fernsehkamera sagte sie: »Oh Dad, ich bin so glücklich und so stolz auf dich.«

Henry Fonda konnte auf ein erfülltes Leben zurückblicken. Seine Karriere hielt selbst vor seinem eigenen kritischen Auge stand. »Ich habe einfach nur Glück gehabt«, pflegte er bescheiden zu sagen. Auch mit dem Unglück seiner Ehen konnte er sich im Nachhinein versöhnen: »Also, ich habe meine Frauen alle geliebt, und in gewisser Weise tue ich das heute noch. Ich hätte keine von ihnen retten können, und sie konnten auch mich nicht retten. Jeder muss sich selbst retten.« Über seine Ehe mit Shirlee schwärmte er stattdessen: »Und sie lebten glücklich bis an ihr Lebensende.« Shirlee war zwar glücklich, gab sich aber mit einem Ehering nicht zufrieden: Jedes Jahr fügte sie einen weiteren hinzu – mittlerweile trug sie 17 Ringe an ihren Fingern. Henrys Kinder hatten es wie er zu Weltruhm gebracht. Die harten Konfrontationen mit den aufbegehrenden Teenagern waren einer behutsamen Annäherung gewichen. »Ich habe nie aufgehört, mit meinen Kindern zu sprechen«, sagte Henry. »Und ich habe ganz außergewöhnliche Kinder. Viele meiner Freunde machen sehr leidvolle Erfahrungen mit ihren Kindern. Klar, auch Jane und Peter haben mir Blessuren zugefügt, aber mehr als alles andere freue ich mich an ihnen.«

Seine Adoptivtochter Amy, die in jener Oscar-Nacht gemeinsam mit Jane und Henrys Enkeln auf die Bühne kam, bezeichnete der alte Henry gern als »das weiße Schaf der Familie«. Sie schaffte es, sich mit seiner Hilfe ihre Privatsphäre zu bewahren und mied bewusst die wankelmütige Glitzerwelt des Showbusiness. »Schauspielerin wollte ich nicht werden«, erklärte sie. »Nicht weil es mir an Talent mangelte, sondern weil es meiner Meinung nach schon zu viele Schauspieler in der Familie gab. Diese Konkurrenz wäre schwer zu ertragen gewesen.« Ein einziges Mal tauchte die damals zwölfjährige Amy im Nachspann eines Kinofilms auf: Sie ist als »junge Anna« auf einem Foto in *Ein Mann wird gejagt* zu sehen, in dem ihre Schwester Jane die erwachsene Anna darstellt – eine Kuriosität, da Amy und Jane biologisch nicht verwandt sind und sich gar nicht ähnlich sehen können.

Amy studierte klinische Psychologie in San Francisco. Ihr Wunsch, ihre biologischen Eltern aufzuspüren, stieß bei Henry – wie fast üblich bei Adoptiveltern – auf Unverständnis. Eine frühe Ehe endete in Scheidung. Heute ist die praktizierende Psychologin mit ihrem zweiten Mann glücklich verheiratet und Mutter der Zwillinge Rachel und Haley.

Auch Peters und Janes Halbschwester Pan war als Teenager eine Ehe eingegangen, die nicht von Dauer war. Mit 19 begann sie in Rom ein Kunststudium. 1965 heiratete sie den italienischen Diplomaten Franco Corrias und zog für immer nach Italien. Auch sie hat zwei Kinder, Pilar und Alessandro. Nur zu Peter hält sie noch sporadischen Kontakt.

In seinen letzten Lebensmonaten bekam Henry regelmäßig Besuch: Seine alte Flamme Barbara Stanwyck schaute vorbei, und dreimal in der Woche erschien James Stewart, mit dem er sich in alter Gewohnheit ohne viele Worte verständigte – wie einst bei ihren gemeinsamen Bastelsitzungen. Henry Fonda starb am 12. August 1982 im Kreise seiner Lieben. Er hatte verfügt, dass es keine Trauerfeier und kein Grab geben sollte. Aber seine Freunde kamen dennoch spontan zusammen, um Shirlee, Jane und Peter beizustehen. James Stewart saß schweigend unter ihnen. Als er so weit war, hub er an und hielt eine lange Rede auf seinen Freund: »Ich erinnere mich an die Drachen ...«

* * *

Als Jane während der Dreharbeiten zu *Coming Home – Sie kehren heim* ihren 40. Geburtstag feierte, hatte sie wenig Zeit, über die neue Null nachzudenken und gute Vorsätze zu fassen. Aber sie nahm sich doch vor, von nun an besser auf ihren Körper Acht zu geben. Wie immer, wenn sie eine Entscheidung getroffen hatte, verfolgte sie das neue Ziel kompromisslos und mit großer Energie.

Seit ihren Internatstagen hatte sie Entwässerungspillen, Appetitzügler und Antidepressiva in großen Mengen geschluckt, um das für einen Filmstar so entscheidende Idealgewicht zu halten. Keiner der Ärzte, bei denen sie sich die Rezepte besorgte, hat sie je auf die Gefahren hingewiesen – und so war sie jahrelang von diesen Medikamenten abhängig. Im Zuge ihrer Psychotherapie während der Ausbildung im Actors Studio bekam sie diese Sucht einigermaßen in den Griff, aber gesünder lebte sie deswegen noch nicht. Immerhin hielt sie sich seit Anfang der 60er-Jahre mit regelmäßigen Ballettstunden fit. Die 40-jährige Jane gab nun also das Rauchen auf, setzte auf ernährungswissenschaftlich abgestimmte Diäten und begann mit Trimm-dich-Gymnastik. Der Anlass dazu war ebenso banal wie dramatisch: In einer der letzten Szenen zu *Das China-Syndrom* sollte Jane mit Michael Douglas zu einem Helikopter rennen. Dabei knickte sie auf ihren Plateausohlen um und brach sich den Fuß. Jane geriet in Panik, weil sie bereits zwei Monate später als Glamourgirl in *Das verrückte California-Hotel* auftreten sollte: im Badeanzug und in Topform. Nach Abnahme des Gipses blieben ihr nur drei Wochen, um ihren Körper wieder präsentabel zu machen – das wäre zu knapp gewesen. Stiefmutter Shirlee hatte den rettenden Einfall und meldete Jane zu einem Gymnastikkurs an, mit dessen Hilfe sie trotz des Gipses fit blieb.

Im Herbst desselben Jahres drehte Jane *Der elektrische Reiter* in der Wüste von Utah. Sie hasste es, ihre Gymnastikübungen allein zu machen, und lud deshalb Mitglieder des Produktionsteams, aber auch

Hausfrauen aus dem Drehort St. George dazu ein, gemeinsam mit ihr zu trainieren. Sechs Wochen leitete Jane diese Gruppe, und sie war selbst erstaunt, welchen positiven Einfluss ihr Beispiel auf die Frauen hatte – nicht nur bei der Regulierung des Gewichts, sondern auch in Bezug auf ihr Selbstbewusstsein.

Ein Jahr später eröffnete Jane ihren Salon »Jane Fonda's Workout« in Beverly Hills. Das Unternehmen war von Anfang an ein voller Erfolg. Offizieller Besitzer der neuen Geldquelle war die von Jane und Tom Hayden gegründete Organisation »Campaign for Economic Democracy«. Weitere Fitnesscenter folgten in Encino und San Francisco, dann veröffentlichte Jane ihre mittlerweile »Aerobics« getauften Gymnastiktipps auch als Buch, das sich als Riesenbestseller entpuppte. Der größte Coup des Unternehmens folgte 1982, als Jane ihre Übungen dem körperbewussten Publikum selbst vorturnte: Sie bot das »Workout« als Videokassette an. Anfang der 80er-Jahre steckte das neue Medium Video noch in den Kinderschuhen – Kassetten wurden vorwiegend ausgeliehen, und echtes Marktpotenzial boten ausschließlich Spielfilme, so glaubten die Experten. Jane Fonda bewies, dass sie Unrecht hatten. Ihr Aerobics-Video kletterte im Oktober 1982 auf die Nr. 1 der Kaufkassetten-Charts und blieb dort 21 Wochen lang – insgesamt war es über ein Jahr auf der Hitliste vertreten. Durch Janes Vorstoß etablierte sich die Kassette als wichtiger Marktfaktor. Dutzende von Imitaten aus allen sportlichen Disziplinen schwammen alsbald auf der Trimm-dich-Welle mit, und Jane selbst veröffentlichte regelmäßig Workout-Kassetten bis weit in die 90er-Jahre hinein, als sie schon längst keine Spielfilme mehr drehte.

Auch mit ihren Kinofilmen machte sie große Kasse – seit *Coming Home* hatte ihre Firma IPC Films über 500 Millionen Dollar umgesetzt. Doch die selbst auferlegte soziale Botschaft in den Filmstoffen ließ sich künstlerisch nicht unbegrenzt variieren – immer öfter hatten die Zuschauer das Gefühl, den Film schon zu kennen: Die Standard-Handlung zeigte Jane als Reporterin, die einen spektakulären Fall aufdeckt. 1982 schlug sie gut gemeinte Warnungen in den Wind und verfilmte *Das Rollover-Komplott*. In dem Film geht es um Börsenspekulationen, ein visuell wenig ergiebiges Thema. Der Film floppte kläglich, beendete Janes geschäftliche Partnerschaft mit Produzent Bruce Gilbert und vertrieb ihr fürs Erste die Lust auf weitere Pläne – vier Jahre lang drehte sie keinen Kinofilm.

Etliche Projekte konnte sie nie realisieren, zum Beispiel *Bury My Heart at Wounded Knee*, einen sozialkritischen Western, in dem Henry, Jane und Peter neben Marlon Brando und Burt Reynolds mitwirken sollten. Auch das Drehbuch *A House Divided* bot Rollen für die drei Fondas, es war in der Zeit der amerikanischen Revolution angesiedelt. Jane begeisterte sich für Pedro Almodóvars Farce *Frauen am Rande des Nervenzusammenbruchs*, aber ihre Pläne zur Realisierung eines englischsprachigen Remakes zerschlugen sich. Auch die Verfilmung des Vietnam-Bestsellers *A Bright Shining Lie* von Neil Sheehan, zu dem Christopher Hampton das Drehbuch beisteuerte, kam nicht zustande – 1998 entstand ohne Janes Mitwirkung ein Fernsehfilm nach dem Buch.

Jane hatte inzwischen Immobilien erworben, mit denen sie als Frau des Parlamentsabgeordneten Tom Hayden repräsentieren konnte: Neben einem zwei Millionen Dollar teuren Haus in Santa Monica besaß sie eine fast 50 Hektar große Ranch namens Laurel Springs, 20 Minuten außerhalb von Santa Barbara. Von den hohen Bergen aus konnte man auf den Pazifik hinausblicken. Auf dem Gelände standen etliche Hütten und ein großes Haus, das Jane selbst einrichtete und – ökobewusst – mit einem Windmühlengenerator und Solarzellen bestückte. Hier fanden Jane und Tom ein wenig Ruhe in einem ausgeglichenen »Normalzustand«: Jane hatte zwar viel zu tun (anders konnte sie ja nicht glücklich sein), fand aber auch Zeit für ihre Familie. »Wir haben keine Angestellten, die für uns arbeiten«, sagte sie. »Niemand wäscht für uns. Es gibt kein Kindermädchen und keinen Koch. Wir kaufen selbst ein. Wenn man Verantwortung übernehmen will, sollte man die Verantwortung für sein ganzes Leben übernehmen, nicht nur für die angenehmen Seiten.«

Ständig waren Freunde aus den guten alten militanten Tagen der Neuen Linken zu Gast, es wurden Seminare abgehalten, alles in Laurel Springs besaß eine politische Dimension. Als Jane gefragt wurde, was Glück für sie bedeute, antwortete sie: »Diese Arbeit hier.« In den Sommerferien schickten Janes Freunde aus Hollywood ihre Kinder als zahlende Gäste auf die Ranch, und dazu lud man Kinder aus Problemfamilien ein – ein Experiment in »Kooperation, Demokratie und sozialer Gerechtigkeit«. »Die Eltern dieser Kinder sind im Gefängnis oder drogensüchtig«, sagte sie. »Ich erlebe mit, wie man Leben retten kann. Buchstäblich. Angesichts dieser Kinder bekommt man ein sehr konkretes Gefühl dafür, dass man etwas bewegen kann. Mädchen, die noch nie ihr eigenes Bett gemacht haben, teilen das Zimmer mit Mädchen, die noch nie ein eigenes Bett hatten.«

4. Generation X: Cousin, Cousine – gemeinsam einsam?

»Richtige Entscheidungen trifft man aufgrund von Erfahrungen,
und eine Menge Erfahrungen sammelt man
aufgrund falscher Entscheidungen.«

Will Rogers

»Mein Dad hat mich immer gewarnt: Schauspieler werden ist kein Honigschlecken, vor allem nicht für eine Fonda. Er musste ewig ertragen, ›Henrys Sohn‹ und ›Janes Bruder‹ zu sein«, sagt Bridget Fonda. Peter gab seiner Tochter zu bedenken: »Du wirst vier Mount Everests besteigen müssen, um nach oben zu kommen: Einen für Opa, den zweiten für Tante Jane, den dritten für mich und natürlich einen für dich selbst.« Bridgets Antwort, als sie 1989 ihre ersten Erfolge vorzuweisen hatte: »Ich klettere also, und ich gewinne langsam an Höhe, aber ich befinde mich immer noch im Vorgebirge.«

Bridgets erster Filmpart als Profi war eine Nacktrolle: die optische Paraphrase des »Liebestods« aus Wagners *Tristan und Isolde*. Der Film hieß *Aria* und gab einem Dutzend Regisseuren Gelegenheit, jeweils ein Opernthema in Bilder umzusetzen. Ohne Dialoge mimten Bridget und ihr Filmpartner James Mathers eine freizügige Liebesszene, die im gemeinsamen Selbstmord endet. Der Mangel an Textilien machte Bridget nichts aus: »Als ich aufwuchs, war das normal – Zurückhaltung war nicht angesagt. Wenn die Leute ihre Schutzschichten ablegen, wird der Abend doch erst richtig interessant«, lacht sie. In der Folgezeit trat sie mehrfach nackt auf – bis sie eines Tages auf der Straße von Filmfans angesprochen wurde, die sie aufgrund ihrer Rollen auch privat für »unkompliziert« hielten ... »Seitdem ist es mir unangenehm, mich auszuziehen.«

Es war Regisseur Cameron Crowe, der ihre Dauerserie von sexy Blondinenrollen schließlich unterbrach. Er schrieb ihr den Part der gutmütigen Barfrau Janet in *Singles – Gemeinsam einsam* auf den Leib. Trotzdem zögerte Bridget – bis er sie mit dem Argument überzeugte: »Ich sehe dich nicht als Sexbiene, ich sehe dich als Seele des Films.«

Bridget ist mittlerweile in über 30 Filmen aufgetreten, das sind fast drei pro Jahr, so viel schaffte nur Großvater Henry – Fonda-Fleiß lässt grüßen. Aufmerksam wurden die Branche und das Publikum, als sie 1989 das blonde High-Society-Callgirl Mandy Rice-Davies in *Scandal* spielte, einer Chronik der Sexaffäre des britischen Kriegsministers Profumo – und dafür eine Golden-Globe-Nominierung verbuchen konnte. Sie war in Francis Ford Coppolas *Der Pate III* zu sehen, glänzte in differenzierten Rollen wie in dem klaustrophobischen Kammerspiel *Weiblich, ledig, jung sucht …* und kassierte dafür erstmals eine Million Dollar Gage. 1997 verführte sie als braun gebranntes Beach-Häschen den tumben Robert De Niro in Quentin Tarantinos *Jackie Brown* mit der wenig diskreten Anmache: »Wanna fuck?« Kultregisseur Tarantino (*Pulp Fiction*), dem unter anderem John Travolta seine Wiederauferstehung verdankt, ist seit Jahren mit Bridget befreundet und schrieb ihr den Part der Melanie auf den Leib. Aus »Recherche«-Gründen in Sachen *Jackie Brown* besuchte er sie eines Tages zu Hause, und die beiden backten Haschkekse zusammen.

»Quentin und ich schauen uns oft gemeinsam alte Filme an«, sagt Bridget. »Wir mögen beide Dinge, die andere geschmacklos finden. Ich kann das Böse sehr gut ertragen, erwarte es fast. Ich fluche viel und kann auch reichlich drastisch auftreten – zumindest in den Augen der älteren Generation. Meine Eltern allerdings ausgenommen – die haben zu ihrer Zeit ebenfalls kein Blatt vor den Mund genommen.«

Der Superstar-Status ist Bridget bisher versagt geblieben. Am nächsten kam sie einer Kultfigur mit der Titelrolle in *Codename: Nina*, dem amerikanischen Remake von Luc Bessons Thriller *Nikita*. Bridget überzeugt hier als junge Frau, die von obskuren Behörden erpresst und dazu gezwungen wird, Auftragsmorde auszuführen – eine gelungene Kombination aus actionreicher Spannung und psychologisch ausgestalteter Darstellung. Bridget war allerdings gar nicht interessiert an der Rolle, denn sie konnte sich nicht vorstellen, dass man Bessons Original noch verbessern konnte. Darum ging es allerdings auch nicht – amerikanische Zuschauer gehen nicht ins Kino, um ausländische Filme zu sehen, und so werden zahlreiche Erfolge aus Frankreich in Hollywood noch einmal verfilmt. Obwohl sie sich als unsportlich bezeichnet, absolvierte sie ein rigoroses Fitnesstraining inklusive Kickboxen und Punchingball, hungerte sich etliche Pfunde herunter und joggte regelmäßig den Berg hinauf zum berühmten Hollywood-Zeichen über der Stadt, um der Rolle mit einer athletischen Figur gerecht zu werden.

Produzent Stephen Wooley (*Scandal*) sagt über Bridget: »Sie will Schauspielerin sein, kein Star. Sie beklagt sich nicht, sie ist das Gegenteil von egozentrisch. Die meisten Schauspieler sind unsicher – bei ihr habe ich das nie gespürt.« Und Regisseur Paul Schrader, der sie in *Touch*

The Next Generation: Bridget Fonda mit Eric Stoltz, daneben Vater Peter mit seiner Frau Portia Rebecca Crockett alias Becky anlässlich der Oscar-Verleihung 1998.

inszenierte, fügt hinzu: »Bridget setzt für sich selbst einen hohen moralischen Standard. Deswegen fällt es ihr schwerer, geeignete Rollen zu finden. Das erklärt, warum sie sich häufig für kleinere Filme entscheidet, weil die interessanter sind. Kommerzielle Filme könnte sie nicht mit dem Herzen machen.«

Tatsächlich würde Bridget gern auf den Starruhm verzichten: »Es wäre schön, wenn man mit den besten Kollegen zusammenarbeiten könnte, ohne die Kassenstar-Auflagen zu erfüllen. Denn je berühmter man ist, desto weniger hat man vom Leben. Wenn man mich auf der Straße erkennt, macht mich das verlegen. Ich versuche, das als Kompliment zu verstehen, aber das ist mir immer schwer gefallen.« Sie kann sich sogar vorstellen, ganz auszusteigen – und zwar konsequenter als Peter. »Ich bringe anscheinend nicht die Energie auf, die für eine ehrgeizige Karriere nötig ist. Ich tendiere eher zur Faulheit.«

Das bezieht sich jedoch nicht auf ihre Arbeitshaltung: »Ich fürchte immer, dass ich nachlasse in meinen Bemühungen, an mir selbst zu arbeiten. Das hat mir meine Mom eingeimpft. Sie ermahnte mich ständig: ›Du arbeitest nicht hart genug.‹ Ich versuche, mit meiner Karriere zufrieden zu sein. Ich habe eine Pause verdient. Aber irgendein Bazillus in mir treibt mich immer weiter: Du musst noch besser werden! Und jeder neue Film frustriert mich, weil ich meine mentalen Anforderungen physisch nicht erfüllen kann.« Bridgets Agentin Ilene Feldman kommentiert: »Pausen zwischen den Filmen schätzt Bridget überhaupt nicht. Ich habe noch nie eine Klientin gehabt, die so gern arbeitet wie sie.« Das sind Henrys Gene. Doch Peter Fonda sieht das differenzierter: »Für meinen Vater war der Beruf sein Ein und Alles. Wenn er einen Film abgedreht hatte, war er sicher, nie wieder eine Rolle zu bekommen, er konnte sich dann selbst nicht ausstehen. Bridget ist da anders. Sie ist keine Getriebene. Sie hat keine Angst. Sie will einfach so viele gute Filme machen wie möglich. Sie weiß genau, was sie will.«

1986 lernte Bridget den britischen Drehbuchautor, Schauspieler und Regisseur Lee Drysdale kennen, der Bridgets Film *Lederjacken* schrieb und inszenierte. »Ich war sehr verliebt«, erzählt Bridget. »Aber etwas hat mich davon abgehalten, einen Hochzeitstermin festzusetzen.« Die beiden waren zeitweilig verlobt, trennten sich aber nach drei Jahren.

Schon 1986 wurde auch ihr Kollege Eric Stoltz auf sie aufmerksam. Er sah sie in den Paramount Studios, folgte ihr auf dem Motorrad nach Hause und bat sie um ihre Telefonnummer. Die beiden gingen eine Zeit lang miteinander aus und trennten sich wieder. Im Herbst 1990 funkte es dann erneut. Die beiden teilten sich ein Apartment in Manhattan und ein Haus in New Mexico. Gemeinsam spielten sie in den Filmen *Bodies, Rest & Motion* und *Grace of My Heart*. Vor Bridget war Stoltz mit Jennifer Jason Leigh liiert, Bridgets Partnerin in *Weiblich, ledig, jung sucht …* Die beiden Aktricen fielen sich während der Dreharbeiten nicht gerade in die Arme. »Aber richtig geprügelt haben sie sich nicht. Sie gingen respektvoll auf Distanz. Und Bridget hat die Spannung für ihre Darstellung genutzt«, grinst Stoltz. »Mir hat das auf perverse Weise Spaß gemacht.«

Bridgets Beziehung zu Eric Stoltz zerbrach 1998 – eine Wunde, die noch nicht verheilt ist. »In einer Liebe kann man nicht die Last des anderen übernehmen und das eigene Leben auf Leerlauf schalten«, kommentiert Bridget. »Man muss sich sein eigenes Selbstwertgefühl erhalten. Ich wünsche mir ein solides Familienleben – Ehe, Kinder, einen geographischen Fixpunkt für lange Zeit. Aber woher soll ich wissen, wie eine gute Ehe funktioniert? Sie kommt mir vor wie eine Fremdsprache, die ich nicht beherrsche. In meiner Kindheit habe ich sie nicht gelernt. Ich fühle mich wie auf einem Blindflug, ich muss mich auf meine Instinkte verlassen.« Und sie fügt hinzu: »Wenn man sich in der Liebe schlimm die Finger verbrannt hat, heißt das doch nicht, dass man für den Rest des Lebens jedes Risiko vermeiden sollte. Man kommt zwar auch ohne Liebe ganz locker durchs Leben, aber innerlich stirbt man. Wer wagt, gewinnt.«

Wenn sie an ihre Kindheit zurückdenkt, ist das Echo der Erfahrungen von Peter und Jane unüberhörbar: »Mein Vater war ein Nomade, dauernd unterwegs. Entweder drehte er, oder er reiste herum. Ich fragte mich dauernd: ›Wann kommt er endlich wieder?‹ Im Grunde war er ein großes Kind, die Ferien auf seinem Boot haben Spaß gemacht, unsere Segelreisen nach Hawaii. Ich habe damals gelernt, mit Menschen umzugehen und die Natur zu achten. Das sind schöne Erinnerungen, und gleichzeitig spürte ich immer eine nervöse Sehnsucht – meine Vergangenheit ist bittersüß.«

Peters Mutter Frances hatte sich umgebracht, Susan Brewers Eltern hatten sich scheiden lassen, und auch Peters und Susans Ehe zerbrach: »Nach der Scheidung der Eltern habe ich mich in mich selbst zurückgezogen«, erinnert sich Bridget. »Ich kann Streit nicht ausstehen, und letztlich ist eine Scheidung nichts anderes. Ich wollte, dass alle glücklich sind und zusammenbleiben. Ich wollte Bridget sein, *Bridge-it*: Die Überbrückung der Gegensätze. Ich fühlte mich dem Schicksal ausgeliefert.«

Bridget war elf, als ihr Vater Becky heiratete und nach Montana zog. Er besuchte die Kinder, wenn er in Los Angeles war. Glücklicherweise blieb Bridgets Beziehung zu ihrer Mutter ungetrübt: »Sie hat Justin und mir ein warmes Nest eingerichtet – ich musste mir ihre Liebe nicht verdienen.«

Mutter Susan beschreibt Bridget: »Von Anfang an, schon als kleines Kind, war sie reifer, als ihr Alter vermuten ließ. Sie konnte immer ihre Meinung vertreten.« Bridget besuchte die Westlake School in Los Angeles, eine progressive Privatschule für Mädchen. Um nicht aufzufallen, verleugnete sie ihren Familiennamen und behauptete, ihr Vater produziere Partyteller aus Pappe. Sie hatte nämlich auf Partygeschirr den Firmennamen Fonda entdeckt. Mit dem Familienerbe hatte sie also zunächst nichts am Hut – schreckliches Lampenfieber hielt sie davon ab, sich vor anderen zu produzieren. Als sie jedoch in einer Schulaufführung trotzdem eine Rolle übernahm, war das Eis gebrochen: »Ich spielte die Krankenschwester Kelly in *Mein Freund Harvey*, und meine Leistung war überhaupt nicht beeindruckend! Ich fühlte mich auf der Bühne gar nicht wohl. Doch eines Tages bei den Proben merkte ich, wie jemand über einen meiner Sprüche lachte, und da hat es gefunkt: Ich überwand meine Scheu. Neben der Malerei war Theater das Einzige, was ich gern mal wieder machen wollte.«

Bridget wusste allerdings genau, dass man nicht einfach so beschließen konnte, als Schauspielerin zu arbeiten. Sie wollte sich mit dem Beruf auseinander setzen, sich ihre Meriten verdienen: »Manche brauchen die Bühne, um sie darauf wohl zu fühlen. Ich habe mich von ihr immer herausgefordert gefühlt.«

Nach Abschluss der Highschool zieht sie 1982 nach New York und belegt das Fach Schauspiel an der New York University. Das wird ihre wilde Zeit, in der sie Drogen und Alkohol ausprobiert. Gleichzeitig nimmt sie Kurse am Lee Strasberg Institute. Die Lehrjahre werden ihr nicht leicht gemacht. »Lampenfieber kann man das schon nicht mehr nennen«, berichtet Bridget. »Wenn ich auf der Bühne stand, konnte ich mich anschließend an überhaupt nichts erinnern. Alle starrten mich an, als ob sie mehr von mir erwarteten – bei dem Namen. Meine Lehrer haben mich niedergeschrien und vor der Gruppe fertig gemacht. Aber ich konnte einfach nicht aufgeben. Ich bin störrisch und dickköpfig. Ich widerspreche gern. Und eines habe ich gelernt: Wenn man etwas wirklich will, muss man Risiken eingehen, selbst wenn man sich zum Narren macht.« Als sie eines Tages den Mut fasst, auf der Probebühne ihr eigenes Konzept durchzuziehen, ist das Eis gebrochen. Der Lehrer reagiert begeistert, und Bridget überwindet ihre Angst.

Nach dem Collegeabschluss spielt sie ab 1986 Theater (am Broadway in *Just Horrible*, inszeniert von Nick Kazan) und erste Filmrollen. Einfach ist auch das nicht. Mehr als einmal merkt sie, dass sie nur wegen ihres Namens zum Vorsprechen eingeladen wird: »Mein Vater ist zufällig berühmt. Also versuchten Drehbuchautoren, über mich an meine Familie heranzukommen. Ich fühlte mich wie ein Pfeil, der mit dem Blasrohr verschossen wird.«

»Ich habe mich anfangs bewusst von meiner Familie distanziert, weil ich mich nicht an den Erfolg der Fondas anhängen wollte«, fährt sie fort. »Inzwischen habe ich einiges dazugelernt und sehe manches anders. Aber ich bemühe mich ständig, als Schauspielerin meinen eigenen Platz einzunehmen. Man kann mir nichts Schlimmeres vorwerfen, als Trittbrettfahrerin zu sein. Natürlich wusste ich, dass ich es in dieser Hinsicht schwerer haben würde. Ich war darauf vorbereitet!«

Im Gegensatz zu Peter fühlt sie sich gehemmt, in Interviews über ihre Familie zu sprechen: »Ich wurde paranoid, weil ich immer versuchte, niemandes Gefühle zu verletzen.« Einmal sagt sie in einem Interview: »Das einzig nützliche Geschenk, das ich von meinem Vater bekommen habe, ist ein Taschenmesser.« Die Journalistin konstruiert daraus eine verbitterte Bridget, die sich von ihrem Vater entfremdet hat. Bridget zögert seitdem, überhaupt Interviews zu geben.

Bridget ist Vegetarierin, liebt Zeichentrickfilme, vor allem die der Warner Brothers: Bugs Bunny, Daffy Duck und ihre Freunde. Sie besitzt zwar einen Fernseher, aber der ist nicht angeschlossen, dient nur als Monitor für Videos. Ihren riesigen 1976er-Cadillac Eldorado nennt sie »Das Boot«, weil er nicht in ihre Garage passt. Wie Großvater Henry malt und zeichnet sie. Auch in ihrer Menschenscheu, ihrer Ablehnung von gesellschaftlichen Verpflichtungen, ihren Selbstzweifeln erinnert sie an den großen alten Mann des Schweigens. Ihre Freundin, die ABC-News-Reporterin Amy Atkins, sagt: »Daffy Duck hält sich für superschlau, ist aber strohdoof. Bridget ist das genaue Gegenteil.« Im Kreise guter Freunde taut Bridget durchaus auf und vertritt fundierte Meinungen. Tarantino nennt sie sogar »Knallfrosch« – Kinder sind oft das Gegenteil ihrer Eltern – und ähneln dadurch ihren Großeltern.

Ein kleines Loch in Bridgets Herz verhindert größere Sportaktivitäten, die sowieso nicht ihrem Naturell entsprechen würden. Sie ist ganz froh, dass sie deswegen auf die Workout-Videos ihrer Tante verzichten darf, auf die sie in den Achtzigern dauernd angesprochen wurde. Ihren Vater will sie ebenso wenig nachahmen – als die Tochter des Easy Riders sich schließlich doch ein Motorrad kauft, hatte das eher einen profanen Grund: Im Chaos nach einem etwaigen Erdbeben meinte sie in Los Angeles damit besser durchzukommen. Doch dann riet ihr der Freund eines Freundes, ein selbst ernanntes Medium, sie sollte es besser nicht fahren. »Ich hab's also gelassen – der Gedanke an die Warnung macht mich wahrscheinlich so nervös, dass ich tatsächlich einen Unfall bauen würde.«

Wo siedelt sie sich selbst im berühmten Stammbaum ihrer Familie an? »In der Schauspielschule meines Großvaters bin ich immer noch im Kindergarten«, sagt Bridget 1999 nach 30 Filmen. »Vor allem *er* ist mein Vorbild, weil die 30er- und 40er-Jahre filmisch gesehen meine Lieblingsepoche sind. Er war da, zur rechten Zeit, in den richtigen Filmen. Sie bedeuten mir eine Menge.«

***

Sonntag, 30. Juni 1985: Peter Fonda langweilte sich schrecklich. Seit nunmehr sieben Wochen steckte sein rechtes Bein in Gips. Immer schon hatten ihm seine großen Zehen Schwierigkeiten gemacht: »Diese verwachsenen Zehen sind das Einzige, was ich von meinem Vater geerbt habe. Er hat mir keinen Cent hinterlassen – nur diese sehr schmerzhaften großen Zehen.« Peter ließ sich im Mai den rechten Zeh in Los Angeles operieren. Er wurde gerade rechtzeitig entlassen, um nach Montana zurückzukehren und an der Schulentlassung seines Stiefsohns Thomas teilzunehmen – darauf legte Peter Fonda größten Wert, denn sein Vater hatte sich nie um die Geburtstage oder Schulabschlussfeiern seiner Kinder gekümmert.

Dennoch blieb er durch den Gips weiterhin relativ gehandicapt. An jenem Sonntag Ende Juni hält er es nicht mehr aus, setzt sich auf sein

BMW-Motorrad – eine Spezialanfertigung für den Easy Rider Fonda – und besucht eine Fallschirmspringerveranstaltung, um eine Freundin springen zu sehen. Dann spielt er einige Runden Billard und schluckt ein paar Tequilas zu viel. In diesem Zustand kehrt er zur Ranch zurück. Die Straße ist an einer Stelle überflutet, Peter fährt nicht schneller als 45 km/h, verliert in der Pfütze dennoch die Kontrolle über sein Motorrad, kommt mit dem rechten Bein zuerst auf der Straße auf, das hintere Kreuzband im Knie reißt, Peter wird gegen den Mast eines Verkehrsschildes geschleudert und bricht sich den sechsten Brustwirbel; mit dem Kopf schlägt er so hart auf die Reste eines alten Gullys, dass sein Helm wegfliegt. Dabei bricht ein Halswirbel.

»Sie haben verdammtes Glück gehabt«, bescheinigten ihm seine Ärzte daraufhin, und Peter wusste das. Es war nicht das erste Mal, dass er so fahrlässig das Glück seiner Familie und sein eigenes Leben aufs Spiel gesetzt hatte: Schon 1964 war er in Los Angeles – alkoholisiert und nur mit einer Badehose und Latschen bekleidet – zu einer Spritztour mit seinem ersten Motorrad aufgebrochen. Als er einem Wagen auswich, stürzte er, schlug sich die Hüfte auf und rutschte mit seinem nackten Rücken übers Pflaster. Er konnte zwar die Serienfolge weiter drehen, an der er gerade arbeitete, aber eine Szene musste doch so lange ausgesetzt werden, bis er wieder gesund war, denn mit seinem aufgerissenen Rücken war er nicht in der Lage, sich zu bücken und in die enge Kanzel des Kampfflugzeugs zu klettern, in dem die Szene spielen sollte.

Doch das Glück, das die Ärzte ihm 1985 im Krankenhaus bescheinigten, bezog sich nicht nur auf den letzten Unfall. Erst jetzt entdeckten sie auf dem Röntgenbild, dass Peter sich schon als Sechsjähriger den Hals gebrochen hatte, als seine Schulkameraden ihn im Internat aus der Luke der Scheune stießen. Er erinnerte sich natürlich noch genau an dieses traumatische Erlebnis – neu war ihm jedoch, wie knapp er damals dem Tode entronnen war.

Der lakonische Ton des Polizeiberichts, in dem Peter selbst diese Ereignisse beschreibt, lässt nur erahnen, wie sehr sein idiotisches Verhalten die Familie in Rage gebracht haben muss. Er gestand Becky ihre wütenden Vorhaltungen zu, aber der Haussegen hing gefährlich schief.

Becky hielt zu ihm, pflegte ihn und versöhnte sich nach einiger Zeit wieder mit dem »reuigen Sünder«, doch Justin war so entrüstet, dass er sich weigerte, den Vater im Krankenhaus zu besuchen. Es war Thomas, der von der gemeinsamen Geburtstagsparty der Brüder berichtete, die Peter auf diese Weise versäumte.

Bridget hatte sich zu diesem Zeitpunkt schon deutlich von der Familie entfernt, denn im Gegensatz zu Justin hatte sie bis dahin in Montana nur sporadische Ferienbesuche absolviert. Durch den Unfall merkte sie, dass sie selbst die Initiative ergreifen musste, wenn ihr am Zusammenhalt der Familie etwas lag. Ende des Jahres bekam sie die Gelegenheit, ihre erste bezahlte Rolle unter der Regie ihres Vaters zu spielen: Peter hatte den Auftrag, im südspanischen Almería einen Werbespot für Citroën zu drehen. Weil man dafür ein neues Gesicht suchte, schlug Peter vor, Bridget zu engagieren – die Studentin konnte die 3000 Dollar für zwei Arbeitstage gut gebrauchen. Peter berichtet, wie er und der Kameramann sich von dem Nachwuchsstar derart verzaubern ließen, dass er völlig vergaß, die Aufnahme mit »Cut!« zu beenden: »Ich sagte: ›Action!‹ Bridget spielte ihre Szene, und wir sahen wie in Trance zu. Sie wiederholte ihre Aktion drei- oder viermal und sagte dann: ›Dad!‹ – ›Oh‹, rief ich, und nun merkte auch der Kameramann erstaunt, dass er ihrem Bann erlegen war.«

Ostern 1986 verbrachten die Fondas nostalgische Familienferien auf der Hawaii-Insel Maui, wenn auch diesmal ohne die geliebte Yacht *Tatoosh*. Peter machte sich Sorgen, weil er spürte, dass die Dreharbeiten zu dem Western, in dem er gerade als Darsteller mitwirkte, wegen fehlender Gelder wohl nicht beendet werden konnten, dabei brauchte er seine Gage dringend, um die Hypothek für die Ranch abzuzahlen. Jedenfalls trank er mehr Bier als üblich, und er rauchte reichlich Joints, die ihm seine ehemalige *Tatoosh*-Besatzung schenkte. Darüber kam es zu einem ausgewachsenen Familienkrach: Bridget brach in Tränen aus und äußerte emphatisch die Befürchtung, ihr Vater hätte sein Leben nicht mehr im Griff. Sie hatte das Gefühl, dass er in den Alkoholismus abdriftete, denn auch das Drama mit dem Motorradunfall war noch nicht vergessen. Peter war sehr erschrocken, und er schämte sich. Er musste zugeben, dass sein Alkoholmissbrauch wie eine beginnende

Sucht aussah, auch wenn er sich selbst nicht für gefährdet hielt. Doch die Kinder hatten ihn zu oft in ähnlichen Situationen erlebt. Als Peters und Susans Ehe damals zerbrach, hatte er Bridget und Justin versprochen, immer für sie da zu sein, selbst wenn er nicht mehr mit ihrer Mutter zusammenleben konnte. Und dieses Versprechen setzte er gedankenlos aufs Spiel. Weil die ganze Familie bei dieser Konfrontation zugegen war, zeigte das therapeutische Wirkung, die Sturmwolken verzogen sich. »Wir brauchten nicht mehr darüber zu reden«, erinnert sich Peter. »Alles war offen angesprochen und ausdiskutiert worden. Dadurch rückten wir enger zusammen.«

Im selben Jahr machte Peter sich über Jane lustig, indem er vorgab, er wolle seine Memoiren schreiben. Jane reagierte völlig panisch, denn im Gegensatz zu den unautorisierten Biografen der Fondas konnte Peter natürlich Dinge erzählen, die wirklich intimer Natur waren und in ihren Augen nicht an die Öffentlichkeit gehörten. Peter war amüsiert und gab vor, ein Kapitel mit dem Titel »Don't Tell Dad« zu planen – das war jener Spruch, den Jane immer dann anbrachte, wenn die beiden etwas angestellt hatten, was Henry nicht wissen sollte. Dieses Kapitel – so Peter – sollte aus einem halben Dutzend leerer Seiten bestehen und so Janes Privatsphäre wahren. Das Ganze war ein Witz – tatsächlich hatte er zu diesem Zeitpunkt noch gar keinen Buchvertrag in der Tasche.

Ein Jahr später war es Jane selbst, die Peter eindringlich bat, sich für sie Zeit zu nehmen und mit ihr gemeinsam ihre verdrängte Kindheit aufzuarbeiten. Zunächst verstand er nicht, worum es ging, aber dann erfuhr er, dass es in Janes Ehe mit Tom Hayden kriselte. Seinen 50. Geburtstag feierte Peter bei Dreharbeiten in Zürich, außer Becky war kein Fonda dabei, und er war traurig, dass Jane sich nicht gemeldet hatte. Erst bei seiner Rückkehr nach Montana fand er ein Fax von ihr: Erstmals in ihrem Leben hatte sie ein Gedicht geschrieben – für ihren Bruder. Darin spricht sie vom Leben als einem Trinkglas: Man soll es nicht als halb leer empfinden, sondern als halb voll.

Peter war überrascht, wie sehr Jane ihn plötzlich an ihren Ängsten und Nöten teilhaben ließ. Er merkte, dass er in seiner Kindheit nicht der Einzige gewesen war, der sich verlassen und schlecht behandelt fühlte – es war Jane ähnlich gegangen, nur hatte sie das äußerlich besser verarbeitet. Als er Schuldgefühle bekannte, weil er seine Mutterliebe so schnell und bedingungslos auf »Mom2« Susan Blanchard projiziert und dabei die eigene tote Mutter vergessen hatte, reagiert Jane ärgerlich: »In keiner Phase solltest du dich deswegen schuldig fühlen! Sie hat uns doch verlassen, und uns ist wirklich übel mitgespielt worden!«

Peter war nie in der Lage, seine innersten Gefühle für sich zu behalten, er trug sein Herz immer auf der Zunge. Jedermann in seiner Umgebung bekam mit, in welcher Stimmung er war. »Du trägst dein Innenleben wie einen Hut«, sagte Jane. Sie selbst gab sich nie derartige Blößen und schottete sich erfolgreich gegen Angriffe ab. Aber tief drinnen glimmte die Glut weiter, und irgendwie musste auch sie ihre Probleme verarbeiten. Jane nahm diese analytischen Gespräche mit Peter auf Kassette auf, um sie anschließend immer wieder abzuhören – sie benötigte offenbar mehrere Angriffswellen, um ihren eigenen Verteidigungsring zu überwinden.

Als Ehrengast der Internationalen Filmwoche wurde Peter nach Köln eingeladen. Ausgerechnet am 3. Oktober 1990, dem Tag der offiziellen Wiedervereinigung, musste er mit Schmerzen im Unterleib und hohem Fieber ins Krankenhaus: Blutvergiftung. Die lebensgefährliche Situation wurde dadurch nicht einfacher, dass eine Darmspiegelung unabdingbar war – ebenjene Untersuchung, die Peter seit seinem sechsten Lebensjahr die Nächte mit Vergewaltigungsalbträumen zur Hölle machte. Er bekam einen manischen Anfall und bat die Ärzte buchstäblich, ihn lieber umzubringen, aber ihm diesen Horror zu ersparen. Mit einem starken Antibiotikum schickte man ihn heim nach Montana. Aber auch dort wartete diese notwendige Untersuchung auf ihn. Im Zuge dieser traumatischen Zuspitzung begann Peter eine neue Therapie, mit der er das Problem zwar nicht völlig überwinden, aber doch besser verstehen und in den Griff bekommen konnte: Endlich konnte er ruhiger schlafen.

Im selben Jahr unterschrieb Peter den Vertrag zur Veröffentlichung seiner Memoiren, die er Jane widmete. Er arbeitete sieben Jahre daran, sein hervorragendes Gedächtnis spulte eine immense Fülle von Details ab. Diese Fähigkeit hatte Peter von seinem Vater geerbt, der berühmt war für seine Leistungen im Auswendiglernen. 1960 arbeitete Peter bei den Proben zu Henrys Theaterauftritt in *Critic's Choice* als sein Repetitor. Aber Henry brauchte eigentlich niemanden, der ihm Zeilenanfänge soufflierte: Er hatte bereits das gesamte Stück memoriert. Und wenn Peter in einer Pause das Stichwort gab, fuhr der Vater ihn an: »Ich weiß meinen Text, Sohn!« Wenn er Pausen einlegte, dann um zu reflektieren, wie er die Rolle spielen oder wo er stehen wollte. »Wenn nötig, hätte er auch das Telefonbuch auswendig lernen können«, sagte Peter.

Ein Grund für die Entscheidung, überhaupt Memoiren zu schreiben, war sicher der Frust über unautorisierte Fonda-Biografien, die natürlich nie die ganze Wahrheit berichten, aber trotzdem nicht verhindert werden konnten. Hier gab es eine Menge zurechtzurücken, denn selbst Henrys Autobiografie schätzte Peter nicht sonderlich. Henry war zwar angetreten, die Wahrheit ungeschminkt zu berichten – »mit allen Warzen«, wie er sagte. So arbeitete Koautor Teichmann auch Interviews mit Henrys geschiedenen Frauen ein. Dennoch bezeichnet Peter das Buch seines Vaters als »steril« – Henry sei nicht der Mann gewesen, seine dunklen Seiten wirklich zu offenbaren. In vielen Fällen fügt er der väterlichen Version solche dunklen Einzelheiten hinzu. Aber auch Peter nimmt Rücksicht: Es fällt auf, wie er bei der Beschreibung drogenseliger Partys im Hause Vadim seine Schwester Jane immer wieder mit Samthandschuhen anfasst: Sie »ging früh schlafen« oder »war nicht dabei«. Die »weißen Seiten«, die er ihr scherzhaft versprochen hatte – zwischen den Zeilen sind sie durchaus vorhanden.

Besonders erbost war Peter über die Autobiografie seiner Intimfeindin Afdera, die er als »erbärmlich« einstuft. In Bezug auf Peter Colliers Biografie nahm er gern den Begriff eines Rezensenten auf, der das Buch als »Psychogefasel« abgekanzelt hatte. Peter fand das so treffend, dass er den Ausdruck zweimal in seinem Buch verwendet. Andererseits war er offenbar derart von der Unfehlbarkeit seines Gedächtnisses überzeugt, dass er keinen Lektor verifizieren ließ, was er geschrieben hatte. So findet sich auch bei ihm eine Reihe von leicht nachprüfbaren Detailfehlern – in der Schreibung und Datierung von Namen und Filmtiteln.

Es gab in diesen Jahren wenig anspruchsvolle Rollen für Peter Fonda. Immerhin war er nie untätig, er hat während seiner langen Karriere durchschnittlich 1,3 Filme pro Jahr gedreht, wie er in Interviews gern vorrechnet. Die neue Generation von Filmemachern, der seine Tochter Bridget und ihr Lebensgefährte Eric Stoltz angehören, akzeptiert Peter als eine Art Guru; mehrfach trat er neben den beiden in Gastrollen auf. Besonders gern spielte er in *Nadja* den Vampirjäger van Helsing. In ihm selbst erwachte erneut der Ehrgeiz, mehr als nur Routinejobs abzuliefern.

Seit Jahren hatte er seine Haare nicht geschnitten, er lebte in Montana an der frischen Luft, sein Gesicht war von Wetter und Sonne gebräunt und gegerbt, was eine Journalisten dazu brachte, ihn als »den Marlboro-Mann mit der Seele eines Maharischi« zu bezeichnen. Doch dann bekam er die Rolle, für die er seine bis zum Gürtel reichende Mähne stutzte: *Ulee's Gold*.

»Als ich das Skript gelesen hatte, saß ich ganz ruhig da und versuchte, meine Gefühle zu zügeln«, berichtet Peter. »Dies war *die* Rolle für mich. Ich *war* dieser Mann. Die Rolle des Ulee – die Abkürzung von Ulysses – verlangte nach einer Darstellung, wie sie nur Schauspieler vom Schlage meines Vaters fertig brachten. Man muss sie ganz behutsam angehen. Eigentlich muss man sie spielen, indem man die gespielte Person *ist*. Ich habe hart daran gearbeitet. Sehr hart.«

Das Drehbuch über einen zurückgezogen lebenden Imker, der zur Auseinandersetzung mit seiner entfremdeten Familie gezwungen wird, hatte Regisseur Victor Nuñez zwei Dutzend Darstellern angeboten. Peter bat darum, als Letzter vorsprechen zu dürfen. Nuñez war von Peters enthusiastischem Ansatz sehr beeindruckt. Aber es dauerte noch einige Zeit, bis er sich endgültig entschied. Peter bereitete sogar eine Strategie vor, um den zögernden Regisseur beim nächsten Treffen umzustimmen. Doch das war nicht mehr nötig – er hatte die Rolle.

Der bewegende Film wurde als Peters glänzendes Comeback gefeiert – ein Schub für sein Selbstvertrauen: »Jetzt sehen alle, dass dieser Typ alles Mögliche zustande bringt – und nicht nur Motorrad fahren und Dope rauchen kann.« Peter erhielt eine Oscar-Nominierung, glaubte aber nie daran, dass er gewinnen würde. Er bekam den Golden Globe, doch der Oscar blieb ihm versagt – den musste er seinem alten

»Dies war die *Rolle für mich. Ich* war *dieser Mann.«* Ulee's Gold *bescherte dem Schauspieler Peter Fonda ein glänzendes Comeback – und einen Golden Globe.*

Kumpel Jack Nicholson überlassen, der mit *Besser geht's nicht* seinen dritten Oscar einheimste und Peter in seiner Dankesrede würdigte.

Inzwischen hat Peter eine ähnlich überzeugende Leistung mit dem Thriller *The Limey* abgeliefert. Und für den TV-Film *The Passion of Ayn Rand* gewann er sogar einen zweiten Golden Globe. In seinem Buch zieht er das schlichte Fazit, dass er mit seinem Leben zufrieden ist. »Ich fühle mich so, dass ich weiterspielen möchte, bis ich tot umfalle«, sagte er 1997. »Glück heißt für mich, wenn der Regisseur sagen würde: ›Also, damit ist der Film abgedreht. Was ist mit Fonda los?‹ – ›Er ist gerade gestorben – und wir haben gern mit ihm gearbeitet.‹«

* * *

Nicht nur Journalisten neigen dazu, Persönlichkeiten des öffentlichen Lebens permanent mit Etiketten zu versehen und in Schubladen zu stecken – die Leser und Zuschauer passen ihre Erwartungshaltung wohl allzu gern dieser Methode an. Wie lässt es sich sonst erklären, dass alle Presseporträts gebetsmühlenartig die Stammbaum-Astgabel der jeweiligen Fondas markieren? So wie Peter ewig »Henrys Sohn«, »Janes Schwester« und neuerdings »Bridgets Vater« bleiben wird, muss Bridget damit leben, dass man sie im Vorspann als »Peters Tochter, Janes Nichte und Henrys Enkelin« rastert. Das ist normal. Die Fondas finden sich längst damit ab.

Im Gegensatz zu Peter und Jane, die lernen mussten, mit Henrys riesigem Schatten zu leben, hat die nächste Generation allerdings einen kleinen Vorteil: Sie weiß nicht nur um diesen Schatten, sie kann auch aus den Erfahrungen lernen, die Jane und Peter im Umgang mit dem schweren Erbe gemacht haben. Trotz Peters Warnungen entschied sich Bridget selbstbewusst, »den Mount Everest viermal zu besteigen«. Die Konflikte während ihrer Berufsausbildung erwiesen sich als harte Schule – die Messlatte bei ihrem berühmten Namen lag sehr hoch.

Der Umgang mit der Presse ließ sich nur durch eigene Erfahrungen üben. Bald ging sie dazu über, ihr Privatleben in Interviews ganz anzuklammern. Regelmäßig wurde sie wütend, wenn Reporter auf ihre frühe unvorsichtige Aussage zurückkamen, sie habe keinerlei Interesse an Janes Fitness-Videos. Der daraus konstruierte, aber nicht existierende Konflikt zwischen Jane und ihrer Nichte machte der harmoniebedürftigen Bridget lange zu schaffen.

Als Älteste von Henrys Enkeln konnte sie auch ihrem Bruder Justin und ihren Cousins Vanessa und Troy ein Beispiel geben: Sie alle wussten sehr genau, was auf sie zukam, falls sie sich in die Arena der Öffentlichkeit wagten.

Justin Fonda beendete sein Studium am 9. Juni 1989 an der Montana State University: Er machte den Bachelor of Science im Hauptfach Film- und Fernsehproduktion. Damit war er der erste männliche Fonda überhaupt, der den Collegeabschluss schaffte. Er nahm zwar Schauspielstunden, mied aber die Öffentlichkeit und orientierte sich beruflich hinter den Kulissen der Filmbranche. So arbeitete er 1991 im Kamerateam des Films *Harley Davidson and the Marlboro Man* mit, in dem Mickey Rourke als Harley Davidson eine Travestie des Easy

Rider abgab. Als Regieassistent, Kameraassistent und in ähnlichen Funktionen sammelte Justin Erfahrungen – zum Beispiel bei Robert Redfords *In der Mitte entspringt ein Fluss* und *F.T.W. – Tiefer als Hass*. Inzwischen hat er sich als Kameramann etabliert. Kommentar seines stolzen Vaters: »Sie nennen ihn Reißzwecke – weil seine Bilder immer scharf sind!« Einen winzigen Auftritt vor der Kamera absolvierte Justin 2000 als Flughafenangestellter in dem Montana-Drama *Big Eden*.

Cousine Vanessa wurde im Hause Hayden-Fonda politisch korrekt erzogen – wenn sie von Besuchen bei ihrem Vater Roger Vadim zurückkehrte, wurde automatisch erwartet, dass sie seine Geschenke den Gastkindern auf der Ranch zur Verfügung stellte. Für Aerobics hat Vanessa schon deswegen nichts übrig, weil ihre Mutter immer sehr viel Zeit in ihr Unternehmen investierte. Als Teenager kündigte Vanessa an, auch sie wolle ins Showbusiness gehen – ergänzt um den Hinweis, dass sie jedoch ganz sicher keine Kinder haben werde. Am Ende ihres vorletzten Highschooljahres überraschte sie Jane damit, dass sie bereits genug Punkte gesammelt hatte, um sofort von der Schule aufs College zu wechseln. Jane begleitete Vanessa zum Eignungstest an ihrer Wunsch-Uni Brown im neuenglischen Providence/Rhode Island. Vanessa wurde akzeptiert und belegte dort auch Schauspielkurse.

Jane schrieb einen persönlichen Zeitungsartikel über diese letzten Tage vor dem Start des ersten Semesters: Vanessa gab ihr schnell zu verstehen, dass sie als Mutter jetzt überflüssig war. Sie richtete sich als Erstes in ihrem Wohnheimzimmer häuslich ein: Das Bett wurde mit den Kanten auf einen niedrigen Schrank und den Schreibtisch gehievt. Dadurch entstand darunter eine gemütliche Höhle. Weil der Schreibtisch dadurch weitgehend seiner Funktion beraubt war, fragte Jane fassungslos: »Wo willst du denn arbeiten?« Vanessa deutete auf die Höhle und sagte: »Wenn du arbeitest, sitzt du doch auch immer auf dem Teppich!«

Da Vanessas Pate Sargent Shriver der Schwager von John F. und Robert Kennedy war, hatte Vanessa natürlich früh den Kennedy-Clan kennen gelernt. Sie freundete sich mit der gleichaltrigen Rory Kennedy an – die Tochter von Robert Kennedy, den sie allerdings nie kennen gelernt hatte. Sie kam erst nach seiner Ermordung 1968 zur Welt. Rory studierte wie Vanessa an der Brown-Universität.

Janes Vorbild als politische Aktivistin und ihre eigene Namensgeberin beeinflusste Vanessa nachhaltig: 1989 ging sie auf Einladung der Sandinisten nach Nicaragua, wo sie mithalf, in Niquinohomo eine Schule aufzubauen. In den USA sorgte das für böses Blut, denn der Ort lag im Kampfgebiet der von den Amerikanern unterstützten Contras. »Ich bin schon mein ganzes Leben politisch aktiv«, sagt Vanessa ebenso wahrheitsgemäß wie ironisch: Bereits mit 18 Monaten nahm sie Jane mit zum Sit-in auf Alcatraz. »Ich habe mich für die Antiatomkraftbewegung engagiert und gegen die Apartheid. Ich kämpfe für die Umwelt. Und schon seit der Highschool engagiere ich mich für die Schwulenbewegung und unterstütze Aidsaktionen.«

1995 gründete sie mit Rory Kennedy die Produktionsfirma May-Day Media, mit der die beiden politische Themen aufgriffen – »im Kampf gegen Rassismus, Sexismus, Klassenschranken und Homophobie«. Ihr erstes zehnminütiges Video hieß *Fire in Our House* und plädierte dafür, Heroinfixern saubere Spritzen zur Verfügung zu stellen und damit das Aidsrisiko zu verringern. Ebenso wie Rory versuchte Vanessa ihre Herkunft aus einer berühmten Familie herunterzuspielen. Aber auch sie bekam den Widerspruch zu spüren, der sich daraus ergibt: Sie suchte die Öffentlichkeit, um auf ihr Anliegen hinzuweisen – und natürlich helfen Namen wie Kennedy und Vadim dabei ganz erheblich. »Es ist verrückt«, stöhnte Vanessa bei der Pressekonferenz. »Mein ganzes Leben habe ich die Öffentlichkeit gemieden wie die Pest. Ganz bewusst habe ich mich für die Arbeit hinter der Kamera entschieden.«

Auf der Leinwand war Vanessa bisher nur in dem Dokumentarfilm *The Last Party* zu sehen, den der Schauspieler Robert Downey, Jr. 1992 während Bill Clintons Wahlkampf drehte. Neben zahlreichen Prominenten, darunter auch Tom Hayden, wurde Vanessa zur amerikanischen Befindlichkeit vor der Wahl interviewt.

Mit ihrem Sohn Malcolm hat sie inzwischen Jane Fonda zur Großmutter gemacht. Im Juli 1999 gehörte sie zu den Gästen auf Rory Kennedys Hochzeit, die kurzfristig verschoben werden musste, weil Rorys Cousin John F. Kennedy, Jr. auf dem Weg zu dieser Feier mit seinem Flugzeug abgestürzt war.

Troy Hayden, Vanessas Halbbruder, fühlte sich schon als Kind vom Schauspielerberuf seiner Mutter inspiriert. Er trat bei Theateraufführungen in Laurel Springs auf – das war sein Beitrag zur Sozialarbeit, die Jane dort mit ihren Kindercamp-Programmen leistete. Als Troy vor seinem Highschoolabschluss stand, sagte Jane: »Du hast echtes Talent. Also wenn du es als Profi versuchen willst, unterstütze ich dich.«

Er studierte Kunst an der University of Colorado in Boulder und entschied sich dort, in die großen Fußstapfen seiner Vorfahren zu treten und Schauspieler zu werden. Seine Ausbildung absolvierte er an der American Academy of Dramatic Arts in New York. Anschließend wurde er Ensemblemitglied der Academy Repertory Company. Er ist in zahlreichen Stücken aufgetreten, darunter in *Nachtasyl* von Maxim Gorki, *Haus Herzenstod* von George Bernard Shaw und *Orpheus steigt herab* von Tennessee Williams.

1996 zog er nach Kalifornien, um sich im Film zu versuchen. Einen kleinen Part ergatterte er neben Mel Gibson in *Fletcher's Visionen*. Seine erste Hauptrolle in *Bohemia* spielte Troy an Schauplätzen in Los Angeles und Prag. 1998 wurde er vom Magazin *People* unter die »50 schönsten Menschen des Jahres« aufgenommen. 2000 stellte er seine erste Regiearbeit vor, ein Musikvideo, das auf dem Unabhängigen Filmfestival in Los Angeles uraufgeführt wurde. Danach begann er als Regisseur und Produzent mit der Arbeit an einer Dokumentation über Gangs in Los Angeles, die versuchen, untereinander Frieden zu stiften.

Troy ging seine Karriere noch vorsichtiger an als Bridget und Vanessa: Er verleugnete die berühmten Namen seiner Eltern und wählte stattdessen den Geburtsnamen von Tom Haydens Mutter: Einem Troy Garity wird niemand so schnell Fragen zu seiner Mutter und seinem Großvater stellen. Tatsächlich enthält seine offizielle Künstlerbiografie keinerlei Hinweis auf Jane Fonda.

2000 kam ein Film namens *Steal This Movie!* in die amerikanischen Kinos, in dem Troy seinen Vater Tom Hayden darstellt. *Steal This Movie!* ist die filmische Biografie des amerikanischen Politaktivisten Abbie Hoffman (1936-89), der neben Tom Hayden 1968 im Zuge der Unruhen in Chicago wegen »Aufrufs zur Gewalt« angeklagt wurde. Hoffman musste damals eine Gefängnisstrafe absitzen.

Laut Jane sind die Fonda-Gene gegeben, doch Sohn Troy plant die Schauspielerkarriere inkognito – als Troy Garity.

Pikanterweise unterstützte Troy Garity durch seine Mitwirkung in dem Film das Projekt über einen Mann, der durchaus nicht Tom Haydens Freund war: Kurz vor seinem Tod noch wetterte Hoffman gegen den »Wendehals« Hayden, der sich durch seine politische Wandlung den rechten Spießern angedient habe.

Jane ist jedenfalls überzeugt, dass die Fackel weitergegeben worden ist: »Erstaunlich, wie Troy manchmal meinem Vater ähnelt – im Aussehen und in der Stimme. Der starb natürlich schon, als Troy noch ganz klein war. Es liegt also in den Genen, beigebracht hat ihm das niemand.«

* * *

»Eine künstlich vergrößerte Brust erkennt man auf eine Meile Entfernung«, sagte Jane einmal. Sie konnte sich damals nicht vorstellen, dass diese Aussage sie eines Tages einholen würde – ähnlich wie das Foto von Hanoi-Jane auf der nordvietnamesischen Flugabwehrkanone. Dass auch berühmte Menschen im Lauf der Jahre ihre Ansichten ändern, wird ihnen von Zeitungsarchivaren und emsigen Journalisten gern als Verfehlung vorgehalten.

Jane war mittlerweile 50 Jahre alt. Die beispiellos schöne und unbeirrbare Aerobics-Promoterin zeigte sich äußerlich ungebrochen, aber sie durchlebte eine Krise, die ihre eigenen Maximen auf den Kopf stellte. Sie ging wieder zum Psychiater – und sie zahlte 3000 Dollar, um ihre Oberweite mit Silikon korrigieren zu lassen. Was konnte den populären Star derart aus dem Gleichgewicht bringen? Wie immer: *Cherchez la femme!* Sie hieß Vicki Rideout, war 20 Jahre jünger als Jane, arbeitete als Beraterin des Präsidentschaftskandidaten Michael Dukakis im Büro der Demokratischen Partei. Und sie hatte eine Affäre mit Tom Hayden.

Vicki war nicht die Erste. In der Ehe der Haydens kriselte es seit Jahren. Der Abgeordnete war mehrfach wiedergewählt worden, aber er sah ein, dass er seinem heimlichen Traum vom Weißen Haus nicht näher kam, auch nachdem Jane buchstäblich Millionen in seine Kampagnen investiert hatte. Er war ein mitreißender Redner – wenn er von seinem Konzept ablesen konnte. Doch seine Ausstrahlung versagte, wenn er sich vor der Kamera oder in Diskussionen spontan äußern musste. Die freie Rede fiel ihm schwer, und die Wähler spürten das. Haydens Amtssitz war die kalifornische Hauptstadt Sacramento, und etliche Jahre lang flog er täglich abends nach Los Angeles, um bei seiner Frau und den Kinder zu sein. Häufig verhinderten das die Termine des Politikers. Und Jane saß nicht gerade am heimischen Herd und wartete auf seine Rückkehr. Einmal spottete er bitter: »Wenn wir uns zufällig mal sehen, haben die Sekretärinnen unsere Terminkalender falsch abgestimmt.« Angeblich kam ein Alkoholproblem dazu, jedenfalls litt er zunehmend darunter, als angeheirateter »Mr. Fonda« im Schatten seiner Frau zu stehen. Weniger zurückhaltende Spötter sprachen von »der Schönen und dem Tier«, denn Haydens grobe Züge entsprachen nicht recht dem glatten, fernsehgerechten Look vieler amerikanischer Politiker.

Hayden fand Trost in den Armen anderer Frauen, eine Tatsache, die eine selbstbewusste und erfolgreiche Gattin wie Jane jahrelang verdrängte – das Eingeständnis der gescheiterten Ehe musste sie auch als ihr eigenes Versagen deuten. In ihrem 1984 erschienenen Buch *Meine Erfahrungen mit der Lebensmitte* hatte sie öffentlich davon geträumt, mit ihrem Mann zusammen das Alter durch regelmäßige Gymnastik fit und freudig genießen zu können. Sie hatte sich mit Tom in Laurel Springs sogar einen Hügel mit Seeblick als gemeinsame Grabstelle ausgesucht.

Haydens Affäre mit Vicki Rideout war jedenfalls eine ernstere Angelegenheit als seine bisherige Flirts. Aufgebracht stellte ihm Jane ein Ultimatum. 1988 war die Ehe endgültig gescheitert; im Februar 1989 trennten sich die beiden, die Scheidung folgte 1990. Auch bei seinem Abgang machte Tom Hayden keine gute Figur. Er reizte seine Forderungen aus und bestand auf eine 50/50-Lösung – Janes Vermögen betrug damals schätzungsweise zwischen 30 und 100 Millionen Dollar. Jane empfand das als inakzeptabel, und sie hatte die besseren Karten. Schließlich einigte man sich auf eine Abfindung von 10 Millionen Dollar.

Janes politische Feldzüge erwiesen sich nichtsdestotrotz weiterhin als erfolgreich: Sie aktivierte Hollywoods Nachwuchsstars wie Demi

Die guten alten Zeiten – 1976 verbanden Tom Hayden und Jane Fonda Liebe und Politik, Ende der Achtziger war ihre Ehe am Ende.

Moore für politische Kampagnen, demonstrierte in Polen für Lech Walesa und setzte sich für die sowjetisch-jüdische Dissidentin Ida Nudel ein, die 1985 aufgrund von Janes Intervention nach Israel ausreisen durfte.

Aber es gab auch Rückschläge. Nach der erfolgreichen Vermarktung der Aeorbics-Studios, -Bücher und -Videos versuchte Jane, auch Trimm-dich-Trikots an die Frau zu bringen. Dieses Unternehmen musste sie nach herben Verlusten abschreiben. In *Warum eigentlich … bringen wir den Chef nicht um?* hatte Jane auf der Leinwand gegen die Willkür arroganter Vorgesetzter gekämpft, jetzt musste sie sich von ihren eigenen Angestellten in den Fitnessstudios vorhalten lassen, dass sie zu niedrige Löhne zahlte. Manche der Turnerinnen in den Videos bekamen angeblich überhaupt keine Gage, und die Frauen in der San-Francisco-Filiale beschwerten sich, ihre männlichen Kollegen bekämen für die gleiche Arbeit mehr Lohn. Das daraus resultierende juristische Tauziehen endete damit, dass die Filiale ihren Betrieb einstellte. Jane gab damit auch ihre Pläne auf, die Fitness-Kette auf die gesamten USA auszudehnen. 1991 wurden auch die beiden ursprünglichen Filialen in Beverly Hills und Encino geschlossen. Um ihre angespannte finanzielle Situation zu verbessern, wandelte Jane ihre Ranch Laurel Springs in eine Non-Profit-Institution um – sie diente nunmehr als Luxus-Erholungsheim für die oberen Zehntausend, die sich einen Aufenthalt für 2500 Dollar pro Woche leisten konnten.

Ende der 80er-Jahre drehte Jane auch wieder einige Filme – und mit *Der Morgen danach* wurde sie erneut – zum siebten Mal – für den Oscar nominiert. Dennoch konnten diese Projekte weder künstlerisch noch in der Publikumsgunst mit ihren früheren Filmen mithalten. Als sie 1988 die Geschichte von *Stanley & Iris* vorbereitete, in der Robert De Niro einen Analphabeten spielt, bekam sie zu spüren, dass auch Hanoi-Jane noch längst nicht vergessen war. Die Dreharbeiten sollten in Chicopee/Massachusetts und Waterbury/Connecticut stattfinden, und in beiden Stadtparlamenten nutzten organisierte Vietnamveteranen im März/April ihren Einfluss, um Jane zur *persona non grata* zu erklären. Der Antrag kam in Chicopee durch, in Waterbury nicht. Im Juni trat Jane öffentlich im Fernsehen auf und entschuldigte sich bei den Veteranen für ihr damaliges Verhalten. Dabei nahm sie in der Sache nichts zurück – nach wie vor stand sie zu ihrem Kampf gegen das US-Engagement in Indochina. Aber sie gab zu, dass sie damals sehr militant aufgetreten war und möglicherweise die Gefühle der dort kämpfenden Soldaten verletzt hatte.

Nicht alle ehemaligen GIs ließen sich von dieser Geste besänftigen. 1989 fand in Chicago ein Kongress amerikanischer Veteranen aus den Überseekriegen statt: Dort versuchte man, einen Boykott des Films *Stanley & Iris* anzuregen, außerdem wurde der Antrag gestellt, Jane Fondas Verhalten während des Vietnamkriegs »wegen verräterischer Aktionen« zu untersuchen. Der Film lief 1990 an, bekam wohlwollende Kritiken, aber von Kassenerfolg konnte keine Rede sein. Jane zog endgültig einen Schlussstrich und gab das Filmen auf.

Als Medienmogul Ted Turner von Janes Scheidung erfuhr, sagte er zu einem Assistenten: »Also, mit der Frau möchte ich mal ausgehen!« Er hatte sich ebenfalls gerade nach 24 Ehejahren von seiner zweiten Frau Jane Smith getrennt. Jane Fonda lehnte sein Angebot ab – sie gab an, ihre frische Trennung erst verarbeiten zu müssen. Die kurze Affäre mit dem Hollywood-Coiffeur Barry Matalon half dabei, auch die Beziehung zu dem 15 Jahre jüngeren italienischen Fußballer Lorenzo Caccialanza, der in *Stirb langsam* als Terrorist gegen Bruce Willis gekämpft hatte. Die beiden turtelten im Urlaub an karibischen Stränden, und Lorenzo stellte Jane sogar seiner Mama in Mailand vor.

Ted Turner war es allerdings gewohnt zu bekommen, was er wollte. Es wurmte ihn, dass Jane ihn abservierte und dabei die Gesellschaft anderer Verehrer vorzog. Obwohl er in dieser Phase mehrere Freundinnen gleichzeitig hatte, begann er also, ihr aggressiv den Hof zu machen. Er war sicherlich einer der wenigen Männer in Amerika, die selbst eine Jane Fonda beeindrucken konnten. Und sie war beeindruckt.

Robert Edward Turner III, geboren am 19. November 1938 in Cinncinati/Ohio, ist ein knappes Jahr jünger als Jane. Er übernahm zunächst die Werbefirma seines Vaters, verkaufte sie aber 1970 und investierte in einen kleinen Fernsehsender in Atlanta/Georgia. Dieser strahlte ab 1976 sein Programm landesweit über Satellit aus und steigerte stetig seine Quoten, weil Turner die Baseballmannschaft Atlanta Braves kaufte und deren Spiele exklusiv auf seinem Sender zeigte. Mit den Einnahmen finanzierte er ein ehrgeiziges Projekt, an das damals außer ihm niemand glaubte: ein Sender, der rund um die Uhr Nachrichten ausstrahlen sollte. Am 1. Juni 1980 sagte er: »Wir gehen jetzt auf Sendung, und wir bleiben auf Sendung – so lange, bis die Welt untergeht …« Cable News Network war geboren. Fünf Jahre später erreichte CNN die Gewinnzone, Büros in Europa wurden eingerichtet. Live-Berichterstattung vom Absturz des Challenger-Shuttle (1986), vom Massaker auf dem Platz des Himmlischen Friedens in Peking (1989), aus dem von US-Bombern attackierten Bagdad (1991), von der Jagd des auf der Autobahn flüchtigen Mordverdächtigen O. J. Simpson (1994) schürten die Legende und sorgten für Rekordquoten. In 212 Ländern schalten etwa eine Milliarde Zuschauer den News-Kanal ein.

Abgesehen von seinem geschäftlichen Erfolg ist Turner selbstverständlich ein politisch einflussreicher Mann. Mit seinem auf elf Milliarden Dollar geschätzten Vermögen gehört er zu den zehn reichsten Männern der USA. Er nahm Jane mit ins Weiße Haus, sie dinierten mit Gorbatschow im Kreml und mit Mitterrand im Elysée-Palast. Jane an Ted Turners Arm rief ein gewaltiges Medienecho hervor. Wohl nie zuvor wurde über eine Affäre eines zusammen immerhin über 100-jährigen Liebespaares derart intensiv berichtet. Denn auf den ersten Blick schienen die engagierte »Königin von Hollywood« und der konservative Medienfürst aus dem tiefen Süden nicht füreinander gemacht. Seine Freunde reagierten schockiert.

Dennoch waren sich die beiden ähnlicher, als es zunächst den Anschein hatte. Beide wurden von unbändiger Energie und dynamischem Ehrgeiz angetrieben. Beide mussten sich vor notorisch unzufriedenen Vätern beweisen. Ebenso wie Janes Mutter hatte sich Turners Vater auch das Leben genommen. Turner liebte das klassische Kino, und Henry Fonda war sein Idol. Vor allem aber hatten sie beide eine soziale Stellung erreicht, in der es ihnen praktisch unmöglich war, ebenbürtige Partner zu finden. Jane selbst sagte: »Wenn man als Frau stark und berühmt ist, findet man nur schwer einen Mann, der sich nicht bedroht fühlt.«

Ebenbürtig – das waren sie. »Sie ist meine große Liebe«, sagte er, und sie: »Er ist der Mann meines Lebens.« Turner konnte davon ausgehen, dass es Jane nicht um sein Geld ging. Aber sicher ist sicher: Der Ehevertrag, den die beiden aufsetzten, enthielt 107 Seiten. Die Hochzeit wurde an Janes 54. Geburtstag, am 21. Dezember 1991, auf Avalon, Turners 3280 Hektar großem Anwesen in Florida, gefeiert. Medienexperte Turner hatte versucht, den Termin geheim zu halten. Aber über dem Garten, wo die Zeremonie stattfinden sollte, kreisten hartnäckig zwei Helikopter mit Paparazzi, die selbst Turner nicht verscheuchen konnte. Sie machten mit ihren Rotoren so viel Lärm, dass die Trauung schließlich ins Haus verlegt wurde.

Jetzt erfuhr Jane, wie das Leben des amerikanischen Geldadels wirklich aussehen konnte. Turner ist der größte private Grundbesitzer in den USA. Ihm gehören sieben Häuser, neben Avalon die Hope-Plantage (2000 Hektar) sowie eine Insel vor der Küste von South Carolina, ein Anwesen und ein Penthouse im CNN-Center in seiner Zentrale Atlanta, die 1300 Quadratkilometer große Ladder Ranch in New Mexico und zwei Ranches in Montana, die eine 16000 Hektar groß, die andere, »Flying D« genannt, 43000 Hektar groß, das größte Privatgrundstück am Yellowstone. Jane war zunächst dagegen, die »Flying D« zu kaufen, weil ihr eine Ranch an sich nicht zusagte. Turner kaufte sie trotzdem, ließ alle Gatter und Zäune einreißen und den Naturzustand aus indianischen Zeiten wieder herstellen. Heute grasen 3500 Bisons auf den Weiden, jene Büffel, die in den Tagen von Buffalo Bill fast ausgerottet worden waren.

Angeblich verlangte Turner, dass Jane die Schauspielerei aufgab. Wenn das stimmt, so fiel ihr das nicht schwer. Ihre Produktionsfirma hatte sie bereits nach dem Flop ihres Films *Old Gringo* aufgelöst. Sie verkaufte ihr Haus in Los Angeles, reduzierte die Aerobics-Firma auf ein Minimum. Sie hatte es satt, immer Vorbild zu sein, und wollte sich mehr auf ihre politische Arbeit konzentrieren. »Nach dem Work-out mache ich jetzt ein Work-in«, sagte sie. Aber sie legte ihre Termine immer so, dass sie mit ihrem Mann zusammensein konnte, denn er konnte es nicht ertragen, allein zu sein. Jane hatte dafür Verständnis. Sie erinnerte sich nur zu gut, dass ihre Ehe mit Tom Hayden auch deswegen gescheitert war, weil sie aus beruflichen Gründen sehr oft getrennt waren.

Jane begleitete Turner zu den Spielen der Atlanta Braves, zu Dinnerpartys, auf karitative Veranstaltungen. Nach dem Fall des Eisernen Vorhangs besuchten die beiden Ostdeutschland, den unabhängigen Frauenverband, die Bürgerbewegung »Demokratie jetzt«, informierten sich über die Umweltkatastrophen in Wolfen und Bitterfeld. Von Mai bis Oktober jedes Jahres wohnten sie auf der »Flying D« in Montana, sie wanderten, angelten in dem künstlichen See Forellen, jagten Fasane, Waldhühner, Enten und Wapitihirsche. Jane brachte Turner dazu, seinen Alkoholkonsum zurückzuschrauben, mehr auf seine Ernährung zu achten.

Abgesehen von seinen Ländereien war Turner wenig interessiert an persönlichem Luxus, legte auf besondere Kleidung keinen Wert. Aber neben seinen Geschäftsinteressen verfolgte er viele Hobbys, bei denen er das Geld ebenso großzügig ausgab, wie er es verdiente. 1977 hatte der begeisterte Segler mit einer ungeübten Crew auf seiner Yacht *Couragous* den Australiern immerhin den begehrten America's Cup abgejagt. Er betrieb Landwirtschaft, sammelte aber auch Kunst und war ein freigebiger Mäzen. Der Turner Award wird jährlich verliehen und ist mit 500 000 Dollar dotiert.

In diesem System und mit seiner Unterstützung konnte Jane ihren Kreuzzug für ein besseres Amerika fortsetzen. Sie schrieb Bittbriefe, trieb Geld von Sponsoren auf, wurde Vizepräsidentin der Turner-Stiftung, die seit 1997 jährlich 25 Millionen Dollar an Projekte in den Bereichen Umwelt und Bevölkerungspolitik vergibt.

»Auch eine Feministin kann mit einem starken Mann verheiratet sein«, sagte sie. »Er hat ebenfalls seine Schwächen, gegen die man ansteuern muss. Natürlich gebe auch ich mal nach.« Aber sie wurde seine Beraterin und konnte wichtige Entscheidungen beeinflussen: Als Turner 1997 den Vereinten Nationen 1,8 Milliarden Dollar spendete, ging das auf Janes Initiative zurück. Ein Jahr zuvor bekam Turner das Angebot, seine CNN-Gruppe in den größten Medienkonzern der Welt, Time-Warner, einzugliedern und damit seine Unabhängigkeit aufzugeben. Turner fragte Jane, sie sagte »Okay!« Nach 15 Minuten war der 7,57-Milliarden-Dollar-Deal mit Time-Warner-Chef Gerald Levin per Handschlag besiegelt.

Jane konzentrierte sich in dieser Zeit in ihrer politischen Arbeit vor allem auf ein Problem, das sie in ihrem neuen Domizil Georgia, besonders im armen Norden des Staates, kennen gelernt hatte: In der Organisation Georgia Campaign for Adolescent Pregnancy Prevention setzte sie sich dafür ein, sehr junge und meist sozial schwache Mädchen besser aufzuklären, um ungewollte Schwangerschaften zu verhindern. »Das Grundübel ist nicht die Rassenzugehörigkeit, sondern die Armut«, sagte sie. »Wenn wir uns zehn Dinge vornehmen, um Mädchen vor ungewollter Schwangerschaft zu bewahren, dann passieren acht davon über der Gürtellinie.«

Manche ihrer früheren Freunde staunten, wie weit die Feministin Jane Fonda sich ihrem Mann anpasste. Die Schauspielerin Anjelica Huston debütierte 1996 als Regisseurin mit dem Fernsehfilm *Bastard Out of Carolina*, in dem es um den Missbrauch eines Mädchens in der eigenen Familie und um die Verdrängung von Schuld geht. Ted Turner fand die drastische Darstellung für seinen Sender unzumutbar, und Jane unterstützte ihn dabei, als er die Sperrung des Films durchsetzte. Ein Produzent und ehemaliger enger Freund sagte daraufhin: »Die Veränderung, die sie durchmacht, unterscheidet sich von ihren früheren Ehen. Durch ihre Hochzeit mit Turner hat sie einen Pakt mit dem Teufel geschlossen. Sie hat sich verkauft.«

Zu Janes 60. Geburtstag im Dezember 1997 richtete Turner eine 500 000-Dollar-Party für sie aus und initiierte in ihrem Namen eine 10-Millionen-Dollar-Stiftung. Am nächsten Morgen legte er noch ein kleines Präsent obenauf: Er schenkte ihr die Farm »La primavera« bei Berlioche – in den argentinischen Bergen.

Trotz allem bestand kein Zweifel daran, dass im Hause Turner ein reibungsloser Ablauf nur gewährleistet war, wenn jedermann nach seiner Pfeife tanzte. Er war als schwieriger Charakter bekannt, seine Ungeduld war sprichwörtlich: Eines Tages feuerte er seinen Sohn Teddy spontan aus der Firma – beim Abendessen.

Jane spielte freiwillig die zweite Geige, aber manchmal fiel ihr das nicht leicht. Ted Turner ist als Gastredner an Universitäten und bei Wirtschaftskongressen sehr begehrt – drei oder vier Auftritte im Monat sind üblich, manchmal füllt er eine ganze Arbeitswoche mit solchen Terminen. Seine Honorare (bis zu 35 000 Dollar pro Auftritt) spendet er meist karitativen Organisationen. Turner erwartete, dass seine Frau ihn auf diesen Reisen begleitete, und meistens tat sie es auch. Nachdem er eines Abends vor Managern in Kansas City gesprochen hatte, saß er am Tisch unter den Ehrengästen neben Jane, die sich mit ihrer Nachbarin unterhielt – wie üblich ganz bei der Sache und voll konzentriert. Wie immer bei den öffentlichen Auftritten der Turners warteten auch hier Fans auf ihre Chance: Eine Frau näherte sich mit Papier und Bleistift in der Hand, um ein Autogramm zu erbitten – nicht von ihm, sondern von ihr. Weil Jane in ein intensives Gespräch vertieft war, musste die Frau warten. Turner sah sich das ungeduldig an, nahm dann der Frau den Bleistift ab und drückte ihn Jane in die Hand. Als Jane sich immer noch nicht ablenken ließ,

»Auch eine Feministin kann mit einem starken Mann verheiratet sein« – die Ehe zwischen Jane Fonda und Ted Turner beschäftigte in den 90er-Jahren zunächst die amerikanische Öffentlichkeit, später auch manchen Eheberater.

führte er ihr einfach die Hand, damit die Frau endlich zu ihrem Autogramm kam.

Langsam wuchs in Jane das Gefühl, dass sie zu wenig bekam für das, was sie in diese Ehe investierte: »Die Krankheit, einen Mann zufrieden zu stellen, sitzt tief. Wer kein eigenes Selbstwertgefühl hat, wird auch von anderen nicht respektiert. Ich bin inzwischen nur noch Mrs. Turner, ich brauche wieder ein eigenes Leben. Ich glaubte, einen Mann geheiratet zu haben, nicht ein Imperium.« Angeblich spielte auch eine Rolle, dass Turner fremdging – es hieß, er habe ein Verhältnis mit Leni Cazden, jener Gymnastiklehrerin, die Jane Ende der 70er-Jahre tatkräftig beim Aufbau des Aerobics-Studios geholfen hatte.

Die Turners versuchten, die Risse in der Beziehung zu kitten: Seit Mai 1999 trafen sie sich regelmäßig zu Sitzungen mit dem Starpsychologen Jack Lee Rosenberg, der als Eheberater schon vielen VIPs geholfen hatte. Bei den Turners hatte Rosenberg kein Glück. Anfang Januar 2000 gaben sie in einer Presseerklärung bekannt: »Wir trennen uns, wollen aber weiter am Erfolg unserer Ehe arbeiten.« Es sieht so aus, als ob weder Tom Hayden noch Ted Turner neben Jane Fonda auf dem Hügel über dem Pazifik begraben liegen wird.

Roger Vadim fragte sie einmal, was sie sich noch wünschen würde, nachdem sie doch äußerlich jeden denkbaren Erfolg hatte. Sie antwortete: »Zu wachsen ... nicht an der Oberfläche, sondern in mir selbst. Ich würde mich gern in der Tiefe weiterentwickeln. Ich möchte die Dinge in mir selbst besser verstehen.«

Drei Monate nach der Trennung nahm Jane an der Oscar-Verleihung teil und überreichte dem polnischen Regisseur Andrzej Wajda einen Ehrenpreis. Anschließend wurde sie gefragt, ob sie selbst auch wieder Filme drehen würde. »Wenn ich ein so gutes Drehbuch wie *Am goldenen See* finde ...« Und kurz nach ihrer Hochzeit mit Ted Turner hatte sie gesagt: »Ich vermisse die Schauspielerei nicht. Aber ich habe das Gefühl: Irgendwann werde ich wieder spielen – vielleicht wenn ich 90 bin.«

Abspann: Es gibt keinen Zufall

Während Peter Fonda am Manuskript seiner Autobiografie arbeitete und gerade beschrieb, wie ihn die Hauptrolle in *Mein Freund Harvey* auf dem College dazu brachte, den Schauspielerberuf zu ergreifen, unterbrach ihn Becky: Im Fernsehen lief eine Talkshow mit Bridget. Sie berichtete darin, der entscheidende Anstoß, in die Fußstapfen von Vater und Großvater zu treten, sei ihre Highschool-Bühnenrolle in *Mein Freund Harvey* gewesen.

Es gibt keinen Zufall, schreibt Peter in jenem Absatz. Sicher, die Stationen einer Schauspielerkarriere wiederholen sich von Generation zu Generation, der Reigen dreht sich. Aber bisweilen verblüfft uns die Verzahnung der Ereignisse dann doch.

Der Reigen: Den ersten Karriereschub verdankte Henry Fonda Marlon Brandos Mutter, der Theatermäzenin von Omaha. Der zum Star avancierte Henry war es dann, der Marlons schauspielender Schwester Jocelyn 1947 die einzige weibliche Rolle in *Mister Roberts* vermittelte. Marlon Brando musste einige Jahre später auf die Titelrolle in der Filmversion von *Mister Roberts* verzichten, weil John Ford auf die Originalbesetzung Henry Fonda bestand. Zehn Jahre später drehte Brando dann mit Jane als Partnerin *Ein Mann wird gejagt* – die einzige gemeinsame Filmarbeit der beiden Clans. Jocelyn Brando durfte 1947 an Henrys Seite spielen, weil der Regisseur Joshua Logan zuvor eine andere junge Unbekannte abgelehnt hatte – mit dem Argument, sie wäre *zu schön* für den Part! Sie hieß Eva Marie Saint und stieg 1954 neben Marlon Brando in *Die Faust im Nacken* zum Weltstar auf. 32 Jahre nach *Mister Roberts* stand sie 1979 in *Ein Montag im Oktober* dann doch noch neben Henry auf der Bühne – aber auch diese Zusammenarbeit war nicht von Dauer: Statt der geplanten drei Monate spielten die beiden das Stück nur zwei Wochen, dann musste der fast 74-jährige Henry nach einem Schwächeanfall aufgeben.

In der Verfilmung von *Ein Montag im Oktober* übernahm Walter Matthau Henrys Rolle. Die beiden Kollegen haben nur einen gemeinsamen Film gemacht (*Angriffsziel Moskau*), kannten sich aber schon seit den New Yorker Tagen Anfang der 50er-Jahre, als die Theaterensembles vom Broadway sonntags im Park gegeneinander Softball spielten. Matthau hielt Henry sein Leben lang vor, dass der ihm bei einem Spiel mit dem Ball empfindlich in die Weichteile getroffen hatte. Übrigens drehte Joshua Logan 1964 eine Fortsetzung seines *Mister-Roberts*-Hits – mit Walter Matthau in der Hauptrolle.

Der Reigen: Es ist Zufall, dass Henry 1951 in dem Stück *Point of No Return* spielte und Bridget 1993 in einem gleichnamigen Film mit anderem Thema. Es ist Zufall, dass Jane 1966 den Film *The Chase* drehte und Peter 1994 einen Film, der genauso hieß, aber mit dem ersten nichts zu tun hatte. Zufall auch, dass Jane ihren Vater 1955 in Rom bei den Dreharbeiten zu *Krieg und Frieden* besuchte und neun Jahre später bei ihrem ersten Moskau-Aufenthalt auch die Arbeit an der maßgeblichen sowjetischen Monumentalverfilmung des Tolstoi-Stoffes unter Regisseur Sergej Bondartschuk erleben durfte. – 1955 trat Henry neben Humphrey Bogart und Lauren Bacall in der TV-Fassung des Stücks *Der versteinerte Wald* auf; Ende der 90er-Jahre kaufte Peter die Rechte an dem Stück, um es mit Tochter Bridget zu verfilmen. – Als Jane das Filmprojekt *Nur Pferden gibt man den Gnadenschuss* in Angriff nahm, erzählte ihr Roger Vadim, dass er den Roman bereits 15 Jahre zuvor für Brigitte Bardot in ein Drehbuch umgearbeitet hatte, das er dann aber nicht realisieren konnte. – Und zufällig züchtete Henry im Alter Bienen in seinem Garten, er schenkte seinen Kindern eigenen Honig, während Peter später nach *Ulee's Gold* in Florida zum »Imker des Jahres« gekürt wurde.

Ein Reigen von schnitzlerschen Dimensionen: Henrys Filmpartner, Freund und letzter Trauzeuge George Peppard war in den 60er-Jahren mit der Schauspielerin Elizabeth Ashley verheiratet – Peter konnte Peppard nur mit Mühe vom Selbstmord abhalten, als diese Ehe zerbrach. 1975 drehte sich am Set des Films *33 Grad im Schatten* ein regelrechtes Liebeskarussell: Die geschiedene Ashley spielte neben Peter eine Hauptrolle und hatte eine stürmische Affäre mit Regisseur Tom McGuane, der damals noch mit Becky Crockett (Peters künftiger Frau) verheiratet war. Während der Dreharbeiten verliebte sich McGuane in die andere Hauptdarstellerin Margot Kidder – sie gebar ihm später ein Kind. Zehn Jahre danach wurde Jane Fonda auf Margot Kidder eifersüchtig, der man einen heftigen Flirt mit Janes Mann Tom Hayden nachsagte.

Der Reigen: Schon bevor Henry und Frances Brokaw sich in London kennen lernten, wohnten sie Anfang der 30er-Jahre in New York quasi Tür an Tür: Der Mietblock mit dem Armenquartier des Reis kauenden Schauspieleleven stieß mit einer Ecke an das Grundstück der Villa, in der der betrunkene George Brokaw seine Frau verprügelte. – Student Henry hatte bei der Prüfung die Bögen voll gemalt, statt die Fragen zu beantworten, und war nach zwei Jahren vom College geflogen. Auch Jane gab am Vassar-College aus Frust Malereien auf dem Prüfungsbogen ab, nur dass sie nicht hinausgeworfen wurde. Henry versuchte zu verhindern, dass sie wie er das Studium abbrach. Aber Jane setzte ihren Kopf durch. – Am Anfang ihrer Karrieren spielten sowohl Henry als auch Peter in Shakespeares *Was ihr wollt*, sogar dieselbe Rolle: den Christoph von Bleichenwang. – Peter musste bei seinem ersten Bühnenauftritt im Knabeninternat als Frau auftreten; Jane besuchte eine Mädchenschule und spielte in ihrem ersten Stück einen Mann.

Das Gesamtmosaik ergibt sich aus einer Ansammlung von kleinen Details: Trotz des Wohlstands im Hause Fonda bestand Henry darauf, das Taschengeld der Kinder aus erzieherischen Gründen eher knapp zu halten. Bis er 15 war, musste Peter mit 25 Cents pro Woche auskommen. Um seine Kasse aufzubessern, sammelte er in den Ferien am Strand von Santa Monica unter dem Kiosk die Münzen auf, die durch den Holzrost gefallen waren. Als Jane selbst Mutter wurde, schaffte sie es nicht, ein angemesseneres Maß für Taschengeld zu finden. Jedenfalls scheint sie ebenfalls nicht besonders freigebig gewesen zu sein, denn auch Troy fand, dass er zu kurz gehalten wurde – er verdiente sich ein Zubrot, indem er Janes Autogramme in der Schule verkaufte.

So sehr Henrys Kinder darunter litten, wenn seine Arbeit ihn ständig von zu Hause fort rief, so spürten sie später als erfolgreiche Filmstars am eigenen Leib, dass ein Kompromiss zwischen Familie und intensiver Karriere praktisch nicht zu erreichen ist: Peters erste Ehe zerbrach unter anderem, weil er sich für seine Filmprojekte hundertprozentig engagierte. Jane ersparte ihren Kindern zwar die Abschiebung ins Internat, aber in den Zeiten ihres hektischen Politaktivismus »parkte« sie Vanessa sehr gern und häufig beim Exgatten Vadim.

Wahrscheinlich liegt es am Schauspielerberuf, dass die siebenjährige Bridget genau wie 30 Jahre zuvor Jane und Peter auf die harte Tour lernen musste, den realen Vater von seinen gespielten Kinohelden zu unterscheiden. Sie berichtet, wie sie bei der Premiere zu *Der weite Ritt* den Kinosaal kurzfristig verließ, um dann zurückzukehren und unter Schock zu erleben, wie Daddy auf der Leinwand erschossen wurde und blutüberströmt zusammenbrach.

Es gab Zeiten, da hätten Jane und Peter behauptet, von Henry nicht mehr geerbt zu haben als den Namen. Sie wollten nicht so sein wie er, sie wollten nicht so werden wie er. Doch sie wurden erwachsen, starteten ähnlich erfolgreiche Karrieren, und trotz der guten Vorsätze erlebten sie, wie sich die Familiengeschichte wiederholte. Um endlich die Geborgenheit einer funktionierenden Beziehung zu erfahren, heiratete Peter schon mit 21 Jahren. Im Nachhinein reflektierte er, dass er damals viel zu jung war, diese Verantwortung zu übernehmen. Die Ehe scheiterte, auch seine Kinder litten unter der Scheidung. Aber Peter mühte sich bewusst, ein besserer Vater zu sein als Henry, um seinen Kindern die übereilte Flucht in eine Ehe zu ersparen. Das ist ihm gelungen – der Pegel schlägt heute sogar eher zur anderen Seite aus: Bridget ist unverheiratet, hat bislang ihren Kinderwunsch zurückgestellt, weil keine ihrer Beziehungen auf Dauer funktionierte. Sie ist jetzt Ende 30 – wie wird sie sich entscheiden? Der beste Fonda ist gar kein Fonda?

Die Fondas sind Stars, die sich allerdings ihre Menschlichkeit – mit all ihren Facetten – erhalten haben. Das macht sie sympathisch und unsympathisch zugleich. Zu behaupten, dass hinter dem von haushohen Fassadenplakaten geprägten VIP-Image stinknormale Zeitgenossen stecken, ist ein Gemeinplatz. Aber solche Formulierungen sind manchmal nötig, denn die Medien propagieren nach wie vor jenen Personenkult, der den Leinwandgöttern eine abgehobene Aura andichtet und damit die Erwartungshaltung der Fanlegionen nährt.

Wer sich jedoch intensiver mit der Biografie moderner mythologischer Figuren beschäftigt, entdeckt in ihren so exponierten und fast logischerweise verzerrten Lebensläufen das Bemühen der Stars, die exaltierten Auswüchse ihrer Existenz auf ein vernünftiges Maß herunterzustutzen. Das ist ganz beruhigend – und mindert nicht die beruflichen Leistungen, für die sie geliebt und gepriesen werden. Im Gegenteil.

Es ist nicht alles Gold, was glänzt – diese Bauernweisheit wird den Fondas ebenso wenig gerecht. Seit nunmehr fast 70 Jahren vertreten sie ihren Beruf auf beispielhafte Weise. Sie haben sich Ulee's Gold redlich verdient – und den goldenen See dazu. Von jenen goldenen Statuetten, die ihre Zunft den Besten der Besten verleiht, ganz zu schweigen. Was da glänzt, ist also kein vergoldetes Blech, sondern solides Edelmetall durch und durch – die Fonda-Fassade wird nicht abblättern. Vielleicht sollte es eher heißen: Auch goldene Monumente werfen Schatten.

Familienbuch

Filmografien

Henry Fonda

1935

THE FARMER TAKES A WIFE
Dt: Der Farmer will heiraten
Regie: Victor Fleming

WAY DOWN EAST
Regie: Henry King

I DREAM TOO MUCH
Regie: John Cromwell

1936

SPENDTHRIFT
Dt: Der Verschwender
Regie: Raoul Walsh

THE TRAIL OF THE LONESOME PINE
Dt: Kampf in den Bergen
Regie: Henry Hathaway

THE MOON'S OUR HOME
Dt: Flucht in die Liebe
Regie: William A. Seiter

1937

WINGS OF THE MORNING
Dt: Zigeunerprinzessin
Regie: Harold Schuster

SLIM
Dt: Slim – Ein Mann will hoch hinaus
Regie: Ray Enright

YOU ONLY LIVE ONCE
Dt: Gehetzt (auch: Du lebst nur einmal)
Regie: Fritz Lang

THAT CERTAIN WOMAN
Regie: Edmund Goulding

1938

THE MAD MISS MANTON
Regie: Leigh Jason

I MET MY LOVE AGAIN
Regie: Arthur Ripley, Joshua Logan, George Cukor

JEZEBEL
Dt: Jezebel – Die boshafte Lady
Regie: William Wyler

BLOCKADE
Regie: William Dieterle

SPAWN OF THE NORTH
Dt: Raubfischer in Alaska
Regie: Henry Hathaway

1939

THE STORY OF ALEXANDER GRAHAM BELL (auch: THE MODERN MIRACLE)
Dt: Liebe und Leben des Telefonbauers Alexander Graham Bell
Regie: Irving Cummings

LET US LIVE!
Dt: Lasst uns leben
Regie: John Brahm

DRUMS ALONG THE MOHAWK
Dt: Trommeln am Mohawk
Regie: John Ford

JESSE JAMES
Dt: Jesse James – Mann ohne Gesetz
Regie: Henry King

YOUNG MR. LINCOLN
Dt: Der junge Mr. Lincoln
Regie: John Ford

1940

THE GRAPES OF WRATH
Dt: Früchte des Zorns
Regie: John Ford

LILLIAN RUSSELL
Regie: Irving Cummings

THE RETURN OF FRANK JAMES
Dt: Rache für Jesse James
Regie: Fritz Lang

CHAD HANNA
Dt: Der Tod des alten Zirkuslöwen
Regie: Henry King

1941

THE LADY EVE
Dt: Die Falschspielerin
Regie: Preston Sturges

WILDE GEESE CALLING
Regie: John Brahm

YOU BELONG TO ME
Dt: Du gehörst mir
Regie: Wesley Ruggles

1942

RINGS ON HER FINGERS
Dt: Das große Spiel
Regie: Rouben Mamoulian

THE MALE ANIMAL
Dt: Thema: Der Mann
Regie: Elliott Nugent

THE MAGNIFICENT DOPE
Regie: Walter Lang

THE BIG STREET
Regie: Irving Reis

THE BATTLE OF MIDWAY (Doku, *nur Stimme*)
Dt: Die Schlacht um Midway
Regie: John Ford

TALES OF MANHATTAN
Dt: Tales of Manhattan (auch: Sechs Schicksale)
Regie: Julien Duvivier

1943

THE OX-BOW INCIDENT
Dt: Ritt zum Ox-Bow
Regie: William Wellman

THE IMMORTAL SERGEANT
Regie: John M. Stahl

1946

MY DARLING CLEMENTINE
Dt: Faustrecht der Prärie (auch: Tombstone)
Regie: John Ford

1947

THE LONG NIGHT
Dt: Die lange Nacht
Regie: Anatole Litvak

THE FUGITIVE
Dt: Befehl des Gewissens
Regie: John Ford

DAISY KENYON
Dt: Daisy Kenyon
Regie: Otto Preminger

1948
ON OUR MERRY WAY (auch: A MIRCACLE CAN HAPPEN)
Regie: King Vidor, Leslie Fenton

FORT APACHE
Dt: Bis zum letzten Mann
Regie: John Ford

1949
JIGSAW (auch: GUN MOLL) (*Gastrolle*)
Regie: Fletcher Markle

1950
HOME OF THE HOMELESS (Doku)

1951
BENJY (Kurzfilm, *nur Sprecher*)
Regie: Fred Zinnemann

GROWING YEARS (Doku)

1952
THE IMPRESSIONABLE YEARS (Doku)

PICTURA (Episode: »Grant Wood«) (Doku, *nur Sprecher*)
Regie: Mark Sorkin (Fonda-Episode), Ewald André Dupont, Luciano Emmer, Enrico Gras, Lauro Ventura, Robert Hessens, Olga Lipska, Alain Resnais

1953
MAIN STREET TO BROADWAY (*Gastrolle*)
Regie: Tay Garnett

MEDALLION THEATRE
(TV-Reihe) Episode: »The Decision at Arrowsmith«

1955
HENRY FONDA PRESENTS THE STAR AND THE STORY
(TV-Reihe, *Moderator*)

GENERAL ELECTRIC THEATRE
(TV-Reihe) Episode: »Clown«

PRODUCER'S SHOWCASE
(TV-Reihe) Episode: »The Petrified Forest«
Regie: Delbert Mann

MISTER ROBERTS
Dt: Keine Zeit für Heldentum
Regie: John Ford

1956
WAR AND PEACE
Dt: Krieg und Frieden
Regie: King Vidor

THE WRONG MAN
Dt: Der falsche Mann
Regie: Alfred Hitchcock

1957
THE TIN STAR
Dt: Stern des Gesetzes
Regie: Anthony Mann

12 ANGRY MEN (*auch Produktion*)
Dt: Die zwölf Geschworenen
Regie: Sidney Lumet

1958
REACH FOR TOMORROW (Doku)

STAGE STRUCK
Dt: Eines Tages öffnet sich die Tür
Regie: Sidney Lumet

1959
WARLOCK
Dt: Der Mann mit den goldenen Colts (auch: Warlock)
Regie: Edward Dmytryk

THE MAN WHO UNDERSTOOD WOMEN
Dt: Über den Gassen von Nizza
Regie: Nunnally Johnson

1959-61
THE DEPUTY (TV-Serie) (*auch Produktion*)
Dt: Der zweite Mann
Regie: David Butler, Tay Garnett, Sidney Lanfield, Arthur Lubin, Herschel Daugherty

1960
THE FABULOUS FIFTIES (TV-Special)
Regie: Norman Jewison

1962
THE LONGEST DAY
Dt: Der längste Tag
Regie: Elmo Williams (Fonda-Episode), Ken Annakin, Bernhard Wicki

ADVISE AND CONSENT
Dt: Sturm über Washington
Regie: Otto Preminger

HOW THE WEST WAS WON
Dt: Das war der Wilde Westen
Regie: Henry Hathaway, John Ford, George Marshall

THE GOOD YEARS (TV-Special)

1963
RANGERS OF YELLOWSTONE (Doku)

SPENCER'S MOUNTAIN
Dt: Sommer der Erwartung
Regie: Delmer Daves

1964
FAIL SAFE
Dt: Angriffsziel Moskau
Regie: Sidney Lumet

THE BEST MAN
Dt: Der Kandidat
Regie: Franklin Schaffner

SEX AND THE SINGLE GIRL
Dt: ... und ledige Mädchen
Regie: Richard Quine

THE BELL TELEPHONE HOUR (TV-Reihe, *Moderator*)

1965
TRAVELS WITH CHARLEY (Doku)

THE ROUNDERS
Dt: Nebraska
Regie: Burt Kennedy

IN HARM'S WAY
Dt: Erster Sieg
Regie: Otto Preminger

SPIONE UNTER SICH (auch: LA GUERRA SECRETA, GUERRE SECRÈTE)
Regie: Terence Young (Fonda-Episode), Christian-Jaque, Carlo Lizzani, Werner Klingler

BATTLE OF THE BULGE
Dt: Die letzte Schlacht
Regie: Ken Annakin

1966

A BIG HAND FOR A LITTLE LADY (auch: BIG DEAL AT DODGE CITY)
Dt: Höchster Einsatz in Laredo
Regie: Fielder Cook

NBC WHITE PAPER: THE AGE OF KENNEDY – PART 1, THE EARLY YEARS (TV-Doku, *Sprecher*)

1967

AMERICA AND AMERICANS (Doku)

ALL ABOUT PEOPLE (Doku)

THE GOLDEN FLAME (Doku)

THE REALLY BIG FAMILY (Doku, *Sprecher*)
Regie: Alexander Grasshoff

WELCOME TO HARD TIMES (auch: KILLER ON A HORSE)
Dt: Mordbrenner von Arkansas
Regie: Burt Kennedy

STRANGER ON THE RUN (auch: LONESOME GUN) (TV)
Dt: Ein Fremder auf der Flucht
Regie: Don Siegel

MADIGAN
Dt: Nur noch 72 Stunden
Regie: Don Siegel

FIRECREEK
Dt: Die fünf Vogelfreien
Regie: Bernard McEveety

1968

BORN TO BUCK (Doku)

YOURS, MINE, OURS
Dt: Deine, meine, unsere
Regie: Melville Shavelson

THE BOSTON STRANGLER
Dt: Der Frauenmörder von Boston
Regie: Richard Fleischer

C'ERA UNA VOLTA IL WEST (auch: ONCE UPON A TIME IN THE WEST)
Dt: Spiel mir das Lied vom Tod
Regie: Sergio Leone

1969

AN IMPRESSION OF JOHN STEINBECK: WRITER (Doku)
Regie: Donald Wrye

HOLLYWOOD: THE SELZNICK YEARS (TV-Doku)
Regie: Marshall Flaum

1970

TOO LATE THE HERO (auch: SUICIDE RUN)
Dt: Zu spät für Helden – Antreten zum Verrecken
Regie: Robert Aldrich

THE CHEYENNE SOCIAL CLUB
Dt: Geschossen wird ab Mitternacht
Regie: Gene Kelly

THERE WAS A CROOKED MAN…
Dt: Zwei dreckige Halunken
Regie: Joseph L. Mankiewicz

1971
SOMETIMES A GREAT NOTION (auch: NEVER GIVE AN INCH)
Dt: Sie möchten Giganten sein
Regie: Paul Newman

DIRECTED BY JOHN FORD (Doku)
Regie: Peter Bogdanovich

THE SMITH FAMILY (TV-Serie)

THE AMERICAN WEST OF JOHN FORD (auch: GREAT AMERICAN WEST) (TV-Doku)
Regie: Denis Sanders

1972
LE SERPENT (auch: IL SERPENTE)
Dt: Die Schlange
Regie: Henri Verneuil

1973
ALCOHOL ABUSE: THE EARLY SIGNS (Doku)

ASH WEDNESDAY
Dt: Die Rivalin
Regie: Larry Peerce

THE RED PONY (TV)
Dt: Das letzte Wort hat Tilby
Regie: Robert Totten

THE ALPHA CAPER (auch: THE INSIDE JOB) (TV)
Dt: Im letzten Moment
Regie: Robert Michael Lewis

IL MIO NOME È NESSUNO (auch: MON NOM EST PERSONNE)
Dt: Mein Name ist Nobody
Regie: Tonino Valerii

1974
MUSSOLINI: ULTIMO ATTO
Dt: Mussolini – die letzten Tage
Regie: Carlo Lizzani

ALL IN THE FAMILY (TV-Serie)
Episode: »The Best of All in the Family«

1975
COLLISION COURSE (TV)
Regie: Anthony Page

1976
MIDWAY
Dt: Schlacht um Midway
Regie: Jack Smight

THE GREAT SMOKEY ROADBLOCK (auch: THE LAST OF THE COWBOYS)
Regie: John Leone

ALMOS' A MAN
Regie: Stan Lathan

CAPTAINS AND THE KINGS (TV-Miniserie)
Dt: Der Preis der Macht
Regie: Douglas Heyes, Allen Reisner

BERNICE BOBS HER HAIR (TV-Kurzfilm, *Moderator*)
Regie: Joan Micklin Silver

THE DISPLACED PERSON (TV-Kurzfilm, *Moderator*)
Regie: Glenn Jordan

MAUDE (TV-Serie) Episode: »Maude's Moods, Part 1«

MAUDE (TV-Serie) Episode: »Maude's Moods, Part 2«

1977
IL GRANDE ATTACCO
Dt: Die grosse Offensive
Regie: Umberto Lenzi

TENTACOLI
Dt: Der Polyp – Die Bestie mit den Todesarmen (auch: Angriff aus der Tiefe)
Regie: Ovidio Assonitis

ROLLERCOASTER
Dt: Achterbahn
Regie: James Goldstone

GOLDEN AGE OF HOLLYWOOD (Doku)

OLD WEST TRAIL COUNTRY (Doku, *Moderator*)

BLUE HOTEL (TV-Kurzfilm)
Regie: Ján Kadár

UNKNOWN POWERS
Regie: Don Como

1978
FEDORA
Dt: Fedora
Regie: Billy Wilder

CLARENCE DARROW (TV)
Regie: John Rich

BIG YELLOW SCHOONER TO BYZANTIUM (Doku)

LEADERS OF THE CENTURY (Doku, *nur Sprecher*)

AMERICA'S SWEETHEART: THE MARY PICKFORD STORY (Doku, *nur Sprecher*)
Regie: John Edwards

THE AMERICAN FILM INSTITUTE: A SALUTE TO HENRY FONDA (TV-Special)

HOME TO STAY (TV)
Regie: Delbert Mann

THE SWARM
Dt: Der tödliche Schwarm
Regie: Irwin Allen

1979
WANDA NEVADA
Dt: Wanda Nevada
Regie: Peter Fonda

ROOTS: THE NEXT GENERATIONS (TV-Miniserie)
Dt: Roots – Die nächste Generation
Regie: Charles S. Dubin, George Stanford Brown, John Erman, Lloyd Richards

CITY ON FIRE
Dt: Stadt in Flammen
Regie: Alvin Rakoff

METEOR
Dt: Meteor
Regie: Ronald Neame

1980
FAMILY (TV-Serienepisode)
Dt: Eine amerikanische Familie

THE JILTING OF GRANNY WEATHERALL (TV, *Sprecher*)
Regie: Randa Haines

THE MAN THAT CORRUPTED HADLEYBURG (TV-Kurzfilm)
Regie: Ralph Rosenblum

RAPPACCINI'S DAUGHTER (TV-Kurzfilm)
Regie: Deszo Magyar

BARN BURNING (TV-Kurzfilm)
Regie: Peter Werner

THE OLDEST LIVING GRADUATE (TV)
Regie: Jack Hofsiss

GIDEON'S TRUMPET (TV)
Dt: Gideons Paukenschlag
Regie: Robert Collins

1981
SUMMER SOLSTICE (TV)
Dt: Sonnenwende
Regie: Ralph Rosenblum

GREAT FIGURES IN HISTORY: FRANKLIN D. ROOSEVELT (Doku, *Sprecher*)

ON GOLDEN POND
Dt: Am goldenen See
Regie: Mark Rydell

Jane Fonda

1950
THE JOE FRANKLIN SHOW (TV-Serie)

1960
TALL STORY
Dt: Je länger – je lieber
Regie: Joshua Logan

A STRING OF BEADS (TV)

1962
WALK ON THE WILD SIDE
Dt: Auf glühendem Pflaster
Regie: Edward Dmytryk

THE CHAPMAN REPORT
Dt: Der Chapman-Report
Regie: George Cukor

PERIOD OF ADJUSTMENT
Dt: Zeit der Anpassung
Regie: George Roy Hill

JANE (Doku)
Regie: Richard Leacock, D.A. Pennebaker

1963
IN THE COOL OF THE DAY
Dt: Begierde an schattigen Tagen
Regie: Robert Stevens

SUNDAY IN NEW YORK
Dt: Sonntag in New York
Regie: Peter Tewkesbury

1964
FILMMAKING ON THE RIVIERA (Making of »Les Félins«) (Kurzfilm-Doku)

LES FÉLINS (auch: JOY HOUSE; THE LOVE CAGE)
Dt: Wie Raubkatzen
Regie: René Clément

1965
LA RONDE
Dt: Der Reigen
Regie: Roger Vadim

CAT BALLOU
Dt: Cat Ballou – Hängen sollst du in Wyoming
Regie: Elliot Silverstein

1966
THE CHASE
Dt: Ein Mann wird gejagt
Regie: Arthur Penn

LA CURÉE
Dt: Die Beute
Regie: Roger Vadim

ANY WEDNESDAY (auch: BACHELOR GIRL APARTMENT)
Dt: Jeden Mittwoch
Regie: Robert Ellis Miller

HURRY SUNDOWN
Dt: Morgen ist ein neuer Tag
Regie: Otto Preminger

1967
BAREFOOT IN THE PARK
Dt: Barfuß im Park
Regie: Gene Saks

BARBARELLA
Dt: Barbarella
Regie: Roger Vadim

HISTOIRES EXTRAORDINAIRES (auch: TRE PASSI NEL DELIRIO)
Dt: Außergewöhnliche Geschichten (auch: Geheimnisvolle Begebenheiten)
Regie: Roger Vadim (Fonda-Episode), Louis Malle, Federico Fellini

1969
THEY SHOOT HORSES, DON'T THEY?
Dt: Nur Pferden gibt man den Gnadenschuss
Regie: Sydney Pollack

1971
KLUTE
Dt: Klute
Regie: Alan J. Pakula

THE GREAT AMERICAN DREAM MACHINE (TV-Reihe) Episode: »Fascinating Woman«

1972
TOUT VA BIEN (auch: CREPA PADRONE: TUTTO VA BENE)
Dt: Tout va bien (auch: Alles in Butter)
Regie: Jean-Luc Godard, Jean-Pierre Gorin

STEELYARD BLUES (auch: THE FINAL CRASH)
Dt: Steelyard Blues (auch: Schrottplatz-Blues; Ganoven auf Abwegen)
Regie: Alan Myerson
F. T. A. (*auch Produktion, Drehbuch, Song*)
Regie: Francine Parker

1973
A DOLL'S HOUSE
Dt: Nora
Regie: Joseph Losey

1974
INTRODUCTION TO THE ENEMY (Doku, *auch Regie*)
Regie: Haskell Wexler, Jane Fonda

1976
THE BLUE BIRD
Dt: Der blaue Vogel
Regie: George Cukor

FUN WITH DICK AND JANE
Dt: Das Geld liegt auf der Straße
Regie: Ted Kotcheff

1977
THE ACADEMY AWARDS (Oscar-Verleihung, *Moderatorin*)

JULIA
Dt: Julia
Regie: Fred Zinnemann

SUPER STUNT (Doku)
Dt: Super Stunt – Die Draufgänger vom Dienst
Regie: Bill Davis

1978
COMING HOME
Dt: Coming Home – Sie kehren heim
Regie: Hal Ashby

1978
COMES A HORSEMAN
Dt: Eine Farm in Montana
Regie: Alan J. Pakula

CALIFORNIA SUITE
Dt: Das verrückte California-Hotel
Regie: Herbert Ross

1979
THE CHINA SYNDROME
Dt: Das China-Syndrom
Regie: James Bridges

THE ELECTRIC HORSEMAN
Dt: Der elektrische Reiter
Regie: Sydney Pollack

CULTURAL CELEBRITIES (Doku)
Regie: Amos Gitai

NO NUKES (Musik-Doku)
Dt: No Nukes
Regie: Julian Schlossberg, Danny Goldberg, Anthony Potenza

AN ALMOST PERFECT AFFAIR (*Gastauftritt*)
Dt: Ein perfekter Seitensprung
Regie: Michael Ritchie

1980
NINE TO FIVE
Dt: Warum eigentlich... bringen wir den Chef nicht um?
Regie: Colin Higgins

1981
MADAME WANG'S
Regie: Paul Morrissey

LILY: SOLD OUT (TV)
Regie: Tony Charmoli, Bill Davis

AMERICAN MYTHOLOGIES (Doku)
Regie: Amos Gitai

ACTING: LEE STRASBERG AND THE ACTORS STUDIO (Doku)
Regie: Herbert Kline

ON GOLDEN POND
Dt: Am goldenen See
Regie: Mark Rydell

ROLLOVER
Dt: Das Rollover-Komplott
Regie: Alan J. Pakula

1982
MONTGOMERY CLIFT (Doku)
Regie: Claudio Masenza

9 TO 5 (TV-Serienepisode) (*Gastauftritt*)

JANE FONDA'S WORKOUT (Video)

1983
JANE FONDA'S WORKOUT CHALLENGE (Video)

JANE FONDA'S PREGNANCY, BIRTH AND RECOVERY WORKOUT (Video)

1984
THE DOLLMAKER (TV)
Dt: Dollmaker – Ein Traum wird wahr
Regie: Daniel Petrie

1985
JANE FONDA'S EASY GOING WORKOUT
(auch: PRIME TIME WORKOUT) (Video)

JANE FONDA'S NEW WORKOUT (Video)

WE ARE THE WORLD (Musik-Doku)

AGNES OF GOD
Dt: Agnes – Engel im Feuer
Regie: Norman Jewison

1986
THE ACADEMY AWARDS (Oscar-Verleihung, *Moderatorin*)

THE MORNING AFTER
Dt: Der Morgen danach
Regie: Sidney Lumet

JANE FONDA'S LOW IMPACT AEROBIC WORKOUT (Video)

1987
JANE FONDA'S TONING AND SHAPING (Video)

JANE FONDA'S START UP (Video)

JANE FONDA'S SPORTS AID (Video)

LEONARD PART 6 (*Gastrolle*)
Dt: Leonard 6
Regie: Paul Weiland

1988
JANE FONDA'S COMPLETE WORKOUT (Video)

1989
JANE FONDA'S STRESS REDUCTION PROGRAM (Video)

JANE FONDA'S LIGHT AEROBICS AND STRESS REDUCTION PROGRAM (Video)

OLD GRINGO (*auch Produktion*)
Dt: Old Gringo
Regie: Luis Puenzo

1990
JANE FONDA'S LEAN ROUTINE WORKOUT (Video)

EARTH DAY SPECIAL (TV)

MANDELA IN AMERICA (Doku)

STANLEY & IRIS
Dt: Stanley & Iris
Regie: Martin Ritt

1991
LOWER BODY SOLUTION (Video)

FUN HOUSE FITNESS (Video)

1992
JANE FONDA'S STEP AEROBIC AND ABDOMINAL WORKOUT (Video)

1993
JANE FONDA'S YOGA EXERCISE WORKOUT (Video)

JANE FONDA'S FAVORITE FAT BURNERS (Video)

1994
JANE FONDA'S STEP AND STRETCH WORKOUT (Video)

A CENTURY OF CINEMA (Doku)
Regie: Caroline Thomas

A CENTURY OF WOMEN (TV-Doku-Miniserie, *Sprecherin*)
Regie: Barbara Kopple, Sylvia Morales, Judy Korin, Christen Harty Schaefer

1994-2000
PEOPLE COUNT (TV-Doku-Serie) (*Moderatorin*)
Regie: Barbara Pyle

1995
JANE FONDA'S PERSONAL TRAINER SERIES: TOTAL BODY SCULPTING (Video)

JANE FONDA'S PERSONAL TRAINER SERIES: LOW IMPACT AEROBICS & STRETCH (Video)

JANE FONDA'S PERSONAL TRAINER SERIES: ABS, BUNS & THIGHS (Video)

1997
MAKING IT HAPPEN: THE ROAD FROM RIO (TV-Doku, *Moderatorin*)
Regie: Barbara Pyle

THE CELEBRITY SERIES (TV-Doku-Reihe) Episode: »Henry Fonda«
Dt: Hollywood und seine Stars: Henry Fonda, Hollywoods stiller Held
Regie: Kevin Burns

1999
CINÉMA VÉRITÉ: DEFINING THE MOMENT (Doku)
Regie: Peter Wintonick

Peter Fonda

1962
NAKED CITY (TV-Serie) Episode: »The Night the Saints Lost Their Halos«
Dt: 65. Revier New York (auch: Gnadenlose Stadt): Die Mutprobe (auch: Die Nacht, die alles änderte)
Regie: Elliot Silverstein

WAGON TRAIN (TV-Serie) Episode: »The Orly French Story«

1963
TAMMY AND THE DOCTOR
Dt: Sandra und der Doktor (auch: Tammy und der Doktor)
Regie: Harry Keller

THE VICTORS
Dt: Die Sieger
Regie: Carl Foreman

1964
THE YOUNG LOVERS
Dt: Die Saat der Liebe
Regie: Samuel Goldwyn, Jr.

LILITH
Dt: Lilith
Regie: Robert Rossen

THE NEW BREED (TV-Serien-episode)

THE ALFRED HITCHCOCK HOUR (TV-Serie) Episode: »The Return of Verge Likens«
Dt: Alfred Hitchcock zeigt (Episode in D nicht gelaufen)

TWELVE O'CLOCK HIGH (TV-Serie) Episode: »Sound of Distant Thunder«
Regie: Don Taylor

CAROL FOR ANOTHER CHRISTMAS (TV)
Regie: Joseph L. Mankiewicz

1966
THE WILD ANGELS
Dt: Die wilden Engel
Regie: Roger Corman

1967
THE TRIP
Dt: The Trip
Regie: Roger Corman

1968
HISTOIRES EXTRAORDINAIRES (auch: TRE PASSI NEL DELIRIO)
Dt: Außergewöhnliche Geschichten (auch: Geheimnisvolle Begebenheiten)
Regie: Roger Vadim (Fonda-Episode), Louis Malle, Federico Fellini

CERTAIN HONORABLE MEN (TV)
Regie: Alex Segal

1969
EASY RIDER (*auch Produktion, Co-Drehbuch*)
Dt: Easy Rider
Regie: Dennis Hopper

1971
THE LAST MOVIE
Dt: The Last Movie
Regie: Dennis Hopper

THE HIRED HAND (*auch Regie*)
Dt: Der weite Ritt
Regie: Peter Fonda

1973
TWO PEOPLE
Dt: Zwei Menschen unterwegs
Regie: Robert Wise

IDAHO TRANSFER (*nur Regie*)
Dt: Expedition in die Zukunft
Regie: Peter Fonda

1974
OPEN SEASON (auch: LOS CAZADORES)
Dt: Open Season – Jagdzeit (auch: Außerhalb der Saison)
Regie: Peter Collinson

DIRTY MARY, CRAZY LARRY
Dt: Kesse Mary, irrer Larry
Regie: John Hough

1975
92 IN THE SHADE
Dt: 33 Grad im Schatten
Regie: Tom McGuane

RACE WITH THE DEVIL
Dt: Vier im rasenden Sarg
Regie: Jack Starrett

KILLER FORCE (auch THE DIAMOND MERCENARIES)
Dt: Die Söldner
Regie: Val Guest

1976
FIGHTING MAD
Dt: Mach' ein Kreuz und fahr' zur Hölle
Regie: Jonathan Demme

FUTUREWORLD
Dt: Futureworld – Das Land von übermorgen
Regie: Richard T. Heffron

1977
OUTLAW BLUES (*auch Musik*)
Dt: Outlaw Blues
Regie: Richard T. Heffron

CIRCUS OF THE STARS (TV-Show)
Regie: Buddy Bregman

1978
HIGH BALLIN' (*auch Co-Drehbuch*)
Dt: Trucker (auch: Heißer Asphalt)
Regie: Peter Carter

ROGER CORMAN: HOLLYWOOD'S WILD ANGEL (Doku)
Regie: Christian Blackwood

1979
THE RECON GAME (TV)
Regie: Peter Collinson

THE CARRADINES TOGETHER (Doku)
Regie: Paul Hunt

WANDA NEVADA (*auch Regie*)
Dt: Wanda Nevada
Regie: Peter Fonda

1980
THE HOSTAGE TOWER
Dt: Das Laserstrahlkommando (auch: Operation Eiffelturm; Der Geiselturm)
Regie: Claudio Guzman

1981
THE CANNONBALL RUN
Dt: Auf dem Highway ist die Hölle los
Regie: Hal Needham

1982
SPLIT IMAGE
Dt: Das Idol (auch: Gefährliche Freunde)
Regie: Ted Kotcheff

1983
SPASMS (auch: DEATH BITE)
Dt: Avanaida – Todesbiss der Satansviper
Regie: William Fruet

DANCE OF THE DWARFS (auch: JUNGLE HEAT)
Dt: Easy Flyer (auch: Im Dschungel der Killerbestien; Im Dschungel des Schreckens)
Regie: Gus Trikonis

PEPPERMINT FRIEDEN
Regie: Marianne Rosenbaum

DAIJOOBU, MAI FURENDO (auch: ALL RIGHT, MY FRIEND)
Regie: Ryu Murakami

1984
SIGNATURES OF THE SOUL
(Doku, *Moderator*)
Regie: Geoff Steven

1985
CERTAIN FURY
Dt: In der Hitze von New York
Regie: Stephen Gyllenhaal

A REASON TO LIVE (TV)
Dt: Es lohnt sich zu leben
Regie: Peter Levin

1987
GLI INDIFFERENTI
(TV-Miniserie)
Dt: Falschmünzer der Liebe
Regie: Mauro Bolognini

1988
MERCENARY FIGHTERS
(auch: FREEDOM FIGHTERS)
Dt: Freedom Fighters – Söldner für die Freiheit
Regie: Riki Shelach

SUONO (TV)
Regie: Biagio Proietti

1989
HAWKEN'S BREED
Regie: Charles B. Pierce

DER ROSENGARTEN
Regie: Fons Rademakers

1990
FLASHING ON THE SIXTIES:
A TRIBAL DOCUMENT (Doku)
Regie: Lisa Law

MONTANA (TV)
Dt: Montana
Regie: William A. Graham

1991
FAMILY EXPRESS
Dt: Gefährliche Straßen
Regie: G. Nicolas Hayek

DENNIS HOPPER: PORTRAIT
Dt: Dennis Hopper
Regie: Robert Guenette

ENEMY (auch: FATAL MISSION)
(*auch Drehbuch*)
Dt: Enemy
Regie: George Rowe

1993
SOUTH BEACH (auch: NIGHT CALLER)
Dt: Dangerous Action (auch: Night Caller – Der heiße Draht)
Regie: Fred Williamson

WARREN OATES: ACROSS THE BORDER (Doku)
Regie: Tom Thurman

DEADFALL
Dt: Deadfall
Regie: Christopher Coppola

BODIES, REST & MOTION
(*Gastrolle*)
Dt: Bodies, Rest & Motion
Regie: Michael Steinberg

BLUE WATER HUNTING
(Doku, *Sprecher*)

1994
IN THE HEAT OF THE NIGHT
(TV-Serie) Episode: »Give Me Your Life (1)«
Dt: In der Hitze der Nacht: Pakt mit dem Teufel, Teil 1

IN THE HEAT OF THE NIGHT (TV-Serie) Episode: »Give Me Your Life (2): A Correct Settling«
Dt: In der Hitze der Nacht: Pakt mit dem Teufel, Teil 2

THE CHASE
Dt: Highway Heat
Regie: Adam Rifkin

LOVE AND A .45
Dt: Love and a .45
Regie: C. M. Talkington

MOLLY & GINA
(auch: BURNHILL)
Dt: Molly & Gina
Regie: Paul Leder

NADJA
Dt: Nadja
Regie: Michael Almereyda

1995
ESCAPE FROM L. A.
Dt: Flucht aus L. A.
Regie: John Carpenter

1996
PAINTED HERO (auch: SHADOW OF THE PAST) (TV)
(*Gastrolle*)
Dt: Die Leiche im Kofferraum
Regie: Terry Benedict

GRACE OF MY HEART
Dt: Grace of My Heart
Regie: Allison Anders

DON'T LOOK BACK
Dt: Don't Look Back – Die Killer im Nacken
Regie: Geoff Murphy

1997
ULEE'S GOLD
Dt: Ulee's Gold
Regie: Victor Nuñez

THE CELEBRITY SERIES (TV-Doku-Reihe) Episode: »Henry Fonda«
Dt: Hollywood und seine Stars: Henry Fonda, Hollywoods stiller Held
Regie: Kevin Burns

SPACE GHOST COAST TO COAST (TV-Serie) Episode: »Brilliant Number One«

SPACE GHOST COAST TO COAST (TV-Serie) Episode: »Brilliant Number Two«

1998
THE TEMPEST (TV)
Dt: Sturm über Mississippi
Regie: Jack Bender

THE AMERICAN DREAM (TV-Doku-Serie, *nur Sprecher*)

1999
MOTORCYCLES: BORN TO BE WILD (TV-Doku, *Moderator*)

KEEPING TIME
Regie: Christopher Cain

AFI'S 100 YEARS... 100 STARS (TV-Doku)
Regie: Gary Smith

THE PASSION OF AYN RAND (TV)
Dt: Ayn Rand – Leben und Liebe für die Literatur
Regie: Christopher Menaul

THE LIMEY
Dt: The Limey
Regie: Steven Soderbergh

2000
SOUTH OF HEAVEN, WEST OF HELL
Regie: Dwight Yoakam

HOLLYWOOD ROCKS THE MOVIES: THE EARLY YEARS (1955-1970) (TV-Doku)
Regie: Edith Becker, Kevin Burns

THOMAS AND THE MAGIC RAILROAD
Dt: Thomas und die fantastische Lokomotive
Regie: Britt Allcroft

ROUTE 66: AMERICA'S MAIN STREET (TV-Doku, *Moderator*)
Regie: Todd Baker

2001
SECOND SKIN
Regie: Darrell Roodt

WOOLY BOYS
Regie: Leszek Burzynski

Bridget Fonda

1969
EASY RIDER
(*Statistenauftritt*)
Dt: Easy Rider
Regie: Dennis Hopper

1982
PARTNERS (*Statistenauftritt*)
Dt: Zwei irre Typen auf heißer Spur
Regie: James Burrows

1986
ARIA (Episode: »Tristan und Isolde«)
Dt: Aria
Regie: Franc Roddam (Fonda-Episode), Nicolas Roeg, Charles Sturridge, Jean-Luc Godard, Julien Temple, Bruce Beresford, Robert Altman, Ken Russell, Derek Jarman, Bill Bryden

1987
YOU CAN'T HURRY LOVE (auch: GREETINGS FROM L. A.; LOVESTRUCK)
Dt: Man(n) hat's nicht leicht
Regie: Richard Martini

1988
JACOB HAVE I LOVED (TV)
Regie: Victoria Hochberg

SHAG
Dt: Shag – More Dancing (auch: Fetzig, frei und frisch verliebt)
Regie: Zelda Barron

GANDAHAR
(auch: LIGHT YEARS)
(Zeichentrick; *Sprecherin in der US-Version*)
Regie: René Laloux, Harvey Weinstein

1989
21, JUMP STREET
(TV-Serie) Episode: »Blinded by the Thousand Points of Light«
Dt: 21, Jump Street – Tatort Klassenzimmer: Auf der Straße
Regie: Jorge Montesi

STRAPLESS
Dt: Ein fast anonymes Verhältnis
Regie: David Hare

SCANDAL
Dt: Scandal
Regie: Michael Caton-Jones

THE EDGE (TV-Special)

1990
THE GODFATHER PART III
Dt: Der Pate III
Regie: Francis Ford Coppola

FRANKENSTEIN UNBOUND
Dt: Roger Cormans Frankenstein
Regie: Roger Corman

OUT OF THE RAIN
(auch: END OF INNOCENCE)
Dt: Out of the Rain (auch: Zum Schweigen verdammt)
Regie: Gary Winick

LEATHER JACKETS
Dt: Lederjacken – Sie kennen kein Gesetz
Regie: Lee Drysdale

1991
DOC HOLLYWOOD
Dt: Doc Hollywood
Regie: Michael Caton-Jones

IRON MAZE
Dt: Iron Maze – Im Netz der Leidenschaft
Regie: Hiroaki Yoshida

DROP DEAD FRED (*Gastrolle*)
Dt: Mein böser Freund Fred
Regie: Ate de Jong

1992
SINGLES
Dt: Singles – Gemeinsam einsam
Regie: Cameron Crowe

SINGLE WHITE FEMALE
Dt: Weiblich, ledig, jung sucht...
Regie: Barbet Schroeder

1993
BODIES, REST & MOTION
Dt: Bodies, Rest & Motion
Regie: Michael Steinberg

ARMY OF DARKNESS
(*Gastrolle*)
Dt: Armee der Finsternis
Regie: Sam Raimi

POINT OF NO RETURN
(auch: THE ASSASSIN)
Dt: Codename: Nina
Regie: John Badham

LITTLE BUDDHA
Dt: Little Buddha
Regie: Bernardo Bertolucci

1994
IT COULD HAPPEN TO YOU
Dt: 2 Mio. $ Trinkgeld
Regie: Andrew Bergman

CAMILLA
Dt: Camilla
Regie: Deepa Mehta

THE ROAD TO WELLVILLE
Dt: Willkommen in Wellville
Regie: Alan Parker

1995
ROUGH MAGIC
Dt: Wilder Zauber
Regie: Clare Peploe

BALTO (*nur Stimme*)
Dt: Balto – Ein Hund mit dem Herzen eines Helden
Regie: Simon Wells

1996
CITY HALL
Dt: City Hall
Regie: Harold Becker

GRACE OF MY HEART
Dt: Grace of My Heart
Regie: Allison Anders

TOUCH
Dt: Touch – Der Typ mit den magischen Händen
Regie: Paul Schrader

1997
DOLPHINS IN DANGER: ON LOCATION WITH BRIDGET FONDA
(TV-Special, *Moderatorin*)
Dt: Wildlife Adventures: Die Welt der Delphine
Regie: Stan Minasian

JACKIE BROWN
Dt: Jackie Brown
Regie: Quentin Tarantino

IN THE GLOAMING (TV)
Dt: In der Abenddämmerung
Regie: Christopher Reeve

MR. JEALOUSY
Regie: Noah Baumbach

1998
THE LARRY SANDERS SHOW
(TV-Serie) Episode: »Pilots and Pens Lost«
Dt: Die Larry Sanders Show: Lügen haben kurze Beine
Regie: Alan Myerson

A SIMPLE PLAN
Dt: Ein einfacher Plan
Regie: Sam Raimi

THE BREAK UP
Dt: The Break Up – Nackte Angst
Regie: Paul Marcus

FINDING GRACELAND
Regie: David Winkler

1999
SOUTH FROM HELL'S KITCHEN
Regie: Louis Nader

LAKE PLACID
Dt: Lake Placid
Regie: Steve Miner

AFI'S 100 YEARS... 100 STARS
(TV-Doku)
Regie: Gary Smith

2000
THE WHOLE SHEBANG
Regie: George Zaloom

SOUTH OF HEAVEN, WEST OF HELL
Regie: Dwight Yoakam

DELIVERING MILO
Regie: Nick Castle

MONKEYBONE
Dt: Monkeybone
Regie: Henry Selick

AFI'S 100 YEARS, 100 LAUGHS: AMERICA'S FUNNIEST MOVIES (TV-Doku)
Regie: Gary Smith

2001
KISS OF THE DRAGON
Regie: Christophe Nahon

Troy Garity

1996
FEELS LIKE A FRIDAY

THE CHEROKEE KID (TV)
Dt: Cherokee Kid
Regie: Paris Barklay

1997
BOHEMIA
Regie: Rafal Zelinski

CONSPIRACY THEORY
Dt: Fletcher's Visionen
Regie: Richard Donner

1998
ON THE LINE (TV)
Regie: Elodie Keene

1999
SOLOMON BERNSTEIN'S BATHROOM (Kurzfilm)

2000
STEAL THIS MOVIE!
Regie: Robert Greenwald

INFERNO
Regie: Wiktor Grodecki

CODE BLUE (Videospiel)
Regie: Andre R. Guttfreund

2001
BANDITS
Regie: Barry Levinson

Gemeinsame Filme

Jane und Peter:	Außergewöhnliche Geschichten, 1968
Peter und Henry:	Wanda Nevada, 1979
Jane und Henry:	Am goldenen See, 1981
Peter und Bridget:	Easy Rider, 1969 Bodies, Rest & Motion, 1993 Grace of My Heart, 1996 South of Heaven, West of Hell, 2000

Ausgewählte Literatur

– »The Flying Fondas and How They Grew«. *Time*, 16. 2. 1970.

– »Im Schatten des Vaters«. *Der Spiegel*, 19/1998.

Adler, Jerry, »Jane and Ted's Excellent Adventure«. *Esquire*, 2/1991.

Bibb, Porter, *It Ain't as Easy as It Looks – Ted Turner's Amazing Story*. London 1994.

Biskind, Peter, »Ballad of Easy Rider«. *Premiere*, 7/1997.

Biskind, Peter, *Easy Riders, Raging Bulls : Wie die Sex-&-Drugs-&-Rock'n'Roll-Generation Hollywood rettete*. Frankfurt am Main 2000.

Collier, Peter, *The Fondas – A Hollywood Dynasty*. London 1993.

Connant, Jennet, »Married... with Buffalo«. *Vanity Fair*, 4/1997.

Davidson, Bill, *Jane Fonda: eine intime Biographie*. Berlin 1995.

De Fornari, Oreste, *Sergio Leone*. Rom 1997.

Fonda, Afdera und Clifford Thurlow, *Never Before Noon: An Autobiography*. New York 1986.

Fonda, Henry, *Fonda: My Life – As Told to Howard Teichmann*. New York/Scarborough, Ontario 1981.

Fonda, Jane, *Jane Fondas Fitness-Buch – »Ich fühle mich gut«*. Frankfurt/Main 1983.

Fonda, Jane, *Meine Erfahrungen mit der Lebensmitte*. München 1990.

Fonda, Peter, *Don't Tell Dad – A Memoir*. New York 1998

French, Sean, *Jane Fonda: A Biography*. New York 1998.

Guiles, Fred Lawrence, *Jane Fonda: The Actress in Her Time*. New York 1984.

Haddad-Garcia, George, *The Films of Jane Fonda*. Secaucus, New Jersey, 2. Auflage 1981.

Hanisch, Michael, »Citizen Jane«. *film-dienst*, 26/1997.

Jacobs, Peter, *Weil ich Jane Fonda bin – Absage an eine Traumfabrik*. Berlin (Ost), 2. Auflage, 1980.

Kiernan, Thomas, *Jane Fonda – Heroine for Our Time*. New York 1983.

Raddatz, Leslie, »He Never Made It as a Journalist«, *TV Guide*, 10. 1. 1970.

Springer, John, *The Fondas – The Films and Careers of Henry, Jane & Peter Fonda*. Secaucus, New Jersey, 2. Auflage 1974.

Sweeney, Kevin, *Henry Fonda*. New York 1992.

Thomas, Tony, *The Films of Henry Fonda*. Secaucus, New Jersey 1983.

Vadim, Roger, *Meine drei Frauen: Bardot, Deneuve & Fonda*. München 1987.
Weber, Bruce, »The Fonda Who Came in from the Cold«. *The New York Times Magazine*, 22.3.1998.

Zeittafel

1905
16. Mai: Henry Fonda wird in Grand Island/Nebraska geboren.

1925
Im Sommer spielt Henry seine erste Bühnenrolle im Omaha Community Playhouse.

1928
Henrys erste Profi-Rolle als Abraham Lincolns Sekretär. Im Sommer reist er an die Ostküste und übernimmt erste kleine Theaterrollen in Dennis und Falmouth am Cape Cod. Magere Jahre als meist arbeitsloser Schauspieler in New York.

1931
Henry heiratet Margaret Sullavan am 25. Dezember in Baltimore. Trennung vier Monate später.

1934
Erster Erfolg in der Broadway-Show *New Faces* im März.

1935
Henrys erster Film: *Der Farmer will heiraten.*

1936
Am 16. September heiratet Henry Frances Seymour Brokaw in New York.

1937
21. Dezember: Jane wird in New York geboren.

1939
Henry gewinnt den New York Critics Circle Award für *Der junge Mr. Lincoln.*

1940
Peter wird am 23. Februar in New York geboren. Für *Früchte des Zorns* erhält Henry eine Oscar-Nominierung.

1942
Im August meldet sich Henry freiwillig zum Kriegsdienst. Er dient als Marinesoldat vorwiegend im Pazifik. Im Oktober 1945 wird er als Leutnant entlassen.

1948
Nach dem Testlauf in Philadelphia (ab 26. Dezember 1947) Broadway-Premiere von *Mister Roberts* am 18. Februar – Henrys wichtigster Bühnenauftritt entwickelt sich zum Kulthit.

1950
14. April: Frances begeht Selbstmord. Henry heiratet Susan Blanchard am 28. Dezember in New York.

1951
Anfang Januar wird Peter (10) beim Hantieren mit einer Pistole durch eine Schusswunde lebensgefährlich verletzt.

1953
Im November adoptieren Susan und Henry ein Mädchen und nennen es Amy (geboren 9. November).

1955
Jane gibt neben Henry ihr Bühnendebüt in Omaha in *Das Mädchen vom Lande. Keine Zeit für Heldentum*, die Filmversion von *Mister Roberts*, beschert Henry ein glänzendes Comeback im Kino. Susan trennt sich von Henry in Rom während der Dreharbeiten zu *Krieg und Frieden.*

1956
Henry produziert den TV-Stoff *Die zwölf Geschworenen* fürs Kino.

1957
10. März: Henrys Hochzeit mit Afdera Franchetti in New York. 2. Juli: Henry gewinnt als Produzent von *Die zwölf Geschworenen* den Golden Bären in Berlin. Die Hauptrolle bringt ihm den New York Critics Circle Award und den British Academy Award ein.

1958
Das Meinungsforschungsinstitut Quigley ermittelt, dass Henry der populärste Filmstar ist – sogar noch vor Liz Taylor.

1960
Janes erster Film *Je länger – je lieber* ist eine Enttäuschung. Am 29. Februar gibt

sie ihr Broadway-Debüt in dem Stück *There was a Little Girl*, bekommt glänzende Kritiken und gewinnt den Drama Critics Circle Award als Beste Nachwuchsdarstellerin.

1961
Peter gibt sein Broadway-Debüt in *Blood, Sweat, and Stanley Poole* am 5. Oktober. Drei Tage später heiratet er Susan Brewer in New York.

1962
Jane gewinnt den Golden Globe als Beste Nachwuchsdarstellerin.

1963
Peter dreht seinen ersten Film: *Tammy und der Doktor.*

1964
27. Januar: Peters Tochter Bridget wird geboren. Im Februar macht der Kinohit *Sonntag in New York* Jane zum Star.

1965
Am 14. August heiratet Jane Filmregisseur Roger Vadim in Las Vegas. In Minola/Long Island wird Shirlee Adams am 3. Dezember Henrys Ehefrau Nr. 5.

1966
Peter wird mit der Hauptrolle in *Die wilden Engel* einer der Protagonisten der Hippiekultur. Anklage wegen Besitzes von Marihuana, Freispruch. Am 9. Juli wird Peters Sohn Justin geboren.

1968
Als *Barbarella* im knappen Weltraum-Outfit wird Jane zur Popikone. Janes Tochter Vanessa Vadim kommt am 28. September zur Welt. Henry spielt den Bösewicht in *Spiel mir das Lied vom Tod.*

1969
Easy Rider wird zum Kultfilm: Peter produziert, und er spielt den legendären Biker »Captain America«. Als Drehbuchautor wird er am 30. Dezember mit dem New York Critics Circle Award ausgezeichnet. Jane gewinnt den gleichen Preis für die Hauptrolle in *Nur Pferden gibt man den Gnadenschuss.*

1970
Jane trennt sich von Roger Vadim, engagiert sich (zunehmend radikal) für die amerikanischen Indianer, die in Vietnam kämpfenden GIs und die Black Panthers. 2. November: Jane wird auf dem Flughafen in Cleveland/Ohio wegen angeblichen

Drogenschmuggels und Widerstands gegen die Staatsgewalt verhaftet. Das Verfahren wirbelt viel Staub auf, wird aber ein halbes Jahr später eingestellt.

1971

Peter inszeniert seinen ersten Film *Der weite Ritt.*

1972

Februar: Peter und Susan trennen sich. Im März gewinnt Jane den Oscar für *Klute*. Der Film bringt ihr auch den Golden Globe, den Preis der amerikanischen Filmkritiker und den New York Critics Circle Award ein. Im Juli besucht sie Nordvietnam. US-Medien melden, sie habe amerikanische Soldaten zur Desertion aufgefordert. Seit ihrer Rückkehr wird sie als »Hanoi-Jane« beschimpft. Im US-Parlament bezeichnet man sie als »Verräterin«. Ende Dezember lässt sie sich von Roger Vadim scheiden.

1973

21. Januar: Jane heiratet den politischen Aktivisten Tom Hayden in Los Angeles. Sie gewinnt den Golden Globe als Beliebteste Schauspielerin. Ihr Sohn Troy kommt am 7. Juli zur Welt. Peter wird geschieden.

1976

11. November: Peter heiratet Portia Rebecca Crockett (Becky) bei Dreharbeiten in Sonora/Arkansas.

1977

Jane gründet ihre eigene Produktionsfirma IPC Films.

1978

Jane Fonda's Workout-Salon wird in Beverly Hills eröffnet. Sie erhält den Golden Globe und den British Academy Award für *Julia.* Das American Film Institute ehrt Henry für sein Lebenswerk.

1979

Jane gewinnt ihren zweiten Oscar, den Golden Globe und den Preis der Filmkritiker von Los Angeles als Hauptdarstellerin ihrer ersten eigenen Produktion *Coming Home – Sie kehren heim.* Der Hollywood Women's Press Club zeichnet sie als Star des Jahres aus – John Wayne überreicht ihr den Preis. Von den Kinobesitzern der USA wird sie zur Schauspielerin des Jahres gekürt. Jane präsentiert ihrem Vater einen Ehren-Tony für seine Verdienste um das amerikanische Theater.

1980
Jane gewinnt den Golden Globe und den People's Choice Award als Beliebteste Schauspielerin.

1981
Henry wird mit einem Ehren-Oscar und mit dem Los Angeles Drama Critics Circle Award für seine Lebenswerk ausgezeichnet. *Jane Fonda's Workout Book (Jane Fondas Fitness-Buch)* erscheint. Sie gewinnt den Preis der Organisation »Frauen im Film« und wieder den People's Choice Award als Beliebteste Schauspielerin. Jane und Henry spielen gemeinsam in seinem letzten Film *Am goldenen See.*

1982
Mit *Am goldenen See* gewinnt Henry den Oscar, den New York Critics Circle Award und die John-Ford-Medaille auf dem US-Filmfestival. Zum dritten Mal erhält Jane den People's Choice Award als Beliebteste Schauspielerin. *Jane Fonda's Workout* ist als Videokassette der Bestseller des Jahres. 12. August: Henry stirbt in Los Angeles.

1983
Jane wir ein viertes Mal als Beliebteste Schauspielerin mit den People's Choice Award ausgezeichnet.

1984
Jane veröffentlicht das Buch *Women Coming of Age (Meine Erfahrungen mit der Lebensmitte).* Sie gewinnt den Emmy für die TV-Rolle in *Dollmaker – Ein Traum wird wahr.*

1985
2. Februar: In Los Angeles wird das »Henry Fonda Theatre« eröffnet. Am 30. Juni wird Peter bei einem Motorradunfall in Montana schwer verletzt.

1987
Bridget (23) spielt ihre erste Profi-Filmrolle in *Aria.*

1988
Als Jane ihren vorerst letzten Film *Stanley und Iris* in Massachusetts und Connecticut dreht, versuchen Veteranenverbände in einer Öffentlichkeitskampagne, »Hanoi-Jane« von dort fern zu halten – ohne Erfolg.

1989
Jane und Tom Hayden trennen sich. Am 7. Juni wird Jane vom Jüdischen Komitee

Amerikas mit dem Preis für soziales Engagement ausgezeichnet. Vanessa (21) wird im Oktober verhaftet, weil sie angeblich Drogen kaufen wollte, und wegen Widerstands gegen die Staatsgewalt. Sie bekommt die Auflage, einige Stunden Sozialarbeit zu leisten. Bridget macht sich mit den Filmen *Scandal* und *Shag – More Dancing* einen Namen.

1990

Troy (16) wird in Los Angeles verhaftet, weil er mit anderen Jugendlichen an einer Autobahn Graffiti gesprayt hat. 21. Mai: Jane wird mit dem Golda-Meir-Preis ausgezeichnet. Das Quigley-Meinungsforschungsinstitut erklärt Jane zum weiblichen Spitzenstar der 80er-Jahre. Offizielle Scheidung von Tom Hayden im Sommer.

1991

21. Dezember: Jane heiratet Medienmogul Ted Turner in Tallahassee/Florida und zieht sich bis auf karitative Tätigkeiten weitgehend aus der Öffentlichkeit zurück.

1993

Bridget erweist sich mit *Codename: Nina* als Star der dritten Generation. Am 2. April hat Peters erste Theater-Regiearbeit *Southern Rapture* am Met Theatre in Los Angles Premiere.

1994

Peters Stiefsohn Thomas heiratet Michelle Wilken am 23. Juli.

1996

Troy (22) spielt unter dem Namen Troy Garity erste Film- und Fernsehrollen. 14. August: Jane wird von der Zeitschrift *Shape* mit dem Lifetime Achievement Award in Fitness ausgezeichnet.

1998

18. Januar: Peter gewinnt den Golden Globe für *Ulee's Gold.*

1999

Henrys dritte Frau Susan Blanchard (71) heiratet nach mehreren weiteren Ehen den Hollywoodstar Richard Widmark (86), der einst in fünf Filmen Henrys Partner gewesen ist.

2000

Am 4. Januar geben Jane und Ted Turner ihre Trennung bekannt. Am 23. Januar, einen Monat vor seinem 60. Geburtstag, gewinnt Peter den Golden Globe für seine Nebenrolle in dem TV-Film *Ayn Rand – Leben und Liebe für die Literatur*. Am 11. Februar stirbt Roger Vadim (72) in Paris.

2001
Jane zieht von Turners Wohnort Atlanta/Georgia zurück nach Los Angeles. Am 10. Februar tritt sie in einer Benefiz-Veranstaltung zugunsten beschnittener Frauen in der Dritten Welt mit dem Stück *Die Vagina-Monologe* im New Yorker Madison Square Garden auf, will aber ansonsten weiterhin nicht als Schauspielerin arbeiten. Am 16. April reicht sie offiziell die Scheidung ein. Sie zieht von Atlanta/Georgia zurück nach Los Angeles und schreibt an einem Vietnambuch.

Personen- und Filmregister

(Die Filmtitel sind *kursiv* gesetzt.)

Bildnachweise

S. 10: CINETEXT Bildarchiv, Frankfurt am Main
S. 18: CINETEXT Bildarchiv, Frankfurt am Main
S. 32: Ullstein Bild, Berlin
S. 47: Photo AP, Frankfurt am Main
S. 74: CINETEXT Bildarchiv, Frankfurt am Main
S. 88: Photo AP, Frankfurt am Main
S. 94: Ullstein Bild, Berlin
S. 103: CINETEXT Bildarchiv, Frankfurt am Main
S. 116: Photo AP, Frankfurt am Main
S. 127: CINETEXT Bildarchiv, Frankfurt am Main
S. 135: CINETEXT Bildarchiv, Frankfurt am Main
S. 137: CINETEXT Bildarchiv, Frankfurt am Main
S. 147: CINETEXT Bildarchiv, Frankfurt am Main
S. 157: Ullstein Bild, Berlin
S. 167: Ullstein Bild, Berlin
S. 175: Ullstein Bild, Berlin
S. 185: CINETEXT Bildarchiv, Frankfurt am Main
S. 197: CINETEXT Bildarchiv, Frankfurt am Main
S. 209: CINETEXT Bildarchiv, Frankfurt am Main
S. 214: Ullstein Bild, Berlin
S. 217: Ullstein Bild, Berlin
S. 224: Ullstein Bild, Berlin

Lesen Sie täglich eine Neuerscheinung: uns.
Auf unseren Buch-Seiten und in unseren Literatur-Beilagen finden Sie Besprechungen der interessantesten Neuerscheinungen. Testen Sie uns. Mit dem Probeabo, zwei Wochen kostenlos. Tel.: 0800/8 666 8 66. Online: www.fr-aktuell.de
Frankfurter Rundschau
Eine Perspektive, die Sie weiterbringt.

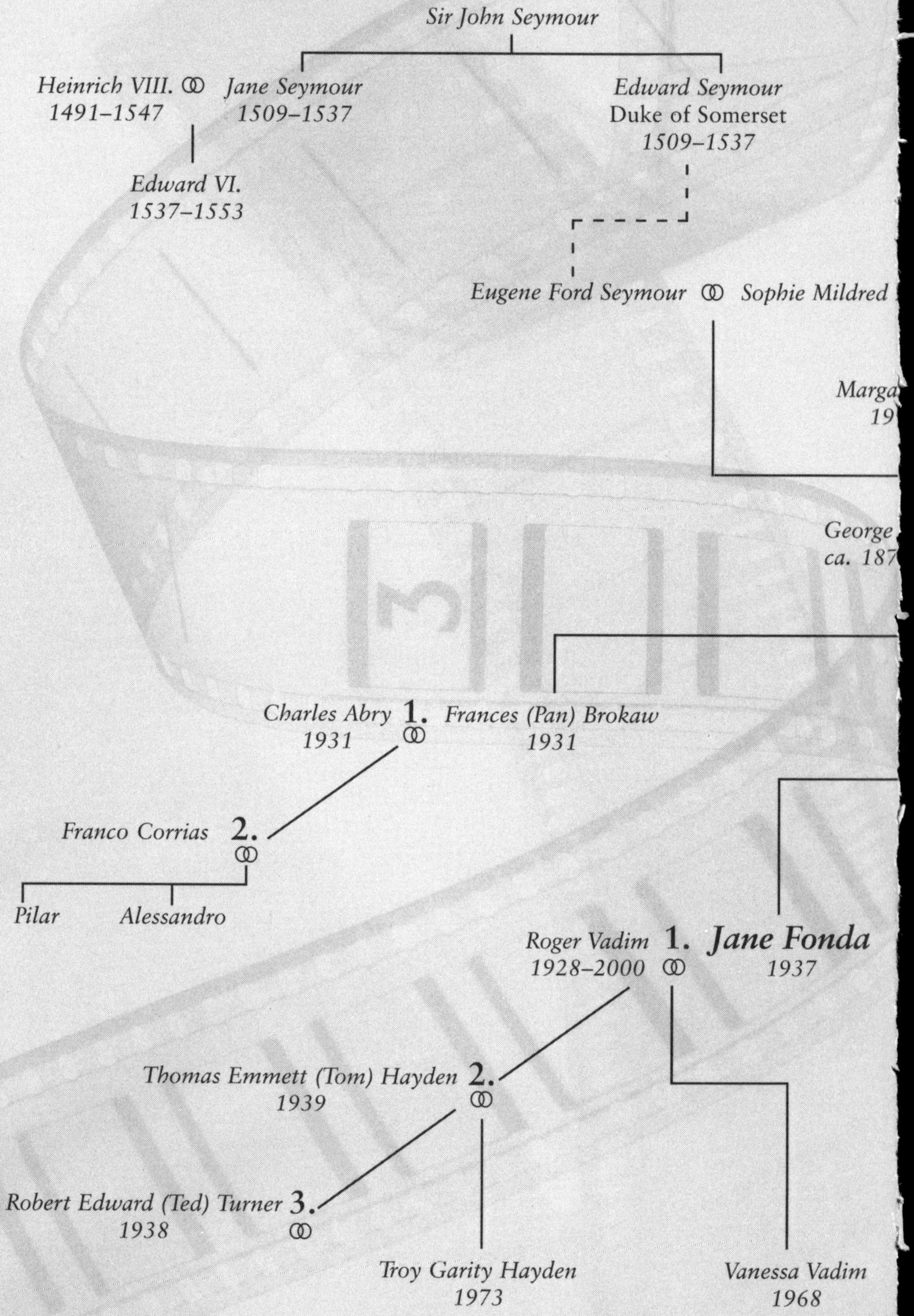

Sir John Seymour
Heinrich VIII.
1491–1547
Jane Seymour
1509–1537
Edward Seymour
Duke of Somerset
1509–1537
Edward VI.
1537–1553
Eugene Ford Seymour
Sophie Mildred
George
Charles Abry
1931
1.
Frances (Pan) Brokaw
1931
Franco Corrias
2.
Pilar
Alessandro
Roger Vadim
1928–2000
1.
Jane Fonda
1937
Thomas Emmett (Tom) Hayden
1939
2.
Robert Edward (Ted) Turner
1938
3.
Troy Garity Hayden
1973
Vanessa Vadim
1968